최석영의
국제협상 현장노트

전 주제네바 대사 / 전 FTA 교섭대표

최석영 지음

박영사

차 례

프롤로그

37년간 대한민국의 외교관으로 다양한 분야의 협상에 정부대표로 참여했다. 실무대표인 경우도 있고 수석대표로 활동하기도 했다. 주 미국 대사관 경제공사와 외교통상부 FTA 교섭대표 재직 시 담당했던 양자 통상협상을 제외하고는 대부분은 유엔, 세계무역기구(WTO) 그리고 아·태경제협력체(APEC) 등 국제기구를 통한 다자간 협상에 집중했다.

첫 부임지였던 독일 함부르크 총영사관에서 근무를 마치고 1988년 케냐 대사관으로 발령을 받았다. 원했던 전보도 영전도 아니었다. 그러나 젊었을 때 아프리카의 절대 빈곤을 체험한 것이 오히려 소중한 기회가 됐다. 나이로비는 유엔의 동부 아프리카 거점으로 환경계획(UNEP)과 유엔인간정주위원회(UNCHS)의 본부가 소재하여 다자외교를 경험할 수 있었다. 1980년대 후반은 탈냉전으로 미국이 유일한 초강국으로 자리매김을 하고 소련과 유럽의 영향력이 축소되는 시대적 전환기였다. 환경문제가 글로벌 이슈로 부상하면서 지속가능한 개발이 강한 조류를 형성하던 시기였다. 나는 오존층 보호에 관한 몬트리올 의정서, 유해폐기물의 국가 간 이동에 관한 바젤협약, 생물다양성협약과 기후변화협약, 유엔환경개발회의(UNCED) 등 굵직한 국제환경협약의 성안협상에 직접 참여하면서 실전 경험을 쌓았다.

본부로 귀임하여 국제환경 업무를 이어갔고 1994년 주 제네바 대표부 참사관으로 발령을 받아 본격적으로 환경과 무역규범을 담당하면서 다자간 통상협상에 입문했다. 당시 제네바는 우루과이라운드(UR) 협상결과 창설된 WTO가 자리를 잡으면서 마라케시 협정의 이행에 집중하고 있었다. 또한 환경규범과 통상규범 간 충돌 가능성이 제기되면서 무역과 환경 이슈가 관심 의제로 부각되고 '그린라운드' 출범에 대한 우려가 고조되던 시기였다. 제네바에서 귀국하여 환경협력과장직을 맡았고 그 후 뉴욕 소재 유엔대표부 참사관 겸 유엔총회 의장실 보좌관으로 일했다. 외교부 경력을 완전히 다자외교로 방향을 잡은 것이다.

2002년 APEC 심의관을 거쳐 싱가포르 소재 APEC 사무국 사무차장과 사무총장으로 안목을 넓혀 나갔다. APEC은 작고 느슨한 국제기구지만 매년 열리는 정상행사와 수백 개의 실무그룹 회의를 하는 중요한 기구다. 국제기구 수장을 해보고 싶은 나의 작은 소망이 실현된 것이다. 2006년 초, 워싱턴 소재 주미국 대사관 경제공사로 재직하면서 한·미 FTA 협상과 비준과정을 지켜보고 아웃리치 활동을 전개했다. 오랜 동맹인 한·미 관계와 그 실체적 내면과 갈등의 단면을 봤다. 물론 세계 정치를 움직이는 미국의 힘과 시스템도 체감했다.

2009년 4월 외교부 본부에서 도하개발아젠다(DDA) 협상대사직을 맡아 꺼져가는 협상의 불씨를 살리려는 노력에 동참했다. 이듬해 6월 FTA 교섭대표로 자리를 옮겨 한·미 FTA 및 한·EU FTA의 비준을 마무리하고 한·중 FTA 및 한·중·일 FTA를 출범시켰다. 이후 2012년 주 제네바 대사로 부임했다. 제네바는 다자통상체제인 GATT/WTO의 본부 소재지인 동시에 인권, 인도적 지원, 군축, 보건, 노동, 지식재산권, 환경, 통신 등 다자외교의 산실로서 200여 개의 국제기구들이 개최하는 국제회의가 연중 쉴 틈 없이 전개된다. 당연히 제네바 대사직은 다자외교 전문가에게는 꿈의 무대다.

내가 소관했던 협상은 주로 환경과 통상 분야로 강대국과의 안보 외교 협상만큼 무겁거나 엄중하지는 않았다. 그러나 쇠고기, 자동차 협상을 비롯하여 미국, EU 등과의 FTA 협상과 비준과정은 정치적 휘발성이 강했고 국내전선의 정치적 민감성은 이내 대외협상의 실체적 일부가 되기도 했다. 협상대상 분야가 달라도 협상의 전략과 전술은 물론 협상현장의 긴장감과 역동성은 유사할 것이다.

나는 대한민국 외교관으로 활동할 수 있었던 것을 무한한 영광으로 생각한다. 내부전열을 가다듬고 최선의 협상결과를 도출하고 이를 평가하는 일련의 과정은 언제나 새롭고 가슴 떨리는 경험이었다. 당연히 수반되는 극도의 긴장과 부담 그리고 개인적인 구속도 즐겁게 감내했다. 나는 대외협상을 총괄하고 실무적 결정을 하는 위치에 있기도 했지만 국내정치 역학관계에서 이루어지는 내부결정과정에서 증인이나 관찰자인 경우도 많았다.

많은 이들이 협상현장의 역동성과 긴장의 실체를 알고 싶어 한다. 그러나 그것은 이론이나 공식으로 정형화할 수 없기 때문에 복잡하고 유동적인 협상의 실체를 정확하게 그려내기는 쉽지 않다. 특히 다자협상은 참여자들이 다양하여 훨씬 많은 국내외적인 변수가 작용하게 마련이다. 규범을 둘러싼 논쟁 뒤에 힘과 힘이 부딪치고 임기응변과 운도 작용하며 현장의 디테일은 직무상 보안에 속하는 경우가 많은 것도 본질적인 한계다.

그런 현실이 이 책을 쓰게 된 동기이기도 하다. 외교협상 현장에서 겪었던 경험을 나의 주관적 시각에서 기술하고 협상을 둘러싼 국내외 정치적 역학관계와 국제관계의 현실을 스케치해 보고 싶었다. 협상현장의 긴장과 살 떨리던 순간을 입체적으로 그려 보고자 했다. 당초 목표한 협상결과를 달성한 경우도 있었지만 좌절하거나 아쉬움이 남는 현장도 있었다. 자전적 기록이자 반성인 셈이다. 실체적 진실을 현미경처럼 묘사하고 싶은 욕구 속에서도 모자이크처럼 기술할 수밖에 없는 현실적 한계를 받아들여야 했다. 외교관이라는 직업이 주는 자존감도 컸지만 외교관이기에 겪어야 했던 인간적인 역경과 고뇌도 적지 않았다.

과거 열악한 환경 속에서 한국 외교의 오늘을 개척해 온 분들의 혜안과 노고에 경의를 표한다. 반면교사로 삼아야 했던 분들도 적지 않았지만 그들 역시 경계해야 할 점을 가르쳐준 스승이었다. 대한민국의 외교와 외교관들은 각자 다른 여건에서 활동하지만 국익추구의 최전선에서 헌신한다는 점은 다르지 않을 것이다. 그들에게 국민과 정치권의 성원과 지원이 강화되기를 소망한다.

다양한 국제협상의 현장경험을 포괄적으로 담다 보니 퇴직 후 출간했던 "최석영의 FTA 협상노트" 내용을 일부 압축하거나 첨삭하여 포함한 곳도 있다. 틈틈이 준비한 메모를 바탕으로 좀 더 일찍 탈고할 요량이었다. 그러나 뜻하지 않은 일로 글쓰기에 집중하지 못했다. 코로나로 인해 비대면 문화가 확산되면서 다시 용기를 내게 된 것은 역설적이다. 이 책이 한국이 추진해 온 다양한 다자외교 협상의 한 단면을 맞추는 작은 퍼즐조각이 된다면 더 바랄 것이 없겠다.

내가 긍지와 보람을 가지고 역동적인 외교활동을 할 수 있었던 것은 현저히 신장된 국력과 높아진 국가 위상의 덕이 컸다. 또한 늘 부족하고 자신이 없었지만 치열한 협상전선에서 서로 격려하면서 성취와 좌절을 함께했던 동료들에게 감사드린다.

이 책이 나오기까지 꼼꼼히 챙기고 조언을 아끼지 않았던 박영사의 안종만 회장, 노현 대표와 전채린 차장에게 사의를 표한다. 나의 친구이자 외교부 동료인 홍지인 전 주 폴란드 대사는 분망한 일정에도 원고의 내용뿐 아니라 형식을 세밀하게 검토해 주어 고마웠다.

마지막으로 내 아내 김영인의 헌신적인 내조 그리고 잘 자라 준 근우와 지원이가 있어 늘 든든했다.

2021년 동지(冬至)
강릉 유천동에서

PART

01

다자간 환경, APEC 및
통상 협상 현장

WTO 일반이사회 회의에서 발언하는 필자(2015년 7월)

01
그린라운드 출범 우려와 글로벌 환경협상 현장

나는 독일 함부르크 총영사관 근무를 마치고 1988년 가을 케냐에 부임했다. 나이로비 근무는 내 인생에 많은 영향을 미쳤다. 아프리카의 광활한 대지와 잠재력 속에서도 그들이 겪는 절대 빈곤의 무서움을 목도하면서 가난했던 과거 한국과 아버지 세대의 고단한 인생이 중첩됐다. 또한 내게는 다자외교라는 새로운 지평을 열어주었다. 각종 환경협상에 참석하면서 부족한 언어능력과 협상 노하우를 쌓고 다자회의의 본질을 배울 수 있었다. 나이로비에 소재하는 유엔환경계획(UNEP)에서는 다양한 환경협약 협상이 열렸다. 오존층 보호를 위한 몬트리올 의정서 당사국회의가 매년 열렸고 유해폐기물의 국가 간 교역을 금지하는 바젤협약 협상도 급속히 추진되었다. 1992년 브라질 리우데자네이루에서 열린 '유엔환경과 개발회의(UNCED)'는 역사에 한 획을 긋는 행사였다. 지속가능한 개발을 달성하기 위해 '의제(Agenda) 21'이라는 포괄적 행동계획이 마련됐기 때문이다.

1990년대에는 한국 다자외교에 근본적인 변화를 가져온 두 개의 사건이 있었다. 1991년 우리나라가 옵서버 자격을 탈피하여 유엔 가입의 꿈을 이루었고, 1996년 OECD 가입으로 개도국을 졸업하고 선진국 대열에 들어섰다. 선진국 클럽은 소위 노블레스 오블리주(noblesse oblige)를 요구했다. 다자협상에서 선진국은 개도국 보다 강한 규제와 재정지원 의무를 져야 했다.

전통적으로 외교안보와 경제·통상에 우선순위가 매겨지는 외교부의 특성상 환경업무는 비주류에 속했다. 그러나 나는 환경과 개발이라는 거시적이면서도 시대를 관통하는 논의에 참여하고 국제조약을 협상하는 과정에 매혹됐다. 나이로비 근무를 마치고 1991년 초 외교부 본부로 복귀하여 갓 만들어진 과학환경과 서기관으로 배속됐다. 외교부가 지구환경협상을 다루는 조직을 신설한 것은 이례적이었다. 당시 조환복 경제기구 과장과 정래권 과학환경 과장의 열정, 이를 지원했던 선준영 차관보와 이기주 차관의 혜안과 기여가 결정적이었다. 유엔외교의 최전선에서 활동하던 박수길 대사의 칭찬과 배려에도 힘입었다. 외교부에는 환경 분야에 청춘을 바친 외교관들이 적지 않다. 나와 함께 근무했던 최재철 전 주덴마크 대사, 김찬우 전 주브라질 대사, 유연철 전 주쿠웨이트 대사 등은 본부에서 기후변화 대사를 역임했고, 이동규 국제경제 국장은 대외환경협상을 총괄하고 있다. 이들은 전문지식과 경험을 바탕으로 대외협상과 국내조정에 기여했다.

1. 몬트리올 의정서와 강력한 생산·무역규제 조항

오존층보호를 위한 생산·소비·무역 제한조치

1985년 체결된 '오존층보호를 위한 비엔나 협약'은 인류의 개발활동으로 지구환경이 불가역적으로 파괴될 수 있다는 경종을 울렸다. 협약의 과학위원회는 자외선을 차단하는 오존층이 얇아져 남극 지역에서 오존 구멍이 더 커질 것이라고 보고하면서 피부암과 실명자가 증가할 것이라고 발표했다. 그 원인은 인간이 만들어 사용하는 프레온(CFC)과 할론(Halon)이었다. CFC는 인화성이 없는 안정적인 화학구조를 가진 '꿈의 물질'로 불렸다. 주로 에어콘의 냉매와 반도체의 세정제로 쓰였다. 할론은 소화기에 들어가는 가스였다. 국제사회는 신속히 대응했다.

1986년 오존층 파괴물질에 관한 몬트리올 의정서가 채택됐고 이듬해 발효됐다. 그 후에도 남극의 오존 구멍이 커지면서 규제물질의 생산과 소비 감축 일정을 앞당기는 후속 협상을 했다.

몬트리올 의정서는 경제 및 무역에 파급력이 강한 환경협정이었다. 협정의 목적달성을 위해 오존층 파괴물질인 CFC와 할론의 생산과 소비를 규제하고 비당사국과의 수출과 수입을 금지했기 때문이다. 선진국은 기존 CFC에서 대체물질인 수소염화불화탄소(HCFC) 또는 플루오르화탄소(HFC)로 조기 전환해야 했다. 다만 개도국에게는 생산 및 소비 감축기간을 장기화하고 연간 소비량을 일인당 0.3kg로 허용하는 특례 규정을 두었다.

한편 한국 정부와 업계는 이런 국제동향을 미리 파악하지 못한 채 CFC 및 할론 생산 공장을 건설하고 있었다. 대체물질을 개발하지 못했기 때문에 몬트리올 의정서의 발효가 한국의 산업에 피해를 줄 것은 자명했다. 협상 목표는 분명해졌다. 국제사회의 공동노력에 동참하면서 우리 산업의 피해도 방지하는 것이었다. 나는 장문의 보고서를 작성했다. 환경협정은 단순히 환경만을 보호하는 것이 아니고 목표달성을 위해 경제 및 무역활동을 규제하는 조약이라는 점을 부각했다. 경제전환국 특례조항(2조6항)과 개도국 특례조항(5조1항)을 비교·검토하여 우리의 생산 능력과 수출 잠재력을 훼손하지 않는 협상전략을 건의했다.

당사국 회의에 참석하여 선진국의 조기 생산 감축으로 물량이 부족한 상황에서 한국처럼 생산 능력이 있는 국가가 다른 개도국의 수요 충족을 위한 수출을 허용해야 한다고 주장하여 관철시켰다. 결국 한국 업체는 완공된 공장의 생산 능력을 최대한 가동하여 국내 수요를 충족하고 10여 년간 독점적으로 해외 수출을 할 수 있는 권한까지 확보했

모스타파 톨바(Dr. Mostafa Tolba) UNEP 사무총장과 악수하는 필자(1990년)

다. 또한 한국은 싱가포르와 손잡고 비당사국이라도 개도국에 대한 수출은 허용하는 결정을 채택함으로써 무역 규제의 위기에서도 벗어났다. 조환복 당시 경제기구과장과는 일면식도 없었지만 내가 보낸 전문보고와 편지를 치밀하게 챙기고 상부와 조율하면서 소기의 목표를 달성하는 데 지원을 아끼지 않았다.

오존층파괴물질과 강제실시권 주장의 논리

당시 우리는 WTO 지식재산권 이사회(TRIPS Council)와 무역과 환경 위원회 회의에서 환경보호와 기술독점의 모순관계에 관해 발언하고 개도국의 지지를 규합했다. "오존층보호라는 명분하에 오존층 파괴물질의 생산, 소비 및 무역을 금지하고 대체물질 사용을 촉구하는 몬트리올 의정서는 결국 대체기술을 가진 선진국에게 대체물질의 독점적 공급을 보장하는 효과가 있다"고 주장했다. "지구환경보호라는 공동의 목표달성을 위해 선진국은 공공대체기술 또는 대체물질을 개도국에게도 무상 또는 특혜적 조건으로 제공해야 한다"고 하면서 그렇지 않을 경우 환경협약이 선진국과 개도국 간 항구적인 기술격차를 벌리는 수단으로 악용될 수 있다는 논지를 폈다.

실제 몬트리올 의정서에 따른 오존층 파괴물질의 감축개시 일정은 듀퐁, 화이자, ICI 등 다국적 기업들이 대체물질 생산을 상용화하는 속도에 맞춰 이루어졌기 때문에 우리 주장에 힘이 실리던 때였다. 우리는 UNCED 협상과 몬트리올 의정서, 기후변화협약 등 각종 환경협약 협상과정에서 이런 논리를 주장하였고 많은 개도국들이 깊은 관심을 보였다. 이런 논리는 환경협상의 기본원칙의 하나인 '공통의 차등적인 의무(CBD)'에도 부합되는 것이었다. 우리는 UNCED 회의에서도 '환경보호와 공공기술의 이전' 관련 논의에서 유사한 주장을 피력하여 개도국의 지지를 받았다. 그러나 우리나라가 OECD에 가입하면서 개도국의 논리를 유지하기가 불가능해졌고 과감하게 선진국과 공조해야 하는 입장으로 전환됐으니 격세지감이었다.

협상결과와 한국 업체의 독점적 공급

이 사건은 국제협상에서 기술적 디테일과 산업현장의 여건을 정확히 파악하는 것이 중요하다는 것을 시사한다. 1986년 몬트리올 의정서가 채택되는 회의에 참석한 우리나라 환경부 대표는 출장 보고서에 "오존층이라는 지구환경을 보호하기 위한 국제협약을 채택하는 것은 유익한 일이다"고 언급했다. 그러나 목적을 달성하기 위해 산업의 생산·소비의 규제 및 무역제한 조치를 취하고 그런 조치가 우리나라에 미치는 악영향은 간과했다. 국제사회가 오존층 파괴물질 감축을 논의할 당시 우리나라의 울산화학과 한주케미칼은 공장을 짓는 중이었으니 우리가 국제동향에 얼마나 무지했는지 알 수 있는 대목이다.

　몬트리올 의정서 발효로 막 지은 공장의 생산을 감축하고 10년 내 폐쇄해야 할 지경에 이르자 우리 업계에서는 적극적인 협상을 주문하면서 대표단의 교섭활동에 많은 관심과 편의를 제공했다. 결국 우리는 몬트리올 의정서 당사국 총회에서 개도국 조항의 적용을 받고 무역규제도 피해 갈 수 있었다. 몬트리올 의정서 체결과 후속 개정으로 선진국의 생산에 규제가 강화되면서 우리 업계는 오히려 개도국이 필요로 하는 물질을 10년 이상 독점적으로 공급하는 호황을 누리는 동시에 충분한 시간을 두고 대체재를 개발하거나 획득할 기회도 얻었다.

　국제교섭에서 자국의 입장을 관철하기 위해서는 명분과 논리가 탄탄해야 한다. 당시 지구환경보호라는 대의명분에는 공감하면서도 환경협약이 선진국의 기술독점과 개도국과의 발전 격차를 영구화시켜서는 안 된다는 논리를 내세운 것이 주효했다. 우리 입장과 제안서를 강조하여 개도국의 지지를 확보한 것은 한국이 협상의 흐름을 주도하는 데 많은 도움을 주었다.

2. 기후변화협정과 교토의정서 협상의 뒤안길

기후변화협약 협상과 우리의 노력

　1990년 정부 간 협상위원회(INC)가 출범하고 1992년 리우에서 서명될 때까지 기후변화협약 성안을 위한 힘겨운 협상이 계속됐다. 유엔기후변화협약(UNFCCC)은 기본조약으로 인위적 온실가스 배출로 대기권 온도가 상승하고 이로 인한 기후시스템의 교란으로 농업과 경제활동 전반에 피해를 입게 된다는 과학적 자료가 바탕이 됐다. 온실가스의 배출저감과 적응 및 흡수활동을 추진하며 개도국에 대한 지원을 포괄한다. 감축의무를 가진 선진국을 당시 OECD 국가와 경제전환국(EIT)으로 확정하고 경제전환국은 재정지원 의무에서 제외했다.

기후변화협약은 기본원칙으로 공통의 차등적 책임, 개도국에 대한 배려, 예방조치, 지속가능한 발전과 국제협력 등을 합의했다. 협약은 온실가스 배출 감축의무를 규정했다. 특히 당시 OECD 회원국으로 구성된 부속서(Annex)-1 국가로 하여금 2010년까지 1990년 수준으로 온실가스 배출량을 감축하도록 했다. 그 외에 재정지원, 이행관련 통보 및 협약기구에 대한 규정이 합의됐다. 한국은 감축의무도 재정지원의무도 없는 개도국으로 분류되었다.

선진국과 개도국 간의 대립도 있었지만 그들 내부에서도 입장이 달랐다. 개도국은 현재의 기후변화는 산업혁명 이후 선진국의 화석연료 사용에 기인하므로 감축의무는 선진국이 져야 하고 개도국은 화석연료를 사용할 권리가 있다고 주장했다. 소위 기후변화방지를 위한 공통의 책임은 있지만 선진국과 개도국 간 책임이 다르다는 것이었다. 선진국 내에서는 환경보호에 우선순위를 둔 유럽 국가들과 에너지 생산 및 소비국인 JUSCANZ[1] 그룹 간 대립이 격화됐다. 개도국 내에서는 화석연료 생산국인 석유수출국기구(OPEC) 국가들과 기후변화로 해수면이 상승하면 취약할 수밖에 없는 군소도서개도국(AOSIS) 간 치열한 공

---

1 JUSCANZ는 일본, 미국, 캐나다, 호주, 뉴질랜드, 한국, 멕시코, 노르웨이, 스위스, 아이슬란드 등으로 구성된 느슨한 비공식 협의체로서 정책 공조를 하는 조직은 아니다. 대체로 OECD 회원국 중에서 EU 회원국을 제외한 국가들로 유엔기구의 활동, 특히 온실가스 감축에 있어 강경입장을 취하는 EU보다 보수적인 입장을 취해 왔다.

방이 오갔다.

한국 대표단은 개도국 그룹인 G-77의 일원으로 협상에 임했다. 협정의 기본원칙 중 '공통의 차등적 책임'에 관한 협상에 적극 참여했고 당사국의 일반감축약속이 포함된 제4조 협상에도 깊이 관여했다. 특히 취약국가에 대한 특별고려조항에는 한국과 같은 화석연료 수입의 존도가 높은 개도국에 대해 특별히 고려할 필요성을 포함시켰다. 또한 선진국의 개도국에 대한 대체에너지 생산기술의 협력 필요성을 지속적으로 강조하고 이를 협정에 포함시켰다. 그리고 부속서 리스트 협상과정에서 한국과 멕시코 등 신흥개도국을 감축의무를 지는 부속서-1에 포함시키거나 재정지원의무를 지는 부속서-2 국가에 포함시키려는 시도를 저지하기 위해 해당 국가들과 연대하여 대응했다.

교토의정서 협상과 성과

기후변화협약은 기본협정으로 국가별 감축의무 부담을 규정하지 않았다. 1994년 '베를린 맨데이트'를 거쳐 1997년 12월 교토의정서 채택으로 선진국에 대해 강력한 수량적 감축의무를 부여했다. 교토의정서는 마지막 이틀을 남기고도 감축목표를 둘러싼 선진국 간 갈등, 개도국 감축조항, 화석연료 수출국과 수입국 간 대립 등 첨예한 대립이 이어졌다. 회의장 안팎은 삼엄한 긴장감으로 둘러싸여 있었다. 일부 언론은 실패 가능성을 점치기도 했다. 전원위원회 의장인 라울 에스트라다 (Raúl Estrada-Oyuela) 아르헨티나 대사의 리더십이 돋보였다. 그는 마지막 날까지 1,000여 쪽에 달하는 협상초안 중에서 '중요하고 합의 가능한' 사항을 선별하는 작업에 집중했다.

교토의정서는 부속서-1 국가에 대해 1990년 배출량을 기준으로

2008~2012년까지 최대 8% 감축에서 10% 증가를 허용하는 구체적인 감축목표를 설정했다. 화석연료 사용을 규제하면서 대체 에너지가 없는 경우 경제발전에 직접적인 타격을 입기 때문에 선진국 내에서도 배출량 감축방식을 둘러싸고 첨예한 대립을 보였다. 대체로 EU는 급진적인 감축을 주장했고, 소위 JUSCANZ 그룹은 완만한 감축을 지지했다. 또한 대상 온실가스의 범위와 흡수를 비롯하여 교토 메커니즘으로 불리는 공동이행제도(JI), 청정개발체제(CDM) 및 배출권거래제도(ETS) 등 시장원리에 입각한 감축수단을 도입한 것도 특징이다. 개도국 및 취약한 국가에 대한 재정 및 기술지원 규정도 개선됐다.

다자협상은 같은 입장을 가진 국가들이 그룹을 형성하여 대응한다. 기후변화협상에도 수많은 국가 그룹들이 이합집산한다. 개도국 그룹은 G-77＋중국, 군소도서국(SIDs), 최빈개도국(LDC), 석유수출국기구(OPEC) 등이 있다. 선진국은 EU와 EU를 제외한 OECD국가(Umbrella Group)로 대별되며 스위스와 한국이 공동으로 출범한 환경건전성그룹(EIG) 등도 별도의 입장을 가지고 협상에 임했다. EIG에는 멕시코, 리히텐쉬타인, 죠지아, 모나코 등이 포함되는데 이들은 대체로 선진국에 속하지만 EU 또는 Umbrella Group과 같은 입장을 취하기 어려운 나라들이다. 한국은 WTO 농산물협상에서도 스위스와 입장이 유사하여 G-10이란 그룹을 만들어 공동대응을 해 왔다.

나는 환경협력과장 자격으로 협상의 자초지종을 담당했다. 한국은 1996년 OECD에 가입함으로써 1997년 열린 교토의정서 협상에서 처신이 애매했다. 기후변화협약상 감축의무를 지는 부속서-1 국가도 아니고 OECD에 가입하면서 기후변화협약협상에서는 개도국 지위를 용인받은 탓에 법적인 문제는 없었다. 협상기간 중 국내외에서 지속적인 반발과 혼선이 제기됐다. 국내에서는 선진국과 같은 수량적 감축을 하면 개발 잠재력이 훼손될 수 있다고 우려한 반면, 선진국들은 OECD 회원국에 걸맞은 참여를 요구했기 때문이다. 청정개발체제(CDM)는 선진국이 개도국에서 진행하는 온실가스 감축사업을 통해 탄소배출권을 획득할 수 있는 제도였다. 우리나라는 개도국이 자국 또는 다른 개도국에서 시행한 CDM 사업에도 적용해줄 것을 주장했다. 소위 '일방적(Unilateral) CDM'으로 명명된 우리의 제안이 많은 논란 끝에 채택되어 한국을 비롯한 개도국들이 수혜를 입게 된다. 나는 기후변화협약 협상의 인사이드 스토리를 법무부 통상법률지에 기고2했다.

개도국의 자발적 감축조항을 둘러싼 논란

1997년 12월 일본 교토에서 열린 최종 회의에 꼬박 2주일 참석했다. 거의 매일 야간 회의가 열리고 다양한 국가 그룹들이 이합집산했다. 국익을 지키기 위한 국가 대표들의 치열한 수싸움이었다. 중국, 인도 등 거대 개도국의 감축 없이 선진국만의 감축으로 지구온난화를 방지할 수 없다는 비판이 급증했다. 이 문제를 다루기 위한 개도국의 자발적 감축 조항(당시 제10조)이 협상 마지막까지 쟁점으로 남아 있었다. 이 조항에 대해 개도국들은 강력히 반대했다. 감축 참여 선언은 자발적이지만 선언 후에는 구속되기 때문이었다. 개도국과 중견국가들은 온실가스 감축을 위한 '자발적 참여'를 강요받을 가능성을 우려했다. 우리나라도 마찬가지였다. OECD에 가입하면서 기후변화협약에서 개도국

---

2 기후변화협약체제의 협상과 우리의 선택, 통상법률, 법무부, 1998.12(상), 1992.2(하)

적용을 받는다는 조건이 무력화될 것을 우려했다.

자발적 감축조항을 둘러싸고 선진국과 개도국은 한 치도 양보하지 않았다. 이 조항은 중국, 인도와 산유국 등 개도국의 극렬한 반대로 컨센서스에 실패할 것이 거의 확실했다. 따라서 우리가 나서지 않아도 되었다. 그러나 우리 교체수석대표는 주변의 만류에도 이 조항의 삭제를 선두 제안해 버렸다. 중국과 인도 등 개도국들이 열렬이 지지했고 에스트라다 의장은 전격 삭제를 선언했다.

문제는 그 직후 발생했다. 회의가 일시 정회된 후 미국 수석대표였던 스튜어트 아이젠스타트(Stuart Eizenstatt) 국무부 차관과 환경대사가 수석대표＋1 협의를 긴급 요청했다. 소회의실에 좌정하자 아이젠스타트 차관은 "OECD에 가입한 한국이 왜 개도국을 대변하는가? 당신에게 심각한 영향이 있을 것이다(You will have serious repercussions)"라는 말을 반복하고 회의실을 나가버렸다. 당황스런 상황이었다. 대표단석으로 돌아왔는데 난데없이 카와이(Kawai) 일본 수석대표가 다가와 삿대질을 하면서 "이러려면 한국이 왜 OECD에 가입했나?"라고 소리쳤다. 취기가 올라 혀도 꼬부라져 있었다. 나는 급히 일어나 제지했다. 수행하던 일본 실무진이 죄송하다는 말을 연발했다. 그는 일본 외무성에서 'No'라고 할 수 있는 강성 외교관으로 알려져 있었다.

교토의정서 협상의 복기와 시사점

교토의정서는 온실가스의 절대적 감축공약을 설정한 강력한 환경조약이었다. 구속적 합의에는 성공했으나 결국 실패로 결말이 났다. 구속력이 너무 강하여 선진국들도 감축약속을 지키기 어려웠고, 중국 등 거대 개도국의 감축이 동반되지 않으면 실효성이 없다고 판단했기 때문이다. 자발적으로 감축목표를 설정하는 파리협약으로 재탄생한 이유이기도 하다. 교토의정서의 감축공약은 지켜지지 않았으나 감축이행을 위한 다양한 방안을 고안했고 그것이 추후 파리협약체제에서 다시 구현되었다.

국가대표들은 과학적 증거와 법률적 의견 및 정연한 논리로 상대국을 설득해 나간다. 같은 입장을 가진 국가들(Likeminded groups)끼리 이합집산을 한다. 선진국 내에서도 EU 회원국과 비EU 회원국의 입장 차이가 컸다. 한국은 기후변화협정에서는 개도국 지위를 확보했다. 그러나 교토의정서를 협상할 당시 한국은 미국과 같이 JUSCANZ 그룹에 속하여 공동보조를 취했다. 환경보호 우선을 주장하는 EU와 달리 개발의 잠재력을 훼손하지 않는 범위 안에서 환경보전을 해야 한다는 입장이었다. 미국은 중국 등 주요 개도국의 참여를 유도할 수 있는 중요한 조항의 존치를 희망했는데 공동보조를 취하는 한국이 앞장서서 삭제할 것을 제안한 것에 실망이 컸을 것이다.

다자협상은 쟁점 이슈가 복잡하고 국가 간 이해가 다양하기 때문에 오랜 기간 협상현장에 참석한 전문가의 의견을 경청하고 존중해야 한다. 백발이 성성한 고위직들이 디테일을 꿰면서 논리를 설파하는 서양 외교관을 보는 것은 다자회의장에서 흔한 일이다.

3. 유엔환경개발회의(UNCED)와 Agenda 21 협상

지구환경문제, 국제사회의 최대현안으로 부각

산업혁명 이후 추진되어 온 산업화와 개발 위주의 경제성장은 자원의 무절제한 이용을 유발하고 공해물질을 배출함으로써 지구의 자정 능력이 저하되어 환경 악화를 가속시켰다. 지구 차원의 환경문제는 대기, 해양, 육상 및 해양생태계, 독성 및 유해물질 분야 등 광범위하게 걸쳐있다. 지구 환경문제를 해결하기 위한 노력은 유엔, WTO 등 다자간 기구와 국제협약 체결 등을 통하여 다각적으로 전개되어 왔다.

1972년 스톡홀름에서 개최된 유엔인간환경회의(UNCHE)를 계기로 환경문제는 처음으로 지구 차원의 문제로 인식되었고, 1987년 '브룬트란트보고서(Brundtland Report)'는 지구환경 문제의 사회 · 경제 · 정치적 원인 분석과 아울러 '지속가능한 개발(ESSD)'이라는 거대한 명제를 제시했다. 1992년 브라질 리우데자네이루에서 열린 '유엔환경과 개발회의(UNCED)'는 역사에 한 획을 긋는 행사였다. 지속가능한 개발을 달성하기 위해 '의제(Agenda) 21'이라는 포괄적 행동계획이 마련됐고 이 회의 계기에 기후변화협약과 생물다양성협약이 채택됐다. 또한 유엔 경제사회이사회(ECOSOC) 산하에 지속개발위원회(CSD) 설치에 합의했다. 환경문제 해결을 위한 국제협약의 성안기간은 단축됐고 환경보호를 위한 지역협력 또는 소지역협력이 강화되고 있었다. 지구환경보호라는 공동의 목표에도 불구하고 이행방법을 둘러싸고 각국은 첨예하게 대립했다. 국제적 합의를 도출하기 위해 '회의외교' 또는 '다자외교'가 활성화된 배경이다.

환경보호를 위한 국제적인 규제조치가 확산되면서, 그린라운드의 출범 가능성이 제기되는 가운데 WTO와 OECD 등 기구에서는 무역과 환경 문제가 중요한 이슈로 거론됐다. 특히, WTO에서는 환경보호를 목적으로 취해지는 무역조치가 WTO 규범에 합치되는지 여부를 검토해 왔다. 지구 환경문제는 지역적 및 세계적인 파급효과를 가지고 있으므로 법적 구속력 있는 환경협약을 체결하기 전에도 지역 및 국제적 차원의 회의를 통하여 환경문제에 대한 선언, 결의 및 실천계획을 채택함으로써 법규범화 작업의 전단계인 연성법(soft law)이 확대되고 있었다.

UNCED와 Agenda 21

당시 기획재정부 대외조정실이 대외경제장관회의를 운영하면서 환경 및 통상 분야의 국제회의에 참석하는 관계부처의 입장을 조율하고 국내 대책을 마련하는 역할을 했다. 대외조정실의 권한이 강화되면서 대외 협상권한과 정부대표 임면권한까지 침범하려는 시도가 있어 외교부와 극심한 마찰을 빚기도 했다. 대외경제장관회의의 조정을 거친 뒤 정부는 UNCED 준비회의(PREPCOM) 협상부터 참석했다. 당시 정부 내에서는 국제 환경문제에 대한 이해도 낮았고 협상참여 경험도 일천하여 주로 외교부가 국제 동향을 모니터링하고 대외협상을 끌고 가는 형국이었다. 환경부는 지구환경과를 신설하고 국제문제에 관심을 제고하는 초기 단계였다. 나는 실무대표단으로 협상의 전반을 관장했다. 당시 싱가포르 출신의 토미 코(Tommy Koh) 대사는 UNCED 준비회의 의장직을 맡아 탁월한 실력으로 Agenda 21 문서의 협상을 주도했다. 그는 학자이면서 외교관으로 해박한 지식과 협상경험을 과시하면서 각국의 갈등을 조정해 나갔다. 나는 그런 외교관을 길러내는 강소국 싱가포르의 저력이 부러웠다.

우리는 1991년 유엔 가입 이래 개도국 그룹인 G-77의 일원으로 각종 유엔 활동에 임했다. Agenda 21 협상에서도 환경보호라는 명분에는 동조하면서도 한국의 개발 잠재력을 훼손하거나 무역제한적인 조

유엔총회 제2위원회에서 연설하는 필자(2000년 10월)

치에 대해서는 유보적인 입장을 취했다. 특히 환경보호의 대 원칙 중 하나인 예방적 조치가 자의적인 무역제한 조치로 악용되지 않아야 한다고 강조했다. 지구환경보호라는 공동의 목표달성을 위해 선진국은 공공의 영역에 있는 환경기술을 개도국에 무상으로 이전해야 한다는 논리도 폈다. 또한 지구 환경보호에 선진국과 개도국이 공통의 책임이 있지만 산업혁명 이후 환경파괴에 기여하고 환경보호 능력이 있는 선진국이 더 많은 책임을 져야 한다는 입장을 취했다. 이런 한국의 입장은 1996년 OECD 가입을 계기로 대전환을 맞았다. 1997년 뉴욕에서 열린 Rio＋5 회의에서 우리는 선진국 자격으로 우리 입장을 재정립해야 했다. 격세지감이었다.

이빠네마 해변과 썰렁한 대표단 본부

UNCED 회의는 리우데자네이루에서 3주간 열렸다. 우리 대표단 숙소는 이빠네마 해변에서 멀지 않은 곳이었다. 해변은 관광객으로 북적댔으나 회의가 끝날 때까지 해변에 발도 디딜 여유가 없었다. 고위급 회의 수석대표로 정원식 총리가 기자단을 대동하여 입국할 예정이었다. 그런데 로스앤젤레스를 출발한 항공기가 강한 제트기류 덕으로 상파울로 공항에 예정보다 1시간 정도 일찍 도착했다. 문제는 한철수 주브라질 대사와 김종민 상파울로 총영사가 앞선 행사장에서 공항으로 오던 중 교통체증으로 총리 일행을 제대로 영접하지 못했던 데서 불거졌다. 항공기가 한동안 활주로에서 대기하자 기내에 있는 다른 승객들의 불만이 터져 나왔다. 뒤늦게 한철수 대사가 도착해서 대표단을 영접하면서 일단락되는 듯했으나 서울에서는 정권 말기의 권력누수 현상이라며 경위를 조사했다.

　대표단 본부(CP)의 분위기는 냉랭했다. 정원식 총리는 기분이 상했고 대사와 총영사도 안절부절 못했다. 기자단도 경유지였던 로스앤젤레스에서부터 쌓인 것이 많았다. 회의에 참석하고 대표단 간 조율도 해야 하는 대표단 본부에 무거운 긴장감이 감돌았다. 결국 교체수석대표였던 환경부 장관이 귀국 도중에 이구아수 폭포를 방문한 것이 화근이 되어 폭발했다. 조선일보 최보식 기자가 '염불보다 잿밥에 쏠린 환경부장관'이라는 통렬한 박스 기사를 썼던 것이다. 이 사건으로 환경부 장관은 낙마했고 총영사는 직위 해제되어 본부로 소환됐다. 대표단 숙소는 초상집이었다. UNCED 회의에만 매달리던 나는 뒤통수를 얻어맞은 기분이었다.

4. 바젤협약과 유해폐기물에 대한 국제무역 규제

유해폐기물의 국가간 이동과 바젤협약

나는 바젤협약의 성안과 개정 협상에 직접 참여했다. 경제개발과 무역의 확대로 폐기물 생산과 국가 간 이동이 확대됐다. 1992년 UNEP는 전 세계적으로 발생하는 폐기물의 양은 연간 3.4억 톤에 달한다고 보고했다. 특히, 광업, 농업, 제조업 분야에서 발생하는 각종 유해물질과 독성 폐기물은 토양 및 수질을 오염시켜 인간 및 동·식물의 생명 및 보건에 위해를 가한다는 것이었다. 또한, 선진국의 유해폐기물이 재활용으로 위장하여 개도국으로 반출 또는 불법 수출되는 문제가 국제 비정부 간 기구로부터 제기되면서 세계적인 규제 필요성이 대두되었다.

UNEP는 1982년부터 유해폐기물의 환경안전 관리 및 처리에 관한 국제적인 지침 개발을 추진하여 카이로 지침을 채택했다. 이를 바탕으로 1989년 3월에 바젤협약이 채택됐다. 이 협약은 유해폐기물 생산의 최소화, 안전적 처리 및 관리, 이미 생산된 폐기물의 오염방지조치 및 유해폐기물의 국가 간 이동규제와 처리를 주목표로 하고 있다. 즉, 폐기물의 생애주기를 모두 관리하고 규제하는 것이다. 선진국 폐기물의 대 개도국 덤핑에 대한 우려가 증가하면서 바젤협약 당사국은 OECD 국가로부터 비OECD 국가로 유해폐기물 수출을 금지하는 개정안을 채택하였다. 아프리카 국가들은 바젤협약이 이러한 덤핑규제에는 미약하다는 점을 지적, 1991년 유해폐기물의 수입을 전면 금지하는 바마코 (Bamako) 협약을 채택하였다.

회의장 시계를 정지시키고...

1989년 3월 협약 협상은 최종일까지 몇 가지 미결사항을 남겨두었다. 유해폐기물의 수출과 수입·처리 의무가 발생되는 지점을 '영토(Territory)'로 한정할 것인지 '관할구역(Area under national jurisdiction)'으로 확장할 것인지를 둘러싸고 찬반이 팽팽하게 맞섰다. 폐기물 생산국인 선진국과 수입 개도국들은 자국의 사정에 따라 양면성을 보였다. 협약상 의무발생을 축소하려는 입장과 환경보호를 위해 그 범위를 확장해야 한다는 의견이 대립했다. 한편 브라질은 협상결렬을 불사하고 확장된 관할구역의 개념에 반대하고 영토 개념을 지지했다.

협상종료 예정 시각까지 타협이 되지 않자 의장은 전체회의를 열어 "당초 합의한 협상종료 시점을 지키기 위해 현재부터 시계가 가는 것(clock ticking)을 동결하는 결정을 하고자 합니다. 이견 있습니까?"라고 물었다. 동시에 "현재 쟁점 이슈에 대한 회원국의 최종 입장을 내일 오전까지 제출해 주시기 바랍니다"라고 언급하고 회의를 종결했다. 다음날 브라질이 주장을 철회하면서 바젤협약의 적용 범위는 '관할구역'으로 확정됐다. 생산, 이동, 소비 및 처리를 망라하는 유해폐기물의 전 생애를 규제하는 데 있어 확장된 환경보호의 원칙을 따른 것이었다.

OECD 회원국에서 비회원국으로 이동하는 폐기물의 무역규제

바젤협약은 당사국으로 하여금 유해폐기물의 수입금지를 허용하고 수입을 금지하는 당사국에 대하여는 수출금지를 규정하고 있다. 또한, 당사국 간 무역의 경우, 수출국은 수입국에 폐기물 수출에 관한 자료를 제공하고, 수입국의 허가를 받은 후에야 수출을 할 수 있도록 하는 소위 '사전통고승인(PIC)' 제도를 운영하고 있다. 협약은 비당사국에 대한 수출금지를 규정하고 있다. 한편, 비당사국이라 할지라도 폐기물을 수입하여 환경적으로 건전하게 처리할 수 있다는 내용이 포함된 양자 또는 다자협정을 당사국과 체결하는 경우 이러한 비당사국과는 교역을 허용하고 있다.

가장 주목을 받았던 사건은 1994년 개최된 제2차 협약 당사국총회가 "최종 처리를 위한 폐기물의 경우 OECD 국가로부터 비OECD 국가로의 이동을 즉각 전면금지하고, 재활용을 위한 폐기물의 경우 OECD 국가로부터 비OECD 국가로의 이동을 1997년 말까지 전면금지"하기로 결정한 것이다. 선진국에서 아프리카 지역에 재활용의 명분으로 유해폐기물을 대량 수출했으나 이런 선진국의 수출이 사실상 유해폐기물의 덤핑을 위장하고 있다는 보고가 잇따랐기 때문이다. 이 결정에 따라, 1995년 9월에 개최된 제3차 당사국총회는 상기 결정 내용을 포괄하는 개정을 채택하였다. 그러나 협약상 유해폐기물에 대한 정확한 정의가 결여되어 있고 폐기물이 원제품과는 다르기 때문에 국제통일상품분류체계(HS)를 부여하는 것에 애로가 있어 실질적인 무역규제의 실행이 어려웠다. 당사국은 기술실무그룹 운영을 통해 문제를 해결했다.

국가 간 이동이 이루어지는 폐기물이 생산되어 최종 처리되는 과정에서 재해가 발생할 경우 그 책임과 배상 문제를 둘러싸고 빚어진 갈등이 뜨거운 감자로 부상했다. 개도국들은 선진국의 폐기물을 수입하여 처리(disposal)하는 사례가 많은데 처리 후 발생하는 환경피해에 대해서는 폐기물의 수출자 또는 생산자가 배상의무를 져야 한다는 주장을 굽히지 않았다. 폐기물 수출자 또는 수출국의 입장에서는 엄청난 부담이 아닐 수 없었다. 결국 배상의정서의 교섭은 교착과 재개를 반복할 수밖에 없었다.

개도국에서 선진국으로 바뀐 입장

한국은 바젤협약 관련 공세적 이익과 수세적 이해가 복합적으로 얽혀 있었다. 첫째, 한국은 제철에 필요한 고철을 선진국으로부터 상당량 수입하고 있었기 때문에 유해폐기물의 대 개도국 수출이 강화되면 원자재 확보에 비상이 걸리는 셈이었다. 둘째, 한국도 산업구조가 고도화되면서 다른 개도국에 폐기물 수출을 늘리고 있었다. 셋째, '오염자 처리원칙(polluter-pays-principle)'에 따라 수출된 폐기물이 최종 처리될 때까지 생산국과 수출국이 책임을 진다는 것이 부담으로 작용했다. 이런 수세적인 입장과는 반대로, 주한 미군기지의 환경오염에 미국의 책임을 요구하는 우리 입장을 보강하는 논리로 바젤협약을 원용하기도 했다.

1989년 바젤협약이 채택되고 1995년 유해폐기물의 대 개도국 수출을 금지하는 당사국총회의 결정이 채택될 당시까지 한국은 개도국이었다. 그러나 1996년 OECD에 가입하면서 상기 합의가 시행되는 시점에는 선진국으로 지위가 바뀌었다. 처음에는 어색했으나 그간 협조해 왔던 G-77을 떠나 JUSCANZ 그룹 국가들과 공조하면서 새로운 입장을 정립해 가야 했다.

5. 생물다양성 보호를 위한 무역규범과 한국의 딜레마

생물다양성협약의 성안협상에 참여

나는 생물다양성협약 협상회의에도 참석했다. 생물 종의 보호를 위한 국제협약은 특정 서식지에 대한 보호 또는 특정 경제활동에 대한 규제 등 부분적인 협력에 국한되었다. 그러나 1980년대 들어 산업화로 인한 환경오염으로 지구상의 생물 종이 기하급수적으로 멸종되어 간다는 우려에 따라 이를 보전하기 위한 포괄적인 국제협약 체결 필요성이 제기되었다. 1991년 초 협약협상이 개시되어 92년 6월 UNCED에서 서명을 위해 개방됐다. 나는 수많은 회의에 참석하면서 유전자원(genetic resources) 및 유전공학분야 전문가의 조언을 받고 새로운 분야에 관해 많은 것을 배웠다.

협약의 목적은 생물다양성의 보전과 그 구성요소의 지속가능한 이용을 목표로 하고 있다. 생물다양성의 보전을 인류공동의 관심사항으로 확인하고, 유전자원에 대한 접근증진과, 유전자원의 이용으로부터 발생하는 이익을 유전자원 원산국과 공유하도록 규정하고 있다. 이 협약은 유전자원의 보유국에 대한 주권적인 권리를 확인하고, 이 유전자원의 사용으로부터 발생하는 이익을 동 자원의 원산국과 분배하도록 규정함으로써 많은 논란을 불러 일으켰다. 특히 미국 산업계는 이 규정이 특허보호와 배치된다는 점에 우려를 제기함으로써 미국은 아직도 비가입국으로 남아있다. 1995년부터 '생물안전성에 관한 의정서(추후 '카르타헤나 의정서'로 성안)' 협상개시를 합의하고 해양, 육상 및 산림 자원의 보전과 개발을 위한 상세한 행동계획을 합의하였다.

협약상 거래제한 조치와 한국의 우려

협약은 유전자원 보유국에 유전자원 관할권을 인정하면서 외국은 동 자원에 대한 접근과 거래가 제한된다는 점을 규정하고 있다. 한편 자원 보유국은 여타 당사국이 이 자원을 활용할 수 있도록 유전자원에 대한 접근이 용이하도록 하는 여건을 조성해야 할 의무를 부과했다. 결론적으로 당사국 간 상호 합의된 조건하에 유전자원에 대한 접근과 이용이 가능하도록 규정하고 있다. 이 협약은 비당사국에 대한 직접적인 무역조치는 규정하지 않고 있다.

그러나 협약의 협상과정에서 '이익공유(benefits sharing)'의 개념과 운영방안 그리고 지적재산권과의 관계가 중요한 이슈로 부각되었다. 이익공유는 새로운 개념이었다. 예를 들어 스위스 제약업체가 브라질에 있는 유전자원을 이용하여 혁신적인 약을 개발하여 거액의 이익을 창출했다면 그 이익을 브라질과 공유해야 한다는 것이다. 신약의 특허권에 일정한 제약을 가한다는 면에서 지식재산권을 보호하는 TRIPs 협정과 충돌 문제가 제기됐고 아직도 선진국과 개도국 간 첨예한 의견대립이 있다. 한국 입장은 애매했다. OECD 가입 이전에는 개도국의 입장에 동조하는 모양새를 취했다. 그러나 선진국 그룹에 가입하면서 지식재산권보호를 강화하고 신약개발을 위한 기술혁신 잠재력이 큰 점을 고려하여 '이익공유제'가 이행되면 불리해질 것을 우려했다. 우리 입장의 자연스런 전환이 이루어졌다.

한편 '생물안정성에 관한 의정서'는 유전적 변형체(LMO), 즉 생명공학기술을 이용하여 변형된 생물체의 국가 간 이동을 엄격히 규제하는 것을 골자로 하고 있으며, 규제방식은 바젤협약과 유사한 사전통고합의(AIA)를 적용하도록 되어있다. 의정서 작성 배경은 생명공학기술의 발달로 변형된 생물체가 환경에 유입될 경우 주변 생태계에 미치는 엄청난 파급효과를 방지하기 위한 것으로 생명공학기술 선진국은 이 의정서가 기술개발과 실험을 위축시킬 것으로 우려하고 있다.

CITES 협약과 한국에 대한 가입압박

멸종위기에 처한 동식물의 교역에 관한 협약(CITES)은 상업적 무역을 규제함으로써 야생 동식물의 멸종방지를 목적으로 한다. 1963년 세계보존연맹(IUCN)이 국제협약 체결의 필요성을 제기하자 미국은 이 제안을 반영한 멸종위기의 종에 관한 법률을 제정했다. 그리고 국제협약 체결협상을 주도하여 1973년 워싱턴에서 협약을 채택하기에 이르렀다. 이 협약은 멸종위기에 처한 동식물의 교역을 금지 또는 엄격히 규제하고 있다. 특정 종의 규모와 그 지리적인 분포를 기준으로 한 생물학적인 상태(biological status)에 따라 상업적 교역 금지, 일정 요건하 교역 허용, 또는 당사국 재량으로 특정 동·식물을 보호할 수 있도록 하고 있다.

코뿔소, 호랑이 및 사향노루 등 멸종위기에 있는 800여 개 종이 포함되며 상업적 교역을 엄격히 금지한다. 협약은 쿼터(quota)에 의한 무역규제도 허용하고 있다. 예를 들어 레오파드의 경우 8년의 보호기간이 경과하면 더 이상 멸종위기에 있지 않다는 과학적 조사 보고가 있은 후 특정 쿼터 범위 내에서 교역을 허용한 사례가 있다. 국제환경문제가 부상하기 시작한 1980년대 후반부터 한국에 대한 CITES 협약 가입압박이 가중됐다. 특히 한약재를 많이 사용하는 동양권 국가들은 대부분 CITES 협정을 위반하고 있었기 때문이다.

웅담·사향·서각·상아의 수입과 한국의 딜레마

한국은 멸종위기 종을 보호한다는 취지에는 공감했으나 사향, 웅담, 서각(코뿔소 뿔), 상아 등 핵심 한약재로 사용되는 품목의 거래제한 의무를 지게 될 것을 우려했다. 한약 약재상들과 한약재 수급을 관장하는 보건복지부의 반대가 강했다. 나는 미국과 협상 테이블에 앉아 "한국은 미국과 달리 한약재를 많이 사용하기 때문에 협약가입으로 필수 한약재 수입이 차질을 빚어서는 안 됩니다. 상당한 경과조치가 필수적입니다"라고 주장하면서 협약에 가입하더라도 이행시기를 지연하거나 필수품목에 대한 유보(reservation) 필요성을 주장했다. 한약재 사용이 없는 미국과 서방국가들의 입장은 강경했다. 반면 한의사협회와 한약재 수입업자들은 CITES 가입에 강력히 반대했다. 결국 사향과 웅담 등 두 가지 품목에 대해서 유보 조건하에 협약에 가입하고 필요한 국내법령을 정비했다. 그 후 서방국가들이 우리에게 유보품목의 철회를 집요하게 요구하여 결국 몇 년 후 유보를 철회했고 교역 금지된 한약재들은 사육된 사향노루와 곰으로부터 채취되어 수입되었다.

6. 동북아 환경협력의 첫 걸음

동북아 지역 환경협력의 첫 구상

1991년 외교부에 창설된 과학환경과는 글로벌 환경규범협상과 지역 환경협력을 위한 규범협상을 주도하는 일에 집중했다. 당시 중국에서 기원하는 산성비와 중금속을 포함한 황사의 한반도 유입 문제와 동해와 황해 지역의 해양오염 문제도 심각한 사회적 문제로 부각됐지만 역내 협력제도는 존재하지 않았다. 한국, 중국 및 일본 간 항구적 협력 체제를 구축하는 것이 관건이었다. 3국의 중간에 위치하고 환경보호 요구가 커지던 한국이 이런 이니셔티브를 주도하기에 적절했다.

1992년 브라질에서 개최된 유엔환경개발회의 이후 인접국 일본 및 중국과의 협력강화 필요성이 제기됐다. 그러나 동북아 3국은 애증의 역사로 뒤엉켜 환경협력을 강화하는 데 적지 않은 애로를 겪었다. 나는 직속 상사인 정래권 과학환경과장과 머리를 맞대고 추진전략과 전술을 검토하여 크게 두 분야로 접근하기로 했다. 동북아 지역의 이동성 대기오염 규제와 지역해양오염 방지관련 협력이 그것이다.

동북아 지역환경협력(NEASPEC)과 중국의 태도

이동성 대기오염의 주요 원인물질은 황산화물(SOx)와 질소산화물(NOx)이었다. 주로 석탄과 석유의 연소 과정에서 발생하고 내연기관으로 움직이는 차량에서 뿜어져 나왔다. 이런 가스가 빗물과 결합하면 황산과 질산을 만들어 산성비(acid rain)를 내리고 국경을 넘어 다른 나라에도 피해를 야기하곤 했다. 우리보다 먼저 산업화를 겪은 유럽에서는 이런 폐해를 인지하고 오래 전에 '제네바 의정서' 및 '소피아 의정서' 등 장거리 이동성 대기오염에 관한 국제협약을 성안했다. 우리는 유럽의 선례를 동북아에 적용해 보고자 했다. 중국 및 일본 측은 긍정적인 반응을 보이면서도 환경오염의 책임문제나 재정지출에는 손사래를 쳤다. 유럽은 부유한 서유럽국가의 오염물질이 빈곤한 동구권으로 이동하는 관계로 '오염자부담원칙'을 적용해도 크게 문제가 되지 않지만 동북아는 중국의 오염물질이 한국과 일본으로 이동하고 한국의 오염물질이 일본으로 이동하는 반대구조로 실행이 어려웠다.

1993년 초 어렵게 제1차 동북아 환경협력 고위급회의를 서울에서 열었다. 일본, 중국과 몽골 대표단도 참석했다. 이 회의에 대하여 특히 한국과 일본의 기대가 컸으나, 첫날 오전 개회하면서 예기치 않은 문제로 회의가 결렬될 위기에 처했다. 일본 수석대표가 "중국에서 오는 산성비 원인물질의 이동으로 일본이 잠재적 피해를 보고 있습니다"라고 언급하자 중국 대표가 발끈하면서 당시 의장이던 권인혁 대사에게 반박 발언권을 신청했다. "일본 대표의 발언에 동의하지 않습니다. 중국에서 오염물질이 발원한다는 과학적 증거가 있습니까?"라고 언성을 높였다. 일본 대표는 "현재 그런 증거를 가지고 있지는 않지만 전문가들의 의견이 그렇습니다"라고 응수했고 중국 대표는 "공식 외교회의에서 추측을 근거로 상대 국가를 비방하는 것은 부적절합니다. 이런 회의는 보이콧하겠습니다"라고 말하고 퇴장해 버렸다. 내친 김에 조기 귀국하겠다고 압박했다. 난감한 일이었다. 그 날 오후 회의를 휴회하고 저녁 내내 중국 대표를 설득하여 다음날 회의를 속개했다. 결국, 역내 협력의 기반이 없고 장애요인들이 많은 현실을 감안하여 목표를 낮추는 것이 현실적이라 판단했다. 서울 회의에서는 동북아 지역의 이동성 대기오염 경로파악과 모니터링 강화에 우선순위를 두기로 합의했다. 한국과 일본은 대외원조 예산을 활용하여 중국에 대기오염 측정장치를 지원했다.

북서태평양환경보전실천계획(NOWPAP)과 외교 참사

지역해양 환경보호를 위한 협력 필요성도 증가했다. 동해와 서해 지역에서 오염물질의 해양유입과 투기 그리고 선박의 조난과 사고 시

NOWPAP 제2차 회의 주재 후 5개국 대표단과 함께(1998년 4월, 대전)

긴급구조를 위한 협력이 절실했기 때문이다. 유엔개발계획(UNEP)이 연안 및 해양자원의 이용개발 및 관리를 위하여 1974년부터 추진해온 13개 '지역해양 프로그램'의 하나로 추진하기로 했다. 동북아 3국은 해양경계 획정과 수산자원 보호 등 분야에서 각을 세우는 일이 많은 점을 고려하여 처음에는 해양오염에 관한 정보교류와 해양오염 모니터링에 치중하고 협력분야를 확대해 나가는 쪽에 초점을 맞췄다. 1991년 5월 UNEP 제16차 집행이사회 기간 중 한국, 북한, 일본, 중국, 러시아 5개국 대표가 모여 북서태평양환경보전실천계획(NOWPAP)을 추진하기로 합의함으로써 첫 발을 내디뎠다.

1994년 9월 서울에서 제1차 정부 간 회의를 통해 실천계획을 합의하고 정식 출범하였다. NOWPAP 관할해역을 북위 $33°\sim52°$와 동경 $121°\sim143°$ 사이로 지정했다. 사실상 동해와 서해 수역을 지칭함에도 이렇게 표기하게 된 데는 불편한 진실이 있다. 그 이전에 열린 전문가 회의에서 관할해역을 황해와 일본해로 표기하기로 최종 합의했었다는 것을 1994년 서울 회의 직전 동아일보가 "정부, 동해표기 '일본해' 인정" 제하의 기사3를 1면 머리기사로 뽑았기 때문이다. 외교 참사였다. 방콕 회의에 참가했던 실무대표가 관할해역 표기의 민감성을 인지하지 못하고 이전 합의했던 표기의 수정을 요구하지 않았던 것이다. 결국, 서울 회의에서 관할해역을 경도와 위도로 표기하게는 되었으나 당시 실무대표였던 담당 과장은 물론 정부대표 임명에 연루됐던 국장과 심의관들이 줄줄이 인사 조치를 당했다. 나는 당시 기후변화와 대기오염 문제를 담당하고 있었기에 직접 화를 입지는 않았다.

두만강 개발계획(TRADP)과 접경지 시찰

동북아 지역 환경협력에서 빼놓을 수 없는 것이 두만강개발계획(TRADP)이다. 1991년 평양에서 열린 UNDP 주최 두만강개발회의에서 보고서가 발표되면서 출범했다. 초기에는 우리를 포함하여 북한, 중국, 러시아, 몽골 등 5개국이 참여했고 일본은 나중에 참여했다. 사업 대상 지역으로 북한의 나진·선봉과 중국의 훈춘, 그리고 러시아의 포시에트로 연결되는 1,000km²의 소삼각지역(小三角地域)을 '두만강경제구역(TREZ)'으로 지정하고 북한의 청진, 중국의 옌지(延吉), 러시아의 나홋카를 연결하는 약 5,000km²의 대삼각지역(大三角地域)을 '두만강경제개발지구(TREDA)'로 지정했다. 두만강 하류지역의 체계적이고 종합적인 개발을 위한 협정문 협상과 자금 조달 계획을 구상했다.

1992년 다자간 협력체제로 공식 출범하면서 이 지역의 인프라, 관

---

3 "정부, 동해표기 '일본해' 인정 – 한·중·일·러 환경회의서 채택, 일본 주장에 밀려 – 국제 공인우려", 1994년 9월 9일 1면 동아일보.

광, 개발, 환경 등 종합적인 협력을 구상했다. 우리는 이 사업이 진전되면 역내 긴장완화와 궁극적으로 역내 경제번영에 기여할 수 있을 것으로 기대했다. 야심적인 협력체제는 마련되었으나 실질협력은 여러 이유로 지지부진했다. 그럼에도 TRADP는 2005년 광역두만개발계획(GTI)으로 전환되면서 중국에 사무국을 둔 공식 국제기구로 출범하여 그 명맥을 유지해 오고 있다. 당시 기획재정부 북방경제국에서 종합적으로 조율했다. 나는 처음부터 환경협력 의정서의 초안을 작성·제안하고 협상을 마무리지을 때까지 관여했다. 또한 중국과 러시아에서 열린 협상에 참여한 계기에 연변, 훈춘, 백두산 지역과 블라디보스톡, 나홋트카, 포시에트에 이르는 지역을 방문했다. 러시아·중국 간 국경지역에 상존하는 군사적 긴장 속에서도 한국과 흡사한 분위기와 빼어난 풍광에 깊은 감명을 받았다. 언젠가 이 지역이 개발되면 훌륭한 입지와 자연환경으로 다양한 국제협력의 장이 열릴 것을 기대한다.

02
에이펙(APEC) 사무총장과 아시아 · 태평양 지역협력

나는 2004년 1월부터 2년간 싱가포르에 소재한 APEC 사무국의 수장으로 근무했다. 사무총장으로 1년, 총장 취임 전 1년은 차장직을 수행했다. 사무국 업무는 다분히 2005년 부산 APEC 정상회의 준비와 연계되었다. 나는 국제연합 본부와 지역 사무소가 소재한 나이로비, 제네바와 뉴욕에 근무하면서 규범과 원칙에 기반을 둔 다자외교에 커다란 관심을 가지게 됐다. 기회가 되면 국제회의의 의장직이나 국제기구의 수장 역할도 해보고 싶었던 터에 APEC 사무총장은 매력적인 자리였다. 직위 공모에 응했고 경합도 생겼다. 인사(人事)가 늘 그렇지만 선발 과정은 길었고 우여곡절도 많았다. 당시 황두연 통상교섭본부장이 나를 추천했고 윤영관 외교장관이 결정했다.

21개 회원국으로 구성된 APEC은 '개방적 지역주의'를 추구하는 국제기구다. 매년 열리는 정상회의와 함께 수많은 분야별 실무협의체가 운영되고 있다. 미국, 중국, 러시아, 일본 등 영향력이 큰 국가가 참여하고 태평양 동서의 유력한 국가가 회원으로 활동한다. 대만, 홍콩 등 유엔에서 온전한 국가의 지위를 인정받지 못하면서도 '독립적인 관세영역'을 운영하는 경제체도 참여하는 특수성도 있다. 한국은 호주와 함께 APEC의 설립에 주도적인 역할을 했기 때문에 그 의미가 컸다.

싱가포르 근무는 내게 안목을 넓혀 주었다. 특히 싱가포르란 나라와 그 나라를 운영하는 정치 엘리트의 철학과 비전에 매료되었다. 당시 싱가포르의 국부로 추앙받던 리콴유 총리가 국제항공운수협회(IATA) 회의 계기에 했던 기조연설이 인상적이었다. "싱가포르의 명운은 앞으로 중국과 인도에 달려 있다고 해도 과언이 아닙니다. 중국을 중시한다고 해서 중국어를 구사하는 것만으로는 부족합니다. 중국의 정치와 문화를 중국인의 시각에서 이해하고 생각할 줄 알아야 합니다. 마찬가지로 인도의 부상도 주목해야 합니다."

1. 국제기구로서 APEC의 특징과 한계

APEC의 발전과 도전

APEC은 무역자유화를 통하여 아·태 지역의 경제공동체를 추구하는 협의체다. 1989년 한국과 호주 주도로 각료회의 형태로 창설되어 21개 회원 경제체로 구성되었다. 1980년대 후반 냉전이 종식되고 유럽통합이 가속화되면서 아·태 경제협력체제가 탄생할 필요성이 있었다. 1993년 시애틀 회의부터 정상회의로 격상하였다. APEC은 개방적 지역주의를 지향하고 폐쇄적인 경제블록에 반대한다. 논의 의제가 방대하고 정상급 회의로 인하여 주목을 받고 있다. 역내 교역 및 투자 자유화를 위하여 '보고르(Bogor) 목표1'를 추구한다.

APEC은 기로에 서 있었다. 창설된 지 15년이 넘었지만 관리체제는 그대로였다. 외생적인 도전으로 양자 자유무역협정의 확산을 들 수 있다. 무역자유화는 일방적, 양자적 그리고 다자적인 형태를 가진다.

---

1 보고르 목표(Gogor Goals): 1994년 인도네시아 보고르에서 열린 APEC 정상들은 역내 무역과 투자 자유화 실현의 목표시한을 선진국은 2010년, 개도국은 2020년으로 선언한 데서 유래했다. 2010년 이 목표는 구속력 없는 정치적 선언이었지만 이후 회원국들은 적극적으로 무역과 투자자유화를 추진해 왔다.

당시 확산되는 자유무역협정은 APEC의 개방적 지역주의와 합치될 수 없었다. 비당사자에게 차별적이기 때문이다. 이러한 모순을 해소하기 위하여 '범태평양 FTA' 또는 '아·태자유무역지대(FTAAP)' 같은 개념이 제시되곤 했다. 무역 외적인 의제도 도전이다. APEC은 2001년 9/11사태를 계기로 반테러, 사스(SARS)나 에이즈(AIDS) 같은 보건문제를 인간안보 차원에서 임시 다루기는 했으나 상시 의제로 다루기에는 한계가 있었다. 국가 간 조직이 아닌 경제체 간 느슨한 회의체였기 때문이다. 2005년 12월 첫 회의를 개최한 동아시아 정상회의(EAS)의 출현도 새로운 도전이었다. EAS는 APEC과는 달리 정치·안보 문제를 다룰 수 있었다.

내부 문제는 더욱 복잡했다. 먼저, 1997년 밴쿠버 정상회의에서 채택된 회원국동결(moratorium)이다. 많은 국가들이 가입을 희망하고 있으나, 섣불리 회원국 확대를 결정할 수 없는 이유다. 한편 현상유지로는 개방적 지역주의를 추구하는 APEC 정신에도 어긋난다. APEC이 추구해 온 컨센서스 방식, 자발성, 신축성은 장점이면서도 효율성이 약하다는 비판을 면치 못했다. APEC 시스템의 구조문제도 도전이다. 구속력 없는 결정으로 이행의 효율성이 낮다는 지적을 받아왔다. 그래서 APEC은 'A Perfect Excuse for Chatting' 또는 'NATO(No Action Talk Only)'로 비판을 받기도 한다. 또한 수십 개의 실무회의체, 각료급회의와 정상회의가 있으나 지휘와 조정이 제대로 되지 않는 것도 한계다.

APEC의 개방적 지역주의

나는 2004년 말 싱가포르의 씽크탱크인 동남아문제연구소(ISEAS)로부터 APEC의 미래에 관한 발표 요청을 받았다. 이듬해 사무총장직

APEC 사무총장 집무실에서 필자(2005년 5월)

수임을 앞두고 있어 흔쾌히 응했다. APEC은 처음부터 '개방적 지역주의'를 표방했다. 그러나 이 표현은 모순이었다. 무역협정에서 엄격한 의미의 '개방성'은 '특정 국가에게 주는 혜택을 다른 국가에게도 차별 없이 부여하는 것'이다. 다시 말하면 '개방성'이란 모든 국가에게 공평한 최혜국대우를 의미했다. 한편 지역주의란 다자주의에 대항하는 개념으로 특정 지역 또는 특정 국가그룹 간의 폐쇄적 협력체제를 의미하기 때문에 '개방적'이라는 수식어를 쓰면 혼란스럽다. 많은 학자들이 그 의미를 다양하게 해석했다.

　　나는 발표 논문2에서 APEC의 개방성과 관련하여 두 가지 점을 강조했다. 첫째, APEC은 구속력 있는 자유화협정을 운영하고 있지 않기 때문에 차별적 양허문제가 발생하지 않는다. 무역원활화와 경제·기술 협력의 혜택은 꼭 회원국에만 국한되지도 않는다. 당시 21개국에 국한

---

2 Seokyoung Choi(2004), Regionalism and Open Regionalism in the APEC Region, Institute of Southeast Studies

된 회원국 수도 컨센서스만 있으면 언제든 확장할 수 있다. 둘째, APEC의 협력대상은 통상과 경제협력에 국한되어 있었다. 그러나 매년 정상회의를 여는 APEC의 특수성에 비추어 역내의 필수적 안보이슈를 논의해 나간다면 APEC이 협력범위가 확장될 수도 있을 것으로 내다봤다.

독특한 형태와 구조를 가진 국제기구

APEC의 명칭은 '아시아·태평양경제협력'이다. 국제기구는 보통 '기구', '조직', '기금', '연합' 등으로 불리는 것을 감안하면 APEC의 명칭은 낯설다. 이것은 APEC의 탄생비화이자 한계다. 국제기구 회원국의 법적 지위가 일반적으로 정부인 데 반하여, APEC의 회원은 국가가 아니고 경제체(Economy)로 불린다. 1991년 중국(China), 홍콩(Hong Kong, China) 및 대만(Chinese Taipei) 등 중화경제체가 동시 가입하면서 불거진 문제다. 국가 간 조직이 아니기 때문에 국제기구의 지위를 가질 수 없어 APEC은 싱가포르에 법적으로 재단법인 형식으로 등록됐다.

이런 APEC 회원 경제체의 특수한 법적 지위는 다양한 문제를 야기한다. 회원국이 명칭 문제에 민감하여 갈등이 표출되기도 하기 때문에 사무국도 이 점에 각별히 유의한다. 불편한 에피소드를 소개한다.

어느 날 중국 외교부로부터 항의 메일을 받았다. 사무국 웹사이트에 있는 회원국의 FTA 매트릭스가 불만이었다. 이 FTA 매트릭스는 회원국이 체결한 FTA 네트워크를 일목요연하게 보기 위하여 회원국의 요청에 따라 만든 것이다. 중국의 불만은 대만(Chinese Taipei) 항목을 누르면 대만·파나마 간 FTA가 뜨는데, 그 제목에 대만을 'Republic of China'라 표기했다는 것이다. 파나마는 대만과 외교관계를 유지하고 중국과는 외교관계가 없었다. 한 번은 대만 외무성 국장의 공식 항의를 받았다. 사무국 문서에 대만의 명칭이 잘못 표기됐다는 것이다. 대만의 무역자유화를 기술한 사무국 문서에 UNCTAD 문서를 인용한 부문이 불만이었다. 인용된 UNCTAD 문서는 유엔 규정에 따라 대만을 'Taiwan Province of China'로 표기했는데 대만은 이를 APEC의 명칭인 'Chinese Taipei'로 바꿔달라는 것이었다. 이 또한 난감한 일이었다.

3개의 중화경제체

APEC에는 3개의 중국이 있다. 엄밀히 말하면 3개의 중화경제체가 있다. 이 중화경제체가 APEC에 편입된 비밀은 사무총장실 금고 안에 있다. 사무총장이 인계인수할 때 직접 건네주는 핵심 문건이다. 이것은 APEC에서 3개의 중국의 지위에 관한 3개의 양해각서로 한국이 중국, 대만, 홍콩과 각각 합의한 문건이다.

1991년 한국은 제3차 APEC 각료회의 주최국이었다. 당시 한국은 중국과는 미수교 상태였고, 대만과 수교를 하고 홍콩과는 총영사 관계를 유지하고 있었다. 주최국 한국은 중국과 수교교섭 중이었고 이번 각료회의를 모멘텀으로 활용하고자 했다. 중국 역시 APEC 가입을 희망하였다. 그러나 중국은 대만과 홍콩의 관세영역(customs territory)만 인정하고 국가주권은 인정하지 않았다. 반면, 대만과 홍콩은 중국과 동등한 지위를 인정받으려 하였다. 한국은 중국의 희망을 들어 주면서도 대만과 홍콩의 이익을 존중하여야 하는 딜레마에 빠졌다.

3개의 양해각서는 장기간 협상을 통한 결과물이었다. 한국은 극비리에 3개의 중화경제체와 각각 교섭하여 한·중, 한·대만, 한·홍콩 간 별도의 양해각서를 체결했다. 그야말로 매직 솔루션이었다. 양해각서 내용은 영구 비밀문건으로 취급되기 때문에 내용을 밝힐 수는 없으나,

중국이 주장하는 하나의 중국원칙을 존중하면서도 현재까지 유지되어 온 경제체로서 대만과 홍콩의 독자적 이익도 반영된 문건이라 할 수 있다. APEC이 그 이후로 회원국을 경제체(Economies)로 지칭하는 배경이다.

　　3개의 중화경제체는 매년 사무총장 부부를 공식 초청하여 경쟁적으로 칙사 대접을 한다. 중국은 전적으로 외교부에서 영접하고 1주일간 빽빽한 일정으로 중국을 소개했다. 외교 아카데미의 대학원생을 상대로 'APEC의 발전과 향후 전개방향'에 대한 강의도 하였다. 강의 후 유창한 북경식 영어로 질문을 하는 예비 외교관의 모습이 인상 깊었다. 대만은 외교부장관이 만찬에 초청하고, 다분히 정치적인 환담을 유도했다. 주로 양안관련 문제를 제기하면서 중국의 부당행위에 대한 항의를 지속했다. APEC 내에서 정치문제를 논의하는 것은 금기다. 당연히 침묵으로 일관하면서 만찬 주최자의 주장을 경청해야 했다. 공짜 만찬은 없는 셈이다. 홍콩은 영국식 민주주의가 정착한 곳이다. 50년간 현재의 경제체제를 보장하지만 그 이후에 대하여는 침묵하는 중국과의 1997년 기본협정에 규율을 받는다. 홍콩정청은 특별 헬기투어를 제공하였다. 공중에서 내려다보이는 심천의 모습은 중국판 맨해튼이었다. 야간에는 경마장 로얄박스로 호사스런 저녁 초대도 받았다.

2개의 일본 대표단

　　이상하게도 APEC에는 두 개의 일본이 존재한다. 어느 회원국이든 대표석은 하나지만 일본만 예외다. 외무성 대표와 경제산업성 대표가 각각 있다. 발언도 따로 한다. 발언 내용이 일치하지 않는 경우도 있다. 각료회의를 할 때면 통역도 따로 둔다. 사무국에도 외무성과 경제산업성에서 별도로 직원을 파견한다. 왜 일본만이 이런 특권을 누리고 있을까? 왜 다른 나라들은 이런 차별적인 관행을 인정하고 있을까?

그 연유는 APEC의 역사에서 찾을 수 있다. APEC은 1989년 창설 당시에는 경제장관들의 각료급 회의체였다. 일본에서는 경제산업성 대신이 참석하였다. 그러나 1993년 클린턴 미대통령의 주도로 APEC이 정상급 회의로 격상되면서 일본 외무성이 개입하게 되었다. 그렇다고 기득권을 가진 경산성이 호락호락 나가지도 않았다. 일본 정부 내에 외무성과 경제산업성 간의 긴장 관계가 한몫을 한 것이다. 어려운 협의 끝에 동시 참석 쪽으로 가닥을 잡았다. 여타 회원국을 설득하는 것이 관건이었다. 회원국은 일본의 어려움을 이해했고 대신 일본은 APEC에 기여금 제공을 약속했다. 당시 일본은 경제·기술협력활동 지원을 위하여 매년 400만 달러 정도의 기여금을 납부하고 있었다. APEC내 최대 공여국이다. 그러나 일본이 특별한 대우를 받는 데 대한 불만도 적지 않았다. 언젠가는 일본도 다른 회원국처럼 한 개의 자리를 가져야 할 것이다.

2. APEC 사무총장과 부산 정상회의의 경험

공무원을 섬기는 하인

APEC 사무국은 초현대식 7층 건물로 국립싱가포르대학(SNU) 캠퍼스 안에 위치한다. 동남아문제연구소(ISEAS), 정치문제연구소(IPS), 아시아·유럽재단(ASEF)과 대형 국제회의장 시설이 인접해 있다. 국제기구 허브를 지향하는 싱가포르 정부의 야심이 집중된 곳이다. 1993년

칠레가 기증한 모아이 석상. 아르타자(Artaza) APEC 사무총장(왼쪽)과 필자
(사무차장)(2004년 12월)

사무국 유치에 성공한 싱가포르 정부는 처음 10년간 임대 사무실을 제
공했다. APEC 활동이 커지면서 사무국 조직이 확대되자 2003년 현재
의 독립건물을 신축하였다.

사무국 직원은 75명으로 그야말로 다국적군이다. 21개 회원국의
문화적·인종적 다양성은 물론 종교적으로도 기독교, 불교, 회교 및 힌
두교가 공존한다. 직원 간 보이지 않는 갈등과 긴장은 오히려 자연스러
웠다. 그러나 각자의 자존심에 의지하여 협조하였다. 제한된 사무국 예
산으로 연간 150회의 회의 지원과 250여 개의 프로젝트도 수행했다.
대외 홍보활동에 촉매역할도 한다. 사무국은 처음부터 '군살이 없는
(lean and mean)' 조직으로 디자인되었다.

APEC은 회원국이 주도하는 조직으로 사무총장이 정책에 간여하
는 것을 견제하였다. 이런 여건은 국제기구의 장으로서 대표성을 행사
할 수 없어 좌절을 안겨주었다. 1993년 초대 사무총장을 지낸 윌리엄
보데(William Bodde)의 회고록에 기술된 자괴감이 이를 대변한다. 그

좌절은 근본적으로 변하지 않았다. 사무총장은 파견 직원을 통제할 수 있는 권한이 미약했다. 파견 국가가 발령을 내고 월급을 주기 때문이다. 이런 상황을 빗대어 APEC 사무국을 '당근도 채찍도 없는 조직'이라 부르고, 사무국 직원은 회원국 정부대표를 섬긴다는 의미로 '공무원을 섬기는 하인(servants for civil servants)'으로 부르기도 했다.

침묵해야 하는 2인자

2004년 APEC 정상회의 주최국은 칠레였다. 사무총장은 칠레의 마리오 아르타자(Mario Artaza) 대사였다. 그는 미국과 영국 주재 대사를 역임하고 외교부 사무차관까지 지낸 원로 직업 외교관이었다. 화려한 경력만큼이나 큰 체격에 사려가 깊었다. 늘 공부하는 사람이었다. 읽어야 할 논문과 기사를 이메일로 보내주곤 하였다.

나는 사무국의 2인자였으나 사무차장은 둘도 없는 도제(徒弟)였다. 사무국 운영에 관한 권리와 책임은 사무총장의 몫이었다. 그래서 사무차장의 약칭인 '데드(DED: Deputy Executive Director)'를 동음이의어인 'Dead'에 빗대기도 했다. 2004년은 수업(修業)기간으로 APEC에 관한 자료를 탐독하면서 당면한 도전과 개선해야 할 사항을 체크해 나갔다. APEC의 개방적 지역주의에 대한 논문도 썼고 아세안(ASEAN)과 아·태 경제사회이사회(ESCAP) 등 지역기구의 수장들과 교류하였다.

제1차 고위관리회의(SOM)는 산티아고에서 열렸다. 제2차 회의와 통상장관회의는 푸콘에서 열렸다. 검푸른 산림의 색조를 투영한 비야르카(Villarca) 호수가 인상적이었다. 눈 덮인 화산 봉우리도 6개나 볼 수 있었다. 칠레는 세계에서 가장 긴 나라지만 인구는 1,500만 명에 불과하다. 아옌데 극우 정권과 피노체트 극좌 정권을 동시에 경험하고 파블로 네루다(Pablo Neruda)와 가브리엘라 미스트랄(Gabriela Mistral)과 같은 노벨 문학상 수상자를 배출한 나라다. 우리나라의 자유무역협정 첫 파트너였고 유럽식 질서의식과 보수주의가 철저히 배어 있는 나라다. 그러면서도 자유화의 이익을 중시한다. 칠레의 APEC 정상회의 준비는 검소하면서도 실용적으로 추진되고 있었다.

11월 칠레 산티아고에서 열린 제12차 APEC 정상회의는 성공적이었다. 정상회의장 옆 모니터링 룸에서 각국 정상들의 대화와 화제를 관찰하고 기록하였다. 처음 참석한 정상들은 화려한 신고식을 하고 있었다. 중국의 후진타오 주석, 싱가포르의 리센룽(李顯龍) 총리, 말레이시아의 바다위(Badawi) 총리가 그들이었다. 나는 2004년 한 해에만 칠레 출장을 여섯 번이나 다녀왔다. 싱가포르를 떠나 유럽에서 갈아타고 부에노스아이레스를 경유하는 노선이 인상적이었다. 알프스를 넘고 광활한 안데스 산맥을 통과했다. 칠레와 아르헨티나의 국경인 안데스 산맥의 설선이 계절에 따라 아래위로 이동하는 것은 장관이었다.

정상회의의 종료는 후속 주최국과 차기 사무총장의 업무개시를 뜻한다. 주최국은 다음 해 계획을 최종 점검해야 한다. 2004년 크리스마스 직후 인도네시아 아체에서 쓰나미가 발생하여 어마어마한 피해를 입혔다. 사무총장 대리자격으로 인도네시아 정부에 위로서한 발송을 계기로 사실상 업무가 개시됐다.

APEC의 개혁과 조직적 저항

나는 2005년 1월 1일 부로 제13대 사무총장으로 취임했다. 사무국 운영의 콘셉트는 '스마트한 사무국을 지향하여: 도전극복과 변화추구'로, 업무원칙은 '선택과 집중'으로 정했다. 사무국의 혁신, 효율화와 홍보강화에 집중하기로 했다. 2005년 APEC이 처한 여건은 복잡했다. WTO/DDA 협상은 지지부진했고 자유무역협정은 확산일로에 있었다. 내부적으로는 무역자유화 촉진, 보고르 목표 중간점검과 APEC의 개혁 요구에 부응해야 했다. 무엇보다도 심각한 문제는 재정 고갈이었다. 아시아 금융위기의 영향으로 일부 회원국의 기여금이 축소되었음에도 지출은 확대되어 기금 고갈이 현실화됐다. 타개 방안은 기여금 인상과 지출 축소 밖에 없었고, 2005년 중 결정해야 했다.

　나는 과감한 긴축재정을 계획했다. 분담금 인상과 지출 축소를 골자로 한 보고서를 만들고 개혁 관련 '의장의 친구(Friends of the Chair)'를 구성하였다. 사무국 안에서는 극심한 이견이 노정되었다. 예산긴축은 사무국 직원의 출장여비와 인건비 삭감을 전제로 했기 때문이다. 직원들은 회원국의 분담금 인상 추진 후 혜택축소 여부를 검토할 것을 주장했다. 나는 예산긴축과 분담금 인상이 병행되어야 한다는 소신을 굽히지 않았다. 계약직 전문인력 채용과 아웃소싱 제도를 도입하고 근무실적 평가도 강화하였다. 4월 하순 행정직원 두 명을 전격 해고하면서 긴장이 고조되었다. 해고는 적법절차에 따랐고 사유는 잦은 결근과 위계질서의 위배행동이었다. 회원국들은 사무총장의 개혁노력을 전폭적으로 지지했고, 시간이 가면서 직원들의 태도도 전환되기 시작했다. 11월 열린 최종 각료회의는 개혁 관련 권고사항을 인준하였다. 회원국은 2007년부터 약 18%의 예산증액에 합의했다. 한편, 2005년 한 해 사무국 운영 예산의 30%를 절감했다.

　직원의 출장여비 삭감을 추진한 데는 특별한 연유가 있었다. 2004년 칠레 APEC 정상회의를 마치고 귀국하는 비행기에서 사달이 났다. 산티아고에서 미국으로 가는 비행기에 미국 대사급 수석대표는 이코노

미 좌석을 탔고, 사무국 행정직원은 비즈니스 좌석을 탔는데 하필 리센룽 싱가포르 총리의 옆 좌석에 앉게 되었다. 미국 대표가 추후 내게 불만을 제기했다. 당시 사무국의 여비규정은 다른 국제기구에 비해 관대했다. 비행시간이 6시간 이상이면 직급에 관계없이 비즈니스석을 허용했다. 반면 미국 정부는 직급에 관계없이 14시간 이내면 이코노미를 탔고, 유엔의 경우도 9시간을 초과해야 비즈니스 좌석을 이용할 수 있었다. 결국 나는 유엔의 관행을 준용하기로 결정했다. 큰 차이가 없는 것처럼 보이지만 전체 예산 중 여비가 차지하는 비중이 컸던 만큼 예산 절감 효과가 컸다.

성공적인 부산 정상회의와 소회

APEC 프로세스는 거대한 오케스트라와 같다. 수많은 사람들의 피와 땀, 열정과 봉사로 준비되고 완성되기 때문이다. 2005년은 분주한 일정 속에서 움직였다. 2005년 11월 19일 부산 누리마루 정상회의장에서 노무현 대통령이 산회를 선포했다. 2005년 APEC은 많은 성과를 냈다. 보고르 목표 달성을 위한 부산 로드맵을 만들었다. DDA 협상을 촉구하는 정상성명을 발표했고, 경제기술협력 체제를 강화했다. 인간안보를 위한 다각적인 조치에 합의했고, APEC 개혁의 첫 단추도 끼웠다. 회원국들은 부산 정상회의로 APEC이 새로운 도약의 기반을 마련했다고 평했다.

나에게 APEC 사무국 근무는 리더십을 수련하는 좋은 기회였다. 20여 개국에서 파견된 외교관과 수천만 달러의 예산을 운영하는 사무총장직 수행이 쉽지는 않았다. 불필요한 모함과 질시를 인내하고 극복해야 했던 때도 있었다. 사무총장은 매일 수백 통의 문건을 온라인으로 결재하고 회신한다. 한 해 동안 송수신된 메일의 총용량이 무려 2기가 (Giga)에 해당됐다. 물론 붙임자료는 포함하지 않은 분량이다. 당시로 서는 획기적인 업무체제였다. 이러한 업무체제는 신속한 정보공유와 처리에는 유용하였으나 최종 결재권자인 사무총장에게는 부담이었다.

내가 각별히 관심을 가지고 추진한 것은 사무정보화였다. 문서 없 는 사무국 실현에 박차를 가했다. 업무는 웹환경에서 수행하고, 모든 문건은 파일 캐비닛 대신 서버에 영구히 보관된다. 종이 없는 회의 체 제도 구축하였다. 웹사이트도 대폭 개선하였다. 사무국의 전산화는 한 준기 전산과장의 남다른 노력이 있어 가능했다. 나는 'APEC 정보 포 탈' 설치에 관심을 집중하였다. 회원국에 대한 원스톱 서비스 제공이 목적이었다. 마이크로소프트사와 협상을 거쳐 50만 달러 상당의 라이 센스를 무상으로 제공받는 양해각서에 서명했다.

사무총장 활동보고를 2005년 11월 합동각료회의에 제출하였다. 사 무국 직원들과 공동 노력의 결과물이었다. 회원국들은 격려와 지지를

왼쪽부터 박두순 사무총장 보좌관, 필자, 쩐쫑투안 사무차장(베트남), 민부 사무차장 보좌관(2005년 6월)

보내주었다. 가슴이 후련하였다. 떠나지 않던 긴장도 풀리는 순간이었다. 보좌관으로 업무 보좌뿐만 아니라 회원국과 소통에 적극적이었던 강재권 우즈베키스탄 대사와 그 후임이었던 박두순 국장의 덕이 컸다.

APEC과 잊지 못할 추억

APEC은 관례상 제3차 고위관리회의 마지막 날에 장기자랑을 한다. 사무국도 출연한다. 사무국은 공연 주제로 재정위기를 결정하였다. 사무국 직원들과 나는 비틀즈의 'Money'와 아바(Abba)의 'Money Money Money'를 주제곡으로 정하고 예산증액과 사무국에 대한 지원 강화를 호소하는 가사로 바꾸어 열창하면서 퍼포먼스를 했다. 주제는 매우 시사적이었고 회원국은 사무국에게 갈채를 보냈다.

정상회의 주최국은 사무국에 기념물을 증정하는 관례가 있었다. 대부분 각국의 독특한 문화를 보여주는 물품들이었다. 칠레는 이스터섬의 석상(Moai)을 기증했다. 물론 문화재 자체는 아니고 예술 작품이었다. 사무국 건물 바로 앞에 장승처럼 버티고 서있다. 2005년 정상회의 주최국이었던 우리나라는 팔만대장경 동판을 기증했다. 합천 해인사의 목판에서 뜬 동판을 탁본과 함께 좌대 위에 배치하고 우리 목판 인쇄술의 우수성을 설명했다.

출장을 다니면서 경험했던 아름다운 풍광과 문화적 다양성을 잊을 수 없다. 안데스 산맥의 웅장함, 대만 동부 화련(花蓮)의 타로코 협곡, 베트남 하롱베이의 아름다움, 중국 만리장성의 위용은 압권이었다. 2002년 멕시코 로스까보스에서 열린 APEC 정상회의 만찬장에서 놀랐던 기억이 새롭다. 멕시코의 국민가수로 알려진 린다 다우너가 부른 노래 가락이 우리의 '한오백년'과 너무나 흡사했다. 인디언 혈통인 할머니

2005년 12월 한국이 기증한 팔만대장경 동판 기념품(당시 APEC 건물 현관에 비치된 모습).

로부터 배운 구전 민요라 했다. 대만중앙연구원(Academia Sinica)을 방문했을 때 일도 잊을 수 없다. 예방을 받은 인문학장은 세종대왕이 창제한 훈민정음이 14~15세기 한자(漢字) 발음을 연구하는 데 매우 소중한 자료라 했다.

2006년도 APEC의 횃불은 베트남으로 넘어갔다. 베트남은 8천만 명이 넘는 인구에 풍부한 자원을 보유한 성장 잠재력이 매우 큰 나라다. 베트남에서 파견되어 사무차장으로 호흡을 맞췄던 쩐쫑투안 대사가 후임 사무총장으로 취임했다. 그는 인간미가 넘치고 성실한 사람으로 유능한 직업 외교관이었다. 사무차장 때 제주도 출장 중에는 삼다도(三多島)의 특징을 노래한 '제주도(濟州道)'3란 시를 짓기도 했다. 그는

---

3 쩐쫑투안(Tran Trong Toan) 대사는 2005년 APEC 사무차장 자격으로 APEC 통상장관회의 참석차 5월 제주도에 출장을 왔다. 제주도 민속촌을 방문하고 베트남의 전통생활방식과 흡사하여 놀랐다고 술회했다. 그는 삼다도라는 제주의 특성과 서귀포 지역의 대포 주상절리, 용두암 그리고 바위틈에서 자라는 영산홍을 보고 그 풍광에 매료되어 이 시를 지었다고 했다. 주한 베트남 대사 재직 시에는 진주 남강 방문 때 '논개'의 정절을 노래한 서사시도 지었다.

제주도[4]

창문을 때리는 세찬 바람
아~ 여기가 그 제주인가!
새벽녘 여명에 눈을 뜨니
머리맡 위로 끝없는 쪽빛 하늘

날카로운 바람소리와 우뢰같은 파도에도
수평선 위로 갈매기 떼 날아들고
화산이 빚어낸 깎아지른 주상절리(柱狀節理)
식은 용암에서 영산홍은 피어나고

늙은 해녀는 깊은 바다를 자맥질하며
뜨거운 태양과 태풍 속을 헤쳐 왔네
고단했던 지난날은 모두 옛 이야기
돌과 바람의 섬은 이제 달콤한 밀월의 섬...

...그리고 바람은 또 쉼 없이 억겁을 불겠지
흰 구름은 창공을 가로질러 흐르고
바위에 부서지는 파도는 흰 거품을 쏟아내고
식은 용암에서 생명은 소생하고 번성할지니...

---

4 쩐쫑투안 작시, 필자 번역

JEJU ISLAND

Strong wind blows into windows
Reminding me: here is Jeju!
Awaken to the bright dawn of a new day
High above my head — the sky unending blue

Amidst whistling wind and rumbling sea waves
On the horizon sea-gulls are hovering
Where is volcano? Remain here just the walls of black rock
On the barren lava plants are flowering

The old village women fished deeply in the sea
And built their house under the burning sun or amid typhoon
Gone to the past are those old days' hardships
"Stone-and-wind" Island is now the Island of Honeymoon...

...And the wind will unceasingly blow for thousands of years
Over the sky white clouds hastily fly
Sea waves will plunge their foam into the rock
On the barren lava life continues to multiply...

후일 주한 베트남 대사로 근무하며 한국과 인연을 이어갔다.

싱가포르 2년 동안 인종적·종교적 다양성을 절묘하게 조화시키는 지혜, 아시아의 스위스라 할 만큼 경제적인 풍요, 선진화된 사회체제를 운영하는 싱가포르의 노하우, 해박한 지식을 가진 고위관리들은 국제화의 전형이었다. 주말이면 조깅하던 맥리치(McRitchie) 호수의 13마일 열대우림 코스가 그립다. 가슴 아픈 일도 있었다. 2004년 4월 평생 교육자이셨던 아버지께서 급성 폐렴으로 유명을 달리하셨다. 부모님 임종을 지키지 못하는 것은 외교부 직원들의 숙명과도 같다.

3. 작은 거인 싱가포르의 성공 신화

APEC 사무국 유치국인 싱가포르의 저력을 언급하지 않을 수 없다. 1965년 독립 당시 경제·사회적 기반이 취약했고 장래는 암울했다. 그러나 싱가포르를 건국하고 발전을 기획했던 정치 지도자들은 절망을 희망으로 바꿨다. 나는 싱가포르를 작은 거인이라고 부른다. 국토와 인구는 작지만 이룩한 성취는 기적에 가깝다. 또한 국제회의장에서 맞닥뜨리는 싱가포르 외교관들은 탁월한 언어 구사와 함께 전문적인 지식으로 무장돼 있었다. 갈등을 자연스럽게 중재하고 조정하며 자국의 위상을 높이는 고급 외교를 하고 있었다.

싱가포르의 괄목할 만한 성취[5]

싱가포르는 경제·사회·문화적으로 괄목할 만한 성취를 이뤘다. 우선 경제적 성취를 살펴본다. 1인당 GDP가 1963년 517달러에서 2018년 6만 4,582달러로 53년간 120배 증가했다. 이유는 무엇일까? 부패하지 않은 정치 지도자와 효율적인 공무원 조직, 인프라 개선과 장기 전략계획 등을 들 수 있다. 정책은 단기적 포퓰리즘이 아닌 장기적 지속가능성을 목표로 고안됐다. 신뢰를 바탕으로 노사정 관계를 발전시켜 탄력적 임금제와 협력적인 노사관계를 유지해 온 것도 성과였다. 재정건전성 확보를 위한 부단한 노력과 효율적인 국부펀드 운용도 한몫했다. 또한 공세적 자유무역협정 네트워크의 확산은 해외시장개척과 외국인 투자유치에 기여했다.

사회적 성취도 괄목할 만하다. 싱가포르는 포괄적인 반부패법과 강력한 정치적 의지로 부패와의 전쟁을 수행해 왔다. 가성비 좋은 의료서비스를 제공하고 공공 및 민간 서비스를 포함해 정부가 전체적으로 규제하는 의료시스템을 유지해 왔다. 다문화 국가인 싱가포르는 인종 및 종교 간의 화합을 추구하는 다민족 공조주의를 채택했다. 주택개발청 주도로 평생 주택으로 공공주택을 공급하고 정부의 높은 보조금이 투입된 아파트를 일반인에게 99년간 임대하는 조건으로 판매한 것이 대표적이다.

교육·문화적 성취도 대단하다. 공립학교는 영어로 수업하고 정부가 커리큘럼을 관장한다. 폴리테크닉은 양질의 직업교육 서비스를 제

---

5 이 장은 '싱가포르 성공의 50가지 비결(2021), 토미 코 저, 안영집 역, 박영스토리'를 참고했다.

공했다. 싱가포르국립대학(NUS)과 난양공과대학(NTU)은 학문적 수준을 세계적 수준으로 끌어올렸다. 박물관과 미술관은 세계적 수준의 시설로 건설되어 운영되고 있다. 국민개병의 병역시스템을 운영하고 있다. 법의 지배는 싱가포르 성공의 비결 중 하나다. 창이공항은 아시아 항공운수의 허브 역할을 하고 있다. 다양한 평가기관으로부터 '세계 최고의 공항상'을 수상했다. 또한 지리적으로 자연적인 심해항과 말래카 해협의 남쪽 끝에 위치한 전략적 여건으로 항구로서 매력을 지니고 있다.

한편 '흠결 있는 민주주의 국가'로 비난을 받아온 것도 사실이다. '2020 EIU 민주주의 지표'에 의하면 싱가포르는 세계 74위를 차지했고 한국과 일본은 각각 21위와 23위였다. 프리덤 하우스(Freedom House)의 평가에서 싱가포르는 100점 만점에 50점, 한국은 83점이다. 이유는 불공정한 선거제도, 정치적 거버넌스 문제, 시민적 자유의 제약 등이 꼽힌다. 괄목할 만한 경제적 성취와는 대조를 이룬다. 물론 이런 NGO들의 평가가 절대적인 잣대라 할 수는 없을 것이다.

자신의 몸무게보다 더 센 주먹을 날리는 나라

싱가포르는 인도네시아, 말레이시아, 필리핀, 태국과 함께 1967년 출범한 ASEAN 창립 멤버다. 당시 창립 멤버 5개국은 아세안에 대한 외세의 개입을 차단하고 소련, 중국 등 공산주의의 위협으로부터 방어한다는 확고한 신념을 가지고 있었다. 그 후 아세안 경제통합을 위해 아세안자유무역협정(AFTA) 협상을 주도하면서 궁극적으로 아세안 경제공동체(AEC)의 기반을 마련했다. 나아가 아세안의 주요 교역 상대국인 한국, 중국, 일본, 호주, 뉴질랜드, 인도 등과 양자 FTA 체결을 권고했다.

싱가포르는 두 개의 말레이 국가 사이에 끼어 있다. 이런 지정학적 취약성에 비추어 싱가포르 대외정책의 근간은 생존을 위한 독립유지였다. 이를 위해 많은 국가들과 우호관계를 유지하고 강대국 간 대립에서 일정한 균형을 유지해 나갔다. 아세안의 단합을 주장하면서 미국과는 전략적 기본협정을 체결하여 기존의 군사 협력과 함께 반테러 협력까지 확대해 오고 있다.

싱가포르는 ASEAN 국가 중 제일 늦은 1990년에 중국과 수교했다. 중국계 인구가 75% 이상을 차지하는 싱가포르가 제3의 중국으로 오해받는 것을 피하기 위한 고육지책이었다. 리콴유는 싱가포르의 지정학적 특성과 독립의 필요성을 중국에 설파했다. 한편 중국이 급속한 성장후유증으로 붕괴될 수도 있다는 서방의 시각에 대해 중국이 일시적으로 물러설 수는 있어도 성장을 막을 수 없다는 점을 강조함으로써 중국의 신뢰를 확보하기도 했다. 한마디로 싱가포르와 아세안 국가들은 독립과 생존을 위해 미국과 중국 모두와 우호관계를 모색하면서 양자택일을 강요당하지 않으려고 최선의 노력을 해 오고 있다.

싱가포르는 1965년 유엔에 가입했다. 작은 나라로서는 힘에 기반을 둔 양자주의보다 국제법적 원칙에 근거한 다자체제를 선호할 수밖에 없다. 그 후 싱가포르는 자신의 몸무게보다 더 센 주먹을 날린다는 평을 듣고 있다. 싱가포르가 유엔을 비롯한 다자체제에서 두각을 드러내는 이유는 무엇일까? 국제법 원칙에 충실하면서 중요한 국제회의 또는 국제기구 활동에서 건설적인 기여를 해 온 외교력, 작고 이해관계가 적은 싱가포르의 중립성, 전문적으로 훈련된 외교관의 탁월한 기여에 기인한다고 본다. 이를 뒷받침하는 사례는 차고도 넘친다.

03
GATT/WTO를 통한 다자간 통상 협상의 현장

　　다자간 통상체제의 이론과 원칙은 수 세기 간의 논의와 실증을 거치면서 법적, 경제적 및 정치적 분야에서 발전을 거듭해 왔다. 공동선을 위해 각국이 주권적 권리의 자발적인 양도를 통해 구속력 있는 통상규범을 만들 수 있다는 법적 사고가 발전했고 교역의 자유화를 통하여 더 많은 이익을 얻을 수 있다는 경제적 이론의 발전에도 기반을 두고 있다. 또한 국력에 의존한 일방조치를 배제하면서 합의된 규범을 준수하여 국제통상질서가 보다 투명하고 예측가능하게 기능할 수 있다는 합의가 다자간 통상체제를 발전시킨 기반이었다. 최혜국대우(MFN)와 내국민대우(NT)라는 차별조치와 수량제한 금지를 골간으로 1947년 GATT가 출범했고, 1994년 WTO로 재탄생했다.

　　나는 다양한 위치에서 WTO의 무역자유화 협상에 참여했다. 1994년 WTO 창설 직후 3년간 제네바 대표부 참사관으로, 2009년 외교부 본부에서 DDA 협상대사로, 그리고 2012년부터 3년간 제네바 대사로 WTO 각료회의를 비롯한 각종 협상회의에 참석했다. 2013년과 2020년 WTO 사무총장에 출마한 한국 후보의 선거캠페인을 맡은 바 있다.

WTO는 설립협정 전문에 지속가능한 개발추진을 그 목표에 포함함으로써, 무역자유화 이외의 문제에 소극적이라고 비판을 받던 GATT의 구각을 벗었다. 마라케시(Marrakesh) 각료회의에서 무역·환경 위원회 설치를 결정하고 10개 의제에 대하여 광범위하게 논의한 뒤, 다자간 무역체제의 규범 개정이 필요한지 여부에 대한 권고를 제출하도록 하였다. 논의 결과 환경협약상의 무역조치를 수용하기 위하여 WTO 규범을 개정하는 것은 시기상조이며 앞으로도 계속 토의가 필요하다는 데 합의했다. WTO가 환경과 무역규범에 관한 문제를 다루기 시작하였다는 것 자체가 의미 있는 진전으로 평가할 수 있다.

나는 이런 시대적 전환기에 환경과 통상협상에 발을 담그게 된 것에 고무됐다. 외교부 내부에서는 전통적인 4강 외교와 지역안보 이슈가 주류를 이루었고 환경업무는 비주류로 치부되던 때였다. 관계부처도 급격하게 변화하는 국제조류에 둔감했다. WTO 무역·환경위원회의 참석과 제안서 제출을 통해 다자협상의 실체를 더욱 가까이서 경험하는 계기가 됐다.

무역규범과 환경규범의 특징과 차이

유엔환경개발회의(UNCED)는 지속가능한 개발추진을 위한 원칙과 실천강령을 합의했다. 환경목적을 위한 무역조치의 사용에 대하여 국제적으로 합의된 문서는 카르타헤나선언, 리우선언과 Agenda 21이 그 효시라 할 수 있다. GATT 체제하 약 250건의 공식 분쟁이 제기되었으나 그 중 환경 관련 분쟁은 10건에 불과했다. GATT가 환경문제에 직접적인 관심을 갖게 된 것도 80년대 후반이라 할 수 있다. 대표적인 사건으로 NAFTA 협정체결과 참치·돌고래 분쟁 등을 들 수 있다.

1947년 GATT 출범 이래 발전된 다자간 통상체제는 국가주권의 원칙에 기반을 두고 있다. 환경오염 등이 시장실패에 기인할 경우 각 국가가 이를 개선하기 위하여 취하는 국내적인 조치를 제한하지 않는다. 또한, 당사국 간 관세, 수입 허가 및 반덤핑 등과 관련된 조치의 국제적인 조화를 추구한다.

반면 국제 환경규범은 800여 개의 국제환경협약으로 분절되어 범세계적으로 총괄하는 법체계가 없었고 통합된 다자간 분쟁해결체제도 없었다. 환경법의 발전과정을 통하여 확립되어 온 주요 원칙은 지속가능한 개발추진, 상호협력의무, 예방조치와 오염자부담원칙 등으로 대별할 수 있다. 또한 세대 간의 형평 및 책임에 관한 문제와 함께, 공통의 차등적인 책임(CBD)에 관한 원칙도 제기돼 왔다. 특히 '과학적인 불확실성이 존재하더라도, 발생가능한 환경피해를 방지하기 위하여 대응조치를 취하여야 한다'는 예방원칙은 GATT/WTO 규범에는 생소하며, 오염자 부담원칙도 생산 공정을 규율할 경우 다자간 무역규범으로 해명하기 어려운 개념이었다. 환경규범은 목적달성을 위하여 직접적인 무역규제는 물론 생산과 소비단계의 규제도 추진하고 조세 및 부과금과 같은 가격체제 활용과 함께 환경기준의 준수의무를 부과하는 정책이 널리 활용되고 있는 것도 그 특징 중 하나였다.

무역·환경 위원회에 제안서 배포

무역과 환경위원회는 10개의 의제를 선정했다. 그 중에서도 무역규범과 환경규범의 충돌을 피하고 상호보완성을 강화할지 여부에 관심이 집중됐다. 예를 들면, 두 개의 WTO 당사국 중 A국은 다자환경협정 (MEA) 당사국이고, B국은 비당사국일 경우, A국이 MEA상의 의무에 따라 비당사국인 B국에 대하여 무역제한 조치를 취하는 경우를 상정할 수 있다. 이 경우 B국은 A국의 무역조치가 WTO 규범에 위반된다는 점을 들어 WTO 분쟁해결 기구에 제소하게 되면, 환경협약상의 분쟁 이 WTO 패널에서 검토될 수 있다. 패널이 이러한 무역조치에 대하여 판단할 경우, 환경협약과 다자간 무역체제 간에 법적인 갈등이 발생할 수 있다.

WTO 내에서 환경협약상의 무역조치를 어떻게 수용할지에 대해 다양한 의견이 제시됐다. 유럽 국가들이 제안한 사전적 접근방안 (*ex-ante* approach)은 MEA상의 무역조치가 사전에 합의된 특정한 요건을 충족할 경우, 이러한 무역조치를 WTO 규범의 예외로 인정하여 환경협약과 WTO 협정 간에 법적 합치성을 확보하도록 했다. 환경협약에 무역조치를 광범위하게 허용하는 제안으로서 환경론자들의 적극적인 지지를 받았다. 반면 강경 개도국이 제안한 사후적 접근방안 (*ex-post* approach)은 MEA상의 무역조치를 사용하고자 할 경우, WTO 협정 제9조에 따라 의무면제(waiver)를 부여받도록 하는 것이다. 이 제안의 근본 취지는 환경협약마다 다양한 종류의 무역조치가 있어서 일괄적 예외인정은 적절치 못하므로 특정 무역조치의 도입이 불가피할 경우 개별적으로 WTO에 제출하여 심사를 받도록 하자는 취지였다.

사전적인 접근은 환경협약상 무역조치의 정당성을 광범위하게 인정하여 예측가능성을 높일 수 있으나 장점에 반해 환경협약에 백지수표를 부여한다는 단점이 있었다. 반면 사후적인 접근은 모든 무역조치가 WTO의 심사를 받도록 하여 보호무역조치를 방지하는 효과는 있지만 환경협약이 WTO 협정의 하위규범이 되는 것은 결정적 단점이었다. 이런 문제를 감안, 나는 두 접근의 장점을 유지하면서도 단점을 보완할 수 있는 절충방안을 서면제안서 형태로 제출했다. 이 제안은 환경협약상의 무역조치를 특정무역조치(specific trade measures)와 불특정 무역조치(non-specific trade measures)로 구분하여 차등적으로 수용할 수 있도록 했다. 이러한 차등적인 적용방식이 실제로 작동하기는 어렵지만 유용한 분석의 틀로서 상당한 회원국의 지지를 받고 무역환경위원회 보고서에도 첨부된 것은 큰 성과였다. 엄격하기로 소문난 선준영 당시 제네바 대사로부터 칭찬을 들었다. 나는 WTO의 무역·환경 협상 관련 인사이드 스토리를 정리하여 법무부 통상법률지에 기고[1]했다.

뽀앵뒤쥬르(Point du Jour) 그룹

결국 싱가포르 각료회의에 제출된 무역·환경위원회 보고서의 결론은 국가 관할권 바깥의 환경문제를 해결하기 위한 일방적 무역조치를 배격하고 국제적 합의에 근거한 다자주의를 옹호했다. 또한 현행 다자간 무역규범은 환경목적을 위한 무역조치를 상당부분 수용할 수 있다는 점과 현 단계에서 이러한 무역규범을 개정하는 것은 불필요하다는 점에 합의했다. 한마디로 각 의제가 복잡하고 방대하여 계속적인 논의가 필요하므로 현 단계에서는 다자간 무역체제의 개정이 적절하지 않다는 것이었다.

다자협상에는 국가별 이해에 따라 수많은 그룹들이 형성된다. 당

---

1 무역·환경 문제와 WTO: WTO규범과 환경보호를 위한 무역조치의 관계를 중심으로, 통상법률, 법무부, 1997.2(상) 1997.4(하)

시 WTO 회원국 내에서는 무역과 환경 이슈를 다루는 비공식 협의그룹이 있었고 한국, 싱가포르, 홍콩 등 신흥 개도국과 호주의 외교관들이 참여했다. 이들 그룹은 중견국이면서 무역의존도가 높고 다자주의를 지지하는 공통점이 있었다. 매달 뽀앵뒤쥬르라는 식당에서 모임을 갖는 전통에 따라 그룹의 명칭도 식당 옥호를 따서 지었다. 환경협약상 무역조치를 WTO가 수용하는 문제에 대한 각종 제안에 대해 논의했고 내가 작성한 절충안에 대해서도 사전협의와 조정을 했다.

1996년 OECD에 가입하면서 한국은 선진국 입장으로 전환해야 했다. 무역과 환경에 관한 논의에도 직접적인 영향을 미쳤다. 1998년 외환위기를 겪으면서 OECD 가입이 성급했다는 자책과 함께 개도국 그룹의 지원을 받아야 한다는 논리도 일시적으로 제기됐다. 그러나 시간이 가면서 점차 선진국 입장으로 처신하는 데 익숙해져 갔다.

2. WTO/DDA 협상: 시작은 창대했으나 끝이 없는 협상

DDA 협상의 출범과 교착

WTO가 출범하고 이행점검 시기를 거친 후 2001년 카타르 도하에서 DDA로 칭하는 다자간 통상협상이 출범했다. 뉴라운드 출범은 UR협상 결과 농업과 서비스 분야에 대한 추가협상이 기설정(built-in) 의제로 포함되어 있었고 비농산물 분야도 관세감축과 시장개방 필요성이 제기되어 논란이 가중됐다. 또한, 선진국은 투자, 경쟁정책, 노동 및 환경 이슈 등 민감한 이슈를 의제에 포함할 것을 주장한 반면 개도국은 선진국의 무역구제조치에 대한 우려와 함께 개도국의 개발이슈를

WTO 상소기구 위원 임명식 장면. 필자(서비스이사회 의장자격)는 오른쪽 앞줄 3번째
(2014년 10월 20일)

전면에 내세웠다. 2001년 도하 각료회의를 준비하던 중 9/11 테러가
발생했다. 이 전대미문의 사건은 국제사회를 단합하게 했고 DDA 협상
개시를 촉진하는 역할을 했다.

당초 시한인 2003년 말까지 협상타결에 실패하자 시한을 1년 더
연장했고 2004년 소위 '7월 패키지'를 만들면서 지지부진하던 협상에
서광이 비쳤다. 2005년 홍콩 각료회의 합의를 기반으로 2006년 '7월
잠정합의'를 도출하려 했으나 관세철폐 및 농업보조금 감축 관련 협상
실패로 좌절됐다. 빠스깔 라미(Pascal Lamy) WTO 사무총장은 교착상태
에 빠진 DDA 협상의 전면 중단을 제안하고 회원국도 동의했다. 극약
처방이 내려진 것이다. DDA 협상은 완전 실패냐 협상재개와 타결을
위한 신축성을 발휘하느냐 하는 기로에 서게 되었다. 2007년 협상이
재개되고 2008년 농산물 분야와 비농산물 분야의 모델리티 수정안을
만들었으나 결국 실패로 끝났다. 나는 이 기간 중 직접 DDA 협상을
담당하지는 않았으나 APEC 업무와 한·미 FTA 협상에 관여하면서 다

자간 통상협상 추이를 계속 모니터링 했다.

조기수확과 발리 패키지

내가 2009년 6월 DDA 협상대사직을 맡은 후 각종 고위급 회의가 열렸으나 협상 모멘텀을 살리기에는 역부족이었다. 우리는 서울에서 열린 G-20 정상회의를 계기로 협상재개를 위해 노력했으나 진전을 보지 못했다. 결국 제7차 WTO 각료회의는 협상을 촉구하는 선언을 채택하는 데 그쳤다. 2011년 제8차 각료회의는 그간 견지해온 일괄타결 입장에서 선회하여 조기수확(early harvest) 가능성을 열어 놓았으나 협상은 지지부진했다.

결국 2013년 9월 아제베도가 사무총장으로 선출되면서 인니 발리에서 열리는 제9차 각료회의에서 무역원활화협정(Trade Facilitation Agreement)과 일부 농업분야의 합의도출을 서둘렀다. 인도가 고수했던 공공비축 이슈와 무역원활화 협상에서 개도국에 대한 특별대우 문제가 최종 쟁점으로 부각되었다. 발리 패키지 타결은 12여 년 교착됐던 다자간 협상에 새로운 모멘텀을 불어 넣은 사건이었다. 나는 제네바 대사 자격으로 무역원활화 협상과 농업분야 협상에 적극 참석했다. 그러나 발리 합의사항을 이행하는 문제로 논란이 생겼다. 첫째는 무역원활화 협정을 WTO 협정에 편입시키기 위한 개정의정서를 작성하는 문제와 공공비축에 관한 항구적 메커니즘 마련이 연계되면서 위기를 맞았다. 결국, 발리(Bali) 결정을 명료화하는 해석결정을 채택함으로써 해소됐다. 둘째는 DDA 협상 타결을 위한 작업계획을 합의해야 했는데 선진국과 개도국 간 입장 차이가 워낙 커서 협상목표를 하향조정하는 소위 '도하라이트(Doha Lite)'의 가능성이 모색되었다.

그러나 2015년 12월 나이로비 각료회의는 농산물 수출경쟁 등 몇 가지 낙수줍기를 했으나 새로운 진전으로 볼 수 없었다. 이런 상황은 여전하다. 구체적인 협상의제와 일정조차 합의하지 못하는 DDA 협상은 외부의 획기적인 충격 없이는 긴 동면에서 깨어나기 어려운 구조로 전락했다. DDA 협상은 아니지만 2015년 제네바에서 타결한 ITA 협정이 의미 있는 성과라 볼 수 있다.

WTO 분쟁해결 체제의 위기

WTO의 핵심기능은 무역정책검토, 분쟁해결과 입법기능으로 대별할 수 있다. DDA 협상이 정체되면서 WTO는 기능이 약화되기 시작했

WTO 상소기구 위원 선정 위원회 회의를 마친 후 위원들과 함께 찍은 기념사진. 왼쪽부터 분쟁해결기구의장(멕시코대사), 지적재산권이사회 의장(보츠와나대사), 아제베도 사무총장, 서비스이사회 의장(필자), 상품이사회 의장(스웨덴대사)(2014년 9월 10일)

다. 무역정책검토 기능도 과거 추상같이 동료평가(peer review)를 가하던 관행은 소멸돼 갔다. 가장 심각한 문제는 WTO의 근간을 떠받들고 있던 분쟁해결기능에 대해 미국 등 회원국의 불만이 가중되기 시작한 것이다. 미국은 회원국이 합의한 규범을 WTO 상소기구 재판관들이 재해석하는 등 과도한 사법적극주의(judicial activism)를 비판하고 나섰다. 미국은 기존 재판관의 재임용 심사 때마다 문제를 제기하면서 부정적 입장을 보였다. 2015년에는 우리나라 장승화 교수의 판결과 심리절차에 불만을 제기하면서 재임명에 반대한 바 있다.

트럼프 정부가 들어서면서 다자주의 경시는 심화됐다. 2017년부터 미국은 상소기구 재판관의 임기종료 또는 사임 시 후임 임명에 반대했다. 2019년 12월까지 5명의 재판관이 퇴임했지만 충원되지 않아 2020년 WTO 상소기구는 재판관이 한 명도 존재하지 않는 미증유의 사태가 발생했다. 최근 들어 회원국들이 WTO 개혁과 분쟁해결기구의 복원을 주장하면서 구체적인 대안을 제시하고 있으나 미국은 여전히 문제점만 지적하고 있는 상황이다.

당면한 도전 앞에 요원한 개혁의 길

당초 WTO가 완전한 국제기구로 거듭나면서 엄청난 기대를 모았던 것에 비하면 초라한 성적표다. 세계화와 무역자유화에 대한 염증, 신흥국의 부상과 그에 따른 국가 간 힘의 균형 변화, 기술혁신에 따른 무역패턴의 질적인 변화 등 외부적 요인과 컨센서스에 기반을 둔 정책결정 메커니즘과 개도국의 범위에 대한 내부적 갈등으로 다자간 통상체제는 심각한 도전에 직면해 있다. 협상 부진으로 규범 작성이 후퇴하고 새로운 통상 이슈에 대한 통상규범도 미비한 상황에서 분쟁해결제도마저 제대로 작동하지 않는 상황으로 전락한 것이다. 또 하나는 통상이슈가 노동, 환경, 지재권, 보건, 표준, 글로벌 가치사슬 등의 이슈와 복잡한 연관성을 가지기 때문에 이런 전문분야를 다루는 국제기구와 원만한 조정과 일관성 확보에 우선순위를 두어야 한다.

정치·경제적인 도전은 구조적 갈등을 대변한다. WTO 출범 당시 미국, EU, 일본 및 캐나다 등 소위 '4개국(QUAD)'이 전세계 GDP의 75%를 차지했으나 2011년에는 57%로 축소되었다. 반면 BRICS는 같은 기간 안에 8%에서 20%로 증가했다. 이러한 변화는 전후 발전해 온 질서가 와해되고 새로운 국제질서가 정립되기까지 혼돈의 시대를 만들어 내고 있음을 방증하는 것으로 보인다. 또한, 다자간 통상협상의 관세감축 기준은 양허관세(bound tariff)지만 FTA나 복수국 간 협상은 실행관세(applied tariff)이기 때문에 후자에 의한 시장접근이 보다 실질적이란 점도 WTO 협상의 매력을 반감시킨다. 라미 전 WTO 사무총장이 양허관세를 '죽은 별에서 나온 별빛'이라고 빗댄 것은 법적으로는 존재하지만 실제 교역 현장에서는 존재하지 않는 양허관세의 감축을 교섭하는 데 어려움을 신랄하게 비판한 말이다.

마지막으로 WTO의 결정 시스템도 커다란 도전이다. WTO는 컨센서스에 의거하여 결정을 한다. 그러나 회원국의 확대에도 불구하고 한 나라라도 반대하면 합의할 수 없는 컨센서스 규칙이 심각하게 도전을 받고 있다. 또한, 중국과 인도 등 거대 신흥국가를 일반 개도국의 카테고리에서 분리해야한다는 제안도 회자되고 있다. 마지막으로 지역통상협정의 확산이다. 지역협정은 체결국에게는 '선점의 이익'을 주지만 비체결국에게는 불이익을 주기 때문에 지역통상협정 체결의 도미노현상이 일어난다. 또 다른 요인은 다자간 통상체제가 제대로 작동하지 않는 상황에서 지역협정은 참여국 간에 맞춤형 자유화를 실현할 수 있는 이점이 있다. 이런 도전 요인들이 최근 WTO 개혁의 의제로 부각되고 문제 해소를 위한 제안들이 제기됐으나 근본적인 해결을 기대하기 어려운 것이 현실이다.

보다 전향적인 입장과 철학의 필요성

한국은 1967년 GATT 가입 이후 무역확대를 통해 경제개발을 이룩한 나라로 다자통상체제의 최대 수혜국이다. 한국은 미국 및 EU와 높은 수준의 FTA를 추진하는 결단을 내렸고 DDA 협상이 지지부진하자 서비스협정(TISA), 정보기술협정(ITA), 환경상품협정(EGA) 등 복수국 간 협상에 적극적으로 참여했다. GATT/WTO의 분쟁해결제도도 적극적으로 활용함으로써 다자통상체제 내에서 한국의 위상도 많이 신장되었다. 그러나 여전히 미흡한 부분이 있다고 본다. 우리나라의 독특한 산업구조와 정치적 민감성 때문이다. 농산물 분야의 민감성으로 수세적 입장을 취하는 것은 당연하다. 그러나 비농산물 분야에서도 공세적 입장을 취하지 못하는 애로에 봉착해 있었다. 비농산물 분야에는 우리가 강점을 가진 제조업 분야와 취약한 수산물 분야가 함께 포함돼 있기 때문이다. 취약산업 보호는 당연하지만 개방을 통해 경쟁력 향상을 도모할 수 있다면 보다 전향적인 입장을 취할 필요가 있다. 이런 점에서 2020년 한국이 향후 WTO협상에서 개도국 지위를 주장하지 않겠다고 선언한 것은 늦었지만 잘한 일이었다.

경제의 무역의존도가 높은 한국은 다자, 양자 또는 일방적 자유화를 불문하고 '경쟁적 자유화'를 추진해 나가야 한다. 다자통상체제의 강화에도 적극적인 기여를 해 나가야 한다. 다자통상협상의 활성화로 보호무역주의를 배격하고 관세장벽과 비관세조치들을 제거함으로써 경제의 비효율성을 제거하고 국내 경쟁력을 향상시킬 수 있기 때문이다. 또한 RCEP은 물론 CPTPP 등 아·태 지역에서 형성되는 다양한 형태의 경제블록에 적극적으로 참여해야 한다. 그간 우리나라는 통상협상에서 다양한 경험을 축적해 왔다고 자위하지만 현재 통상교섭의 인프라와 전문성이 최적의 수준인지 성찰해야 한다. 정권 교체 때마다 통상교섭 기능이 바뀜으로써 지식과 경험을 축적하는 데 소홀한 점이 없는지도 들여다봐야 한다.

3. WTO 정보통신기술협정(ITA) 협상과 그린룸의 심야담판

이 사례는 협상타결 최종 단계에서 미국, 중국 및 EU가 밀실합의로 자국의 이익을 챙기면서 한국을 압박하는 과정과 이에 대응하면서 우리 이익을 힘겹게 지켜낸 과정을 복기한 것이다.

2015년 7월말 ITA 협정의 무세화 대상을 201개 품목으로 확대하는 협상이 극적으로 타결됐다. ITA 협정은 FTA와 달리 특혜원산지 조건 없이 관세를 철폐하거나 인하하고 비가입국에도 무세화 혜택이 주어진다. 이를 무조건적 최혜국대우(unconditional MFN)라 한다. 1996년 체결된 ITA 협정의 대상은 컴퓨터와 휴대폰 등 주요 IT 제품에 국한되었으나 2012년 5월 출범한 확대협상 결과 대상 범위가 201개 품목으로 확대됐다. 2001년부터 시작된 DDA 협상이 답보를 거듭하는 가운데 ITA 확대협상이 타결됨으로써 WTO의 자유화협상에 자극제가 될 것이란 기대를 높이기도 했다.

미국과 중국의 비밀합의

2014년 12월 초 마이클 펑크(Michael Punke)[2] 미국 대사가 급히 면담을 청했다. 그는 "지난 11월 북경 APEC 정상회의 계기에 미국과 중국은 ITA 무세화 리스트를 합의했고 양국 정상이 승인했습니다. 그러니 한국이 합의사항을 그대로 수용해 줄 것을 요청합니다"라고 하면서 내게 양국이 합의한 문서를 보여주었다. 합의문건은 영문과 중문으로 작성되어 서명된 공식문서였다. 뒤집기 어렵다는 것을 직감했으나 나는 즉각 반박했다. "미·중 양자합의는 존중하지만 IT 분야에 핵심이익을 가지고 있는 한국 입장을 반영할 기회가 없다면 복수국 간 협상의 원칙에 어긋나므로 수용 불가합니다"라고 잘라 말했다. 미국 대사는 "한국의 입장은 잘 알겠는데, 양국 정상이 승인한 사항이라 수정할 수 없습니다. 미국도 한국 정부에 직접 외교교섭(démarche)을 할 것입니다"라고 말했다. 다 끝났으니 수용하라는 노골적 압박이었다. 나는 본부에 미·중 합의 상황을 보고하고 강경대응을 청훈했다.

12월 초 속개된 ITA 협상회의에서 의장인 앙겔로스 팡그라티스(Angelos Pangratis) EU 대사는 미·중 합의를 포함한 수정 양허안을 회람했다. 우리 관심 품목은 모조리 삭제된 상태였다. 연일 회의를 열어 조기타결을 밀어붙이려 했다. 나는 마침 다자공관장회의 참석 차 뉴욕 출장을 떠나야 했다. 미국은 워싱턴과 서울의 고위급 채널을 통해 전방위로 한국을 압박했다. 뉴욕 숙소에 막 도착했는데 펑크 대사가 내게

---

2 펑크 대사는 외교관, 법률가 및 대학 교수 외에 소설가로도 명성이 있었다. 그가 쓴 소설 중 'The Revenant: A Novel of Revenge(2002)'은 2014년 'The Revenant(죽음에서 돌아온 자)' 제하의 영화로도 제작되었다. 미국 개척시대의 역사적 사실에서 영감을 받아 쓴 작품인데 문장이 간결하고 구성이 탄탄하여 영어를 공부하는 사람이 교재로 쓰기도 좋은 책이라 생각한다.

급히 전화했다. "조기 합의를 위해 한국의 신축성을 요구합니다. 연말 이전 합의를 위해 귀대사가 제네바 복귀하는 대로 바로 대사급회의를 개최할 예정입니다." 나는 한국의 입장은 변함없다고 응답했다.

12월 7일 일요일 나의 제네바 복귀에 맞추어 의장인 EU 대사는 미국, EU, 일본, 중국 등 5개국 대사회의를 소집하고 "각국이 핵심 리스트를 제출하면 이를 반영하여 의장안을 작성할 예정이며, 내일 전체 회의에 회람하여 최종 합의를 모색할 예정입니다"라고 말했다. 나는 당초 우리가 요구했던 15개 리스트를 축소하여 최종적으로 5개 리스트를 제출하면서 EU 대사에게 이 리스트는 최종 양보안으로 의장안에 모두 포함해야 한다고 강조했다. 의장은 다음날 오전 9시로 예정된 전체회의 이전에 의장안을 배포하겠다고 했다.

한국의 반발과 협상결렬 유도

다음날 새벽 6시경 이승우 공사가 "EU 측이 한국의 핵심 리스트가 모두 누락된 의장안을 회람했다"고 다급히 전화를 했다. EU 의장이 날치기 통과를 시도한 것이다. 나는 급히 두 개의 이메일을 작성, 회람했다. 첫째 이메일은 모든 ITA 협상 대사에게 보냈다. "EU 의장의 회의 진행 절차에 심각한 하자가 있습니다. 의장안에 주요국의 이해를 반영한 리스트를 포함시킨다고 했음에도 이를 모두 누락시켰습니다. 한국은 현재 의장안을 기초로 하는 협상에는 참석하지 않을 것입니다." 두 번째 이메일은 판그라티스 EU 대사 개인에게 보냈다. "수십 년 외교관 커리어 중 이런 거짓말을 하는 의장은 처음입니다. 바로 어제 각국의 핵심 리스트를 반영한 의장안을 작성하겠다고 약속해 놓고 하루만에 뒤통수를 치면 어떻게 의장으로 신뢰할 수 있겠니까? 당장 배포된 의장안을 철회하지 않으면 ITA 협상에서 탈퇴할 것입니다"라고 강수를 두었다.

이내 EU 대사가 내게 다급히 전화를 했다. "회의에 참석해서 우려를 표명하면 되지 않겠습니까?"라고 하면서 회유하려 했다. 나는 "잘못된 의장안을 기초로 협상하는 것을 받아들일 수 없습니다. 당신을 어떻게 중립적인 의장으로 믿고 회의에 참석하겠습니까?"라고 대꾸했다. EU 대사는 오전 회의를 취소하고 미국 대사와 함께 비공식 협의를 하자며 한 발 물러섰다. 나는 바로 윤상직 산업부장관에게 국제전화를 했다. "ITA 협상 막바지에 미국, 중국, 일본, EU가 짬짜미로 한국의 양보를 압박하고 있습니다. 이대로 타결되면 우리 이해 품목의 상당부분을 포기해야 합니다. 본부에도 압박이 가해질 것입니다. 강대국의 압박을 본부에서 버틸 수 있겠습니까?" 윤장관은 "대사님께 전권을 위임합니다. 대통령께도 이미 보고하고 양승을 받아 두었으니 계속 건투해 주십시오"라고 말했다. 윤장관의 지지는 고마웠으나 미국과 중국이 한국의 정치권 여기저기를 들쑤시고 다니면 국내 여건이 어떻게 변할지 장담할 수 없었다.

교착 국면의 원초적 책임은 미국과 중국에 있지만 서툰 협상 운영 책임은 EU에 있다는 것은 명약관화했다. 나는 결렬의 책임을 외부로 투사하되 후폭풍이 올 것을 대비하여 이들에게 부단히 절충안을 만들어 던지는 것이 관건이라고 생각했다. 미국 대사와 EU 대사를 만났다. 펑크 미국 대사가 말을 걸었다. "미국과 중국은 정상임석하에 합의한 사항이라 더 움직일 수 없으니 한국이 신축성을 보일 수 있겠습니까?" 나는 단호하게 말했다. "미·중간 양자협정을 체결하는 것은 자유지만, 한국이 핵심 이익을 포기하면서 미·중 합의를 수용할 수는 없습니다.

어떻게든 절충 방안을 모색하고 있는데 중국은 무조건 반대합니다." 아침 회동은 그렇게 끝났다.

그날 오후 아제베도 사무총장이 소인수 회의를 소집해서 한국의 절충안에 대한 중국의 신축성을 물었으나 중국 대사는 절대 양보할 수 없다고 잘라 말했다. 이런 과정이 반복되면서 미국과 EU 그리고 사무총장은 중국에도 압박을 가하기 시작했다. 결국 12월 중순 한국이 제시한 절충안을 포함한 새로운 의장안을 배포하는 조건으로 나는 대사급회의에 복귀했다. 중국은 반발하고 나섰으나 이미 한국에 집중됐던 화살은 중국을 향하고 있었다. 조류가 바뀐 것이다.

교착 국면에서 협상실패의 책임 공방

강대국의 이해가 일치하는 상황에서 우리의 이익을 지키기 위해서는 탄탄한 논리로 강대국의 틈새를 파고들어야 한다. 동시에 본부의 흔들리지 않는 지지가 보장되어야 한다. 미국과 EU에게 "한국도 협상 조기타결을 희망한다. 중국의 신축성이 관건이다. 한·중 FTA 협상에서 한국의 이익이 반영된다면 한국이 ITA 협상에서 신축성을 발휘할 수 있을 것이다"라면서 중국의 신축성을 압박해 나갔다. 그때 알게 된 사실이지만 한·중 FTA 협상은 우리에게 훨씬 불리하게 돌아가고 있었다. 나는 중국에 대해서는 "ITA 협상에서 양보하기 어려우면 한·중 FTA 양자협상에서 신축성을 발휘해 달라"고 했다. 중국은 마이동풍이었다. 미국과의 ITA 합의는 이미 정상이 인준했기에 움직일 수 없고 한·중 FTA는 이미 유리한 고지에 있기 때문에 양보할 이유가 없다는 태도였다. 한국이 결국 버티지 못하고 굴복할 것이라는 계산이었다.

2015년 5월을 지나면서 미국과 중국의 수뇌부까지 협상교착에 관심을 가지기 시작했다. 6월초 가오(Gao) 중국 상무장관이 방한하여 박근혜 대통령을 예방했다. 박대통령은 "ITA 관련 한국의 요청을 중국이 호의적으로 고려해 줄 것을 요청한다는 메시지를 시진핑(習近平) 주석에게 전달해 달라고 했다. 당연히 우리 정상에게도 압박이 가해지게 되었다. 나는 강대국의 정치 게임에서 휘둘리지 않으려면 부단히 새로운 제안을 제시하면서 전향적인 태도를 취하는 것이 관건이라고 생각했다. 나는 당초 무세화 리스트를 대폭 축소하고 그 외 품목의 관세철폐 시한을 앞당기는 다양한 절충안을 제시했다. 결국 펑크 대사가 내 생각에 동조하면서 한국의 대안에 대해 긍정적으로 검토하기 시작했다. 7월 들어 나는 미국과 EU와 타결안에 근접한 방안을 협의하기 시작했다. 그때까지도 중국은 경직된 입장 그대로였다.

7월 초 나는 펑크 대사와 따로 만났다. "한국의 최종 절충안을 협의하고자 합니다. 한국은 무세화 품목을 1~2개로 축소하고 여타 품목의 관세철폐시한을 앞당기는 패키지를 제시합니다." 펑크 대사는 수긍하면서 "한국의 신축성과 적극성에 감사합니다. 이제 더 이상 줄다리기를 하지 말고 이 제안을 사무총장 명의로 한국, 중국, 미국 및 EU에게 제안하는 형식을 취해 보십시다"라고 역제안을 했다. 아제베도 사무총장은 자초지종을 듣고 추진해 보겠다고 말했다. 그는 미국과 중국의 갈등을 정리해야하는 입장이라 극도로 신중했지만 ITA 타결을 더 이상 미룰 수도 없었다.

그린 룸의 심야 담판

2015년 7월 16일 오후 6시경 아제베도 사무총장은 한국, 미국, 중국, EU 대사를 그린룸에 소집했다. 다섯이 테이블에 둘러앉았다. 모두

정보통신협정(ITA) 협상 타결을 기념하는 장면. 왼쪽부터 팡그라티스(Pangratis) EU대사, 펑크(Punke) 미국대사, 필자, 아제베도(Azevedo) 사무총장, 위지앤화 중국대사 (2015년 7월 17일)

긴장했다. 사무총장은 그간 교착국면을 설명하고 타결을 위한 자신의 최종안을 배포했다. 그리고 이 문건은 수용 또는 반대의 양자택일(take it or leave it) 문서임을 강조하면서 눈짓을 했다. EU대사는 이견이 없다고 응수했다. 나는 "사무총장안에 불만이 있으나 중국이 동의하면 수용할 것이다"라고 말했다. 위지앤화(俞建华) 중국 대사는 사무총장 제안을 수용할 수 없다고 단호히 말했다.

이때 펑크 대사가 벌떡 일어서면서 "한국은 당초 입장에 대폭 후퇴했는데도 중국이 이렇게까지 경직된 이유는 무엇입니까"라고 언성을 높였다. 위지앤화 대사는 "이미 상부에서 최종안을 결정했기 때문에 상무부 차원에서 수정이 불가능합니다"라고 대꾸했다. 이에 펑크 대사는 "미·중 간 사전합의가 있었지만 한국의 이해가 반영되지 않아 미세한 조정을 하자는 것입니다. 미국도 불만이지만 ITA 최종 타결을 위해 중국도 신축성을 보여야 하지 않겠습니까?"라고 했다. 위지앤화 대사는 한 치도 물러나지 않고 "그래도 동의할 수 없습니다"라고 말했다. 미국과 중국 대사 간 감정 섞인 공방이 이어졌다. 좌중에 무거운 침묵이 흘렀다. 이때 사무총장이 정회를 요청하면서 오후 11시에 다시 모이자고 했다. 일단 타결을 향한 첫 단추는 끼워졌다.

심야에 그린 룸 회의가 재개됐다. 중국 대사는 불편한 시선을 감추지 않으면서 미국 대사와 원색적인 기싸움을 이어갔다. 양측의 대립은 일촉즉발 긴장을 유발했다. 결국 중국 대사는 "중국의 양보를 요구한 사무총장의 제안에 추가하여 미국과 EU도 관세철폐기간을 앞당기는 방안을 제시하면 본부에 보고해 보겠으나 결과는 장담할 수 없습니다"라고 발을 뺐다. 사무총장은 즉시 정회를 선언하고, 미국과 EU의 관세철폐 개선안 작성을 서둘렀다. 자정이 넘어서야 사무총장안에 미국, EU의 관세철폐안이 추가된 문서를 작성하고 회람했다. 나는 이 대목에서 "현재 문안에 어떠한 수정도 없으며, 합의방식은 사무총장이 4개국 대사 앞 공한으로 제안하여 공동서명을 받는 공식문서로 작성하고 사무국에 기탁하여야 한다"고 주장했다. 그간 미국, 중국 그리고 EU에 대한 불신이 섞인 뉘앙스를 감추지 않고 강경한 어조로 말한지라 이견이 없었다.

중국 대사는 못내 불편한 기색을 감추지 않았다. 다음날 북경에서 청신호가 온 것은 물론이었다. EU 대표부에서 전체회의를 열어 합의문을 채택했다. 직후 EU 대사 집무실에서 4개국 대사만 따로 모여 타결을 축하하는 샴페인과 함께 덕담을 했다. 파이낸셜 타임스(Financial Times) 7월 20일자 기사는 ITA 협상결렬부터 드라마틱한 타결과정을 조망했다. 그해 12월 나이로비 각료회의에서 공식타결을 선언했다. 이

승우 공사참사관, 김진동 참사관과 양기욱 참사관을 비롯하여 대표부 직원들의 마음고생이 많았다. ITA 협상은 협상과정에서 다자간 협상의 역동성, 이해당사자들의 이합집산, 강대국의 협상패턴을 관찰하고 '기울어진 운동장'에서 우리가 할 수 있는 최선의 대응을 복기해 볼 수 있는 모범적인 케이스로 검토해볼 만하다.

4. 2013년 WTO 사무총장 선거 캠페인 지원

2012년 9월 제네바 대사로 부임하자마자 긴급 현안이 생겼다. 연말까지 WTO 사무총장 후보등록이 공지된 것이다. 빠스깔 라미 WTO 사무총장이 임기를 마치고 2013년 8월 말 퇴임 예정이었다. 우리나라에서 후보를 낼 것인지 여부가 관심사항이었다. 당시 한국은 이명박 대통령의 임기 말이었고 관심은 12월 하순 대선에 집중되고 있었다. 퇴임하는 대통령이 후보를 결정하고 신임 대통령이 선거운동을 하는 복잡한 사정이었다.

WTO 사무총장 후보 등록

12월 들어 자천타천 후보군의 실명이 소문으로 돌았다. 19일 대선 직전 박태호 협상교섭 본부장이 한국 후보로 내정됐다는 소식이 들렸는데 정작 12월 말에야 후보등록 지시가 내려왔다. 대선에 승리한 정치권력이 조기 승인을 할 수 있는 처지가 못됐기 때문이다.

12월 말까지 9명의 후보가 등록을 마쳤다. 인도네시아의 마리 팡게츠(Mari Pangestu) 장관은 꽤 알려진 인물로 ASEAN의 지지를 받고 있었다. 팀 그로서(Tim Groser) 뉴질랜드 통상장관은 제네바 대사를 하고 장기간 통상장관을 역임한 전문가였다. 다만, 2002년 뉴질랜드 출신 마이크 무어(Mike Moore)가 이미 사무총장을 역임한 적이 있고 선진국 출신이라는 것이 약점이었다. 브라질 로베르토 아제베도(Roberto Azevedo) 대사는 제네바에서 통상전문가로 알려져 있었고 특유의 친화력을 가지고 있었다. 장관직이 없다는 점과 브라질이 보호주의를 취하고 있는 것이 단점이었다. 아나벨 곤잘레스(Anabel Gonzales) 코스타리카 장관과 허미니오 블랑코(Herminio Blanco) 멕시코 통상장관도 발군의 실력자였다. 아프리카와 중동 후보는 그리 인상적이지 않았다. 후보자는 지식, 협상력, 관리능력 등이 필요했고 각 지역의 고른 지지와 미국, 중국, EU의 반대가 없어야 했다.

2012년 12월 대선에서 박근혜 후보가 낙승했다. 그러나 인수위가 발표한 조직개편은 엄청난 파장을 일으켰다. 통상교섭기능을 분리하여 산업자원부에 붙인다는 것이었다. 박근혜 대통령 당선자가 기자회견에

WTO 사무총장을 입후보한 박태호 전 통상교섭본부장(서울대 국제대학원 교수)가 WTO에서 정견발표 후 질의 응답하는 모습(2013년 2월)

서 "통상교섭본부는 산업부로 이관하는 것이 맞다"는 말 한마디에 이 관은 기정사실화됐다. 그간 "의정활동의 경험을 들어 교섭은 작은 부분 이고 교섭이 끝난 후에도 산업 전문성이 있는 부서가 담당해야 한다" 는 입장을 반복했다. 결국 정부조직법 개정과 정부대표 및 특별사절의 임명에 관한 법률 개정안이 통과됐다. 속전속결이었다.

정부수립 이래 대외교섭권이 법적으로 분화되는 것은 처음이었다. 외교부가 총괄하는 대외교섭의 일관성과 재외공관과의 통신 관리에 상 당한 혼선을 초래할 우려가 있었다. 그럼에도 떠오르는 권력 앞에서 아 무도 문제의 심각성을 말하지 않았다. 이런 졸속 조직개편은 사무총장 선거에도 결정적 타격을 주었다.

사무총장 후보를 방치해 버린 박근혜 정부

2013년 2월 초로 예정된 WTO 일반이사회에서 9명의 후보들의 정견발표와 회원국과의 질의응답이 있었다. 그간 WTO는 선진국이 독 식하다시피 했기 때문에 이번에는 개도국 출신이 해야 한다는 동향이 강했고 후보를 내지 않은 유럽도 이에 동조하는 분위기였다. 한국은 OECD 회원국이면서도 WTO 농업분야에서 개도국 지위를 유지하고 있어 선명성이 약했고 EU 28개국은 한국 지지에 소극적인 입장이었다. 한편 반기문 유엔 사무총장, 김용 세계은행 총재가 한국 출신인데 WTO 사무총장까지 한국인에게 줄 수 없다는 견제심리도 있었다. 제 네바에 떠도는 소문에는 브라질, 뉴질랜드, 인도네시아 후보를 상위권 으로 치부했다.

대통령 취임과 동시에 외교통상부는 외교부로, 산업부는 산업통상 자원부로 명칭이 바뀌고 외교부에 있던 통상교섭본부장 자리는 없어져

버렸다. 박태호 후보는 졸지에 통상교섭본부장에서 백수가 된 것이다. 제네바에서는 "박태호 본부장이 왜 갑자기 경질된 것이냐", "한국은 계속 사무총장 선거를 치룰 예정이냐"고 입방아를 찧었다. 정권교체기에 발생된 문제라 둘러댔으나 선거운동을 하는 제네바 대사로서는 난감한 일이었다.

한편, 서울에서는 통상교섭본부가 산업부로 넘어간 것에 대한 불만으로 외교부가 WTO 사무총장 캠페인에 적극적이지 않다는 소문이 떠돌았다. 전형적인 음해였다. 외교부 본부에서는 제네바 대표부가 전권을 가지고 캠페인을 하도록 주문했다. 국제기구 수장의 선거캠페인은 정부와 대통령이 나서도 부족한 마당에 본부는 뒷짐을 지고 있었다. 나는 박태호 후보를 '경제통상대사'와 같은 대외직명대사라도 조기에 임명해 줄 것을 건의했으나 새롭게 구성된 정부의 정책결정은 느리기만 했다. 조직개편의 여파가 국제기구 선거 현장에 미치는 심각성을 인지하지 못했던 것이다.

EU의 지지 없이 1라운드를 통과

WTO 사무총장 선출과정은 교황 선출과정과 유사하다. 일반이사회 의장, 무역정책기구 의장 및 분쟁해결기구 의장 등 3인으로 구성된 트로이카(TROIKA)가 절차를 주도한다. 공개표결이 아니라 선호후보를 회원국이 구두로 트로이카에게 말한다. 이를 고백(confession)이라 한다. 투명성도 부족하고 시간소요가 많은 반면, 최상의 실력을 가진 후보를 선발한다는 데 초점이 맞추어져 있다.

2002년 선출절차에 대한 지침이 합의된 바 있으나, 9명의 후보가 나온 현실에서 선출 라운드 횟수, 매 라운드당 탈락자 수 및 선호후보

표시 숫자 등은 새로 정해야 했다. 나는 4회의 선출 라운드를 주장했다. 우리 후보에 대한 본부지원이 약하고 EU 28개국의 지지를 획득하지 못한 반면, 재외공관을 통한 득표활동은 상대적으로 강하기 때문에 초기 탈락자의 수가 적은 것이 유리했기 때문이다. 나는 대표부 직원들과 정교한 전략을 짰다. 각 라운드별 전략과 지역별 득표 전략을 검토하면서 후보를 내지 않은 유럽을 집중공략하고 1라운드에서 탈락할 가능성이 많은 지역을 공략하기로 했다.

제네바 소재 아프리카, 중동 및 아시아 지역 대사를 일일이 방문하고 한국 후보 지지를 호소했다. 박태호 후보도 유럽과 제네바를 수차례 방문하여 각종 그룹별 대사들과 회동을 가졌다. 많은 공을 들였음에도 EU 28개국은 한국 지지에 소극적이었다. 3월 말 후보 4명이 탈락하고 5명이 다음 선거로 넘어가는 1라운드 절차가 진행됐다. 발표 전날 통상 분야 전문 매체인 WTD(Washington Trade Daily)는 브라질, 멕시코, 인도네시아, 코스타리카, 뉴질랜드 후보가 통과할 것이라는 발 빠른 추측 기사를 썼다. 그러나 다음 날 일반이사회는 코스타리카 후보가 탈락하고 한국 후보가 당선됐다고 발표했다. 이변이 일어난 것이다. EU 28개국으로부터 한 표도 얻지 못하고도 통과한 드문 케이스였기 때문이다.

최종 라운드 진출 실패

2라운드는 5명의 후보 중 3명이 탈락하고 최종 2명이 남는 선거였다. 남는 후보가 압축될수록 집단투표를 하는 EU의 지지 없이는 이길 수 없는 게임이었다. EU는 언어적, 인종적, 지역적 이질성이 있음에도 통합을 추구하는 조직이고 작은 국가들의 연합을 통해 지렛대를 행

사해 왔다. 이들은 과거 식민지 경영 경험과 유대를 바탕으로 지지후보
를 결정하기도 했다. 예를 들어 영국은 뉴질랜드, 프랑스는 불어권 아
프리카, 스페인은 멕시코와 코스타리카 등이었다.

나는 판그라테스 EU 대사와 여러 차례 만나서 EU의 지지를 호소
했다. 또한 EU가 WTO 사무총장 선출에 EU 회원국의 정무적 이해만
고려하는 것은 부적절하다고 지적했다. 그는 즉답을 피했다. 유럽연합
의 특성상 독일, 프랑스, 영국 등 개별 회원국을 설득하는 것이 중요하
다고 했다. 또한, 아프리카나 중남미 개도국 차례라는 점도 불리한 여
건이라 했다. 결국, 최종 결선에는 멕시코 후보와 브라질 후보가 진출
했다. 두 후보 간 경선에서 아제베도 브라질 후보가 최종 선출됨으로써
6개월여 선거장정은 막을 내렸다. 1990년대 김철수 전 산업부 장관 출
마 이래 한국의 WTO 사무총장 진출 노력은 또 한 번 좌절됐다.

현직 통상교섭본부장을 하루아침에 무관의 후보로 둔갑시키고 선
거 기간 중에 선거담당조직을 공중분해한 박근혜 정부의 무지함은 설
명할 길이 없다. 또한 정권교체기에 반복되는 졸속 조직개편의 문제점
도 적나라하게 드러냈다. 정부의 기능 재편과 이전은 필요할 수 있다.
그러나 외교교섭의 이원화가 초래하는 혼선과 위험에 대한 고민이나
평가가 없었다. 통상교섭본부의 축적된 협상경험도 제대로 이전되지
않았고 남은 직원들은 새로운 진로를 강요당하는 '정치적 난민'으로 전
락했다. 국가적 손실이 아닐 수 없었다.

외교부 경제통상대사직 제의

2020년 5월 아제베도 사무총장이 임기 1년을 남기고 돌연 사퇴하면서 후임 사무총장을 선출하는 절차가 조기 개시되었다. 6월 중순 유명희 본부장은 나에게 출마에 대한 조언을 듣고 싶어 했다. 유본부장과는 과거 외교부 통상교섭본부에서 같이 근무한 인연이 있다.

그 무렵 강경화 외교장관이 급히 저녁을 하자고 했다. "대사님께서 외교부 대외직명대사직을 맡아 선거캠페인을 도와 주셨으면 합니다. 대통령이 각별히 관심을 가지고 있습니다." 대외직명대사는 무보수 명예직으로 퇴직한 대사가 특정 임무수행을 위해 한시적으로 활동하는 자리다. 나는 "쉽지 않은 선거입니다. 강 장관님과 인연에 의지하여 최선을 다해 보겠습니다. 다만, 정부 내 다른 인사의 간섭을 받지 않는다

강경화 외교부장관으로부터 대외직명 경제통상대사 임명장을 전수받는 필자
(2020년 7월)

는 조건을 지켜 주십시오"라고 답했다. 당시 청와대 안보실의 과도한 개입으로 외교부와 상당한 긴장관계가 조성돼 있었다. 결국 청와대의 컨트롤 타워는 안보실에서 정책실로 넘어가고 김상조 정책실장이 범정부 태스크포스를 맡는 쪽으로 정리됐다.

후보자 9명이 등록했다. 7월로 예정된 WTO 일반이사회 정견발표 준비를 시작했다. 가장 중요한 화두는 WTO 개혁이었다. 차기 사무총장은 협상기능과 사법기능을 복원할 수 있는 의지와 능력을 겸비한 사람이어야 했다. 그런데 통상교섭본부가 산업부로 이전된 뒤에는 WTO 에서도 의미있는 협상이 없어 전문성이 많이 희석된 것처럼 느껴졌다. 모든 것이 어설프고 느렸다. 게다가 외교부와 산업통상부 간의 알력도 내재했다. 정견발표에서 9명의 후보들은 각자의 포부와 능력을 과시했다. 유본부장은 비교적 차분하게 대응했다.

선거 캠페인 전략구상

나는 산업부 통상교섭본부 간부들과 캠페인 전략을 짰다. 실무 총책임은 장성길 국장이 맡았다. 우선 사실상 비토권을 가진 미국, 중국, 일본과 EU 등 4강에 대한 전략, 지역별 득표 및 홍보전략 등에 관한 기초적인 작업을 구상했다. 특히 2013년 당시 EU의 지지를 확보하지 못했던 뼈아픈 기억을 되살렸다. 경쟁후보를 보면 응고지 오콘조 이웨알라(Ngozi Okonjo-Iweala) 나이지리아 후보와 아미나 모하메드(Amia Mohamed) 케냐 후보가 화려한 경력과 높은 인지도를 가지고 있었다. 영국 후보는 WTO 경험은 없지만 전직 장관이고, 몰도바 후보는 WTO 대사 경력에 현직 외교장관이었으나 국가 배경이 약했다. 멕시코 후보는 전직 WTO 사무차장이고 USMCA 수석대표를 했으나 고령이었고 사우디와 이집트 후보는 각료 경험이 없는 전문가였다. 유본부장은 다자무대에서 덜 알려져 있고 상대적으로 젊은 후보인 반면 현직 여성장관이고 법률가라는 것이 장점이었다.

WTO는 전통적으로 미국의 기득권 하에 유럽의 입김이 강한 조직이었다. 그러나 트럼프 시대에는 미국과 유럽의 갈등이 첨예했다. 그간 사무총장직은 유럽이 도맡아 오다가 새천년 들어오면서 다른 지역에서도 기회를 요구하여 태국과 뉴질랜드가 순차적 의장직을 수행한 적도 있었다. 자연히 한 번도 사무총장을 배출한 적이 없는 아프리카는 지역 순환원칙을 부각시켰다. 유럽은 과거 식민지 관계로 아프리카 후보에 대해 호의적 평가를 하는 분위기였다.

2라운드까지 통과

정견발표가 끝나고 서방국가들은 휴가시즌을 맞았고 코로나의 확산으로 선거 유권국가를 방문하여 캠페인을 전개하기가 수월치 않았다. 이 기간 중 각 후보들은 웨비나(webinar) 또는 온라인을 통해 자신을 홍보하는 전략을 구사했다. 선거 규칙은 2013년의 전례를 참고하여 정해졌다. 3개 라운드 선거를 추진하여 1라운드에서 8명 중 3명이 탈락하며 각국은 4표를 행사하고, 2라운드에서는 5명중 3명이 탈락하며 2표를 행사하고 3라운드는 최종 라운드로서 각국이 1표를 행사하는 방식으로 결정됐다.

9월 초로 예정된 1라운드에 대비해 164개 WTO 회원국에 대한 캠페인을 전개했다. 통과는 낙관했으나 주요국의 지지현황과 지역별 분포가 관심이었다. 미국, EU와 중국은 지지의사를 표명했다. 그러나 일본은 반대 입장을 확고히 했고 아예 한국 후보의 면담요청조차 외면했다.

유 본부장과 나는 유럽을 교차방문하고 지지를 호소했다. 1라운드 결과 한국, 사우디, 영국, 케냐, 나이지리아 후보가 통과했다. 사우디 후보의 통과와 멕시코와 이집트의 탈락도 이변으로 평가됐다. 각국이 2표를 행사하는 2라운드는 5명 중 3명이 탈락하고 통과되면 바로 결선진출을 의미했다. 5명중 케냐와 나이지리아가 강한 반면, 사우디와 영국 후보는 약체로 평가됐고 유본부장은 중상위 정도를 달리고 있었다.

관건은 유럽 27개국의 지지확보 여부, 아프리카의 분열 여부, 미국, 중국과 일본의 지지 여부였다. 유럽은 여성 후보 3명을 선호하면서도 지지 순위는 케냐, 나이지리아, 한국 순으로 알려졌다. 케냐 후보는 전직 제네바 대사, 외교통상부 장관을 역임하고 현직은 관광부 장관으로 케냐타(Kenyatta) 대통령의 측근이었다. 그러나 유럽 27개국이 케냐 후보를 배제하고 한국과 나이지리아 후보 지지를 결정함으로써 탈락의 고배를 마셔야 했다. 이변이었다. 나는 강경화 장관에게 결선 캠페인은 고도의 정치·외교 게임으로 국가 정상이 발 벗고 나서야 한다고 강조했다.

EU·일본·중국의 이탈 속에 결선 진출

최종 라운드는 한 표씩만 행사하게 된다. 다수결 확보를 위해서는 유럽 27개표의 향배와 잠재적 거부권을 가진 미국, 중국, 일본의 입장이 관건이었다. 나는 외교장관 특사 형식으로 워싱턴으로 향했다. 데이비드 스틸웰(David Stilwell) 국무부 동아태차관보와 면담하고 라이트하이저의 최측근이었던 스티븐 본(Steven Vaughn) 변호사와 오찬을 하면서 현안에 관해 충분히 협의했다. 미국의 한국지지는 확고했고 중국이 사무차장 직을 유지하는 데 신축적이라는 인상을 받았다. 며칠 후 마이크 폼페이오(Mike Pompeo) 장관은 강 장관과 통화에서 한국 후보에 대한 지지를 재확인하면서 끝까지 버텨 줄 것을 요청했다. 미국 입장은 강경했으나 주요국들과 유리된 느낌을 받았다.

유럽은 복잡했다. 의장국 독일은 EU의 단일대오 확보를 위해 회원국 입장을 조율해 나갔다. 북구 및 동구권은 프랑스가 주도하는 나이지리아 지지에 반기를 들고 있었지만 결국 EU는 10월 16일 독일의 주도하에 표결로 나이지리아 지지를 확정했다. 한편 청와대는 광범위한 정상 통화 주문에 선뜻 나서지 않았다. 중국과 정상 통화를 시도했으나 외교적 수사로 가득 찬 정상 서한으로 화답하고 결국에는 나이지리아 지지를 약속했다. 한국에는 중국인 사무차장 임명에 대한 약속까지 받아낸 후였다. 현란한 양다리 걸치기였다. 일본은 모테기 도시미쓰(茂木敏充) 외무대신이 나서서 외교망을 동원하여 한국 후보를 폄하하고 낙선운동까지 전개한 것으로 파악됐다. 한·일 관계의 불편한 현주소였다.

10월 28일 비공식 일반이사회가 예정되었다. 결선에 오른 두 후보의 전세를 살펴보면, 나이지리아는 유럽 27개국, 중국, 일본 및 아프리카의 지지를 확보한 반면, 한국은 미국과 아시아, 중남미 일부의 지지를 받아 과반수에 미달될 것으로 예상됐다. 미국 USTR은 "미국은 WTO 개혁의 최적임자로서 유명희 후보를 지지한다"는 취지의 성명을 발표했다. 이례적이었다. 미국은 국제기구 선거에서 자국 입장을 공개적으로 밝히지 않는 것이 관례였다. 일반이사회 회의에서 데이비드 워커(David Walker) 의장은 결선 투표 결과 '최종 컨센서스 확보가 가능한 후보'로 나이지리아 후보를 언급했다. 이 또한 이변이었다. 트럼프 정부에 대한 워커 의장의 반기로도 보였다. 미국의 명시적 반대에도 불구하고 나이지리아 후보를 밀어붙인 것은 컨센서스가 확보될 때까지 회원국들과 교감을 해왔던 GATT/WTO의 관례와 너무 달랐기 때문이다. 그럼에도 불구하고 미국은 한국 후보에게 완주를 주문했다. 대세는 기울었는데 미국의 강경 입장으로 한국은 난처했다.

진퇴양난의 출구전략

11월 10일 미국 대선에서 바이든 후보가 당선되면서 레임덕이 된 공화당 정부의 입장이 견지될지 여부에 관심이 쏠렸다. WTO 회원국들도 한국 후보의 조기사퇴를 문의하거나 일부 회원국들은 대놓고 종용하기도 했다. 미국 공화당 정부의 입장은 변함이 없었고 오히려 조기사퇴 불가론을 재차 강조했다. 한국으로서는 진퇴양난이었다. 나를 비롯해 여러분들이 선제적인 출구전략을 택하는 것이 좋겠다는 의견을 피력했다. 그러나 청와대는 미국의 입장을 존중하여 '조기사퇴 자제' 기조를 고집하면서 "한국은 회원국의 컨센서스에 동참할 용의가 있다"는 수준의 발언을 하는 것도 반대했다. 여러 외교현안에서 미국과 각을 세우면서도 미국의 요구에 반하는 처신에는 과도하게 신중했다. 냉정한 상황판단보다 미국이 뭔가 해 줄 것이라는 막연한 기대를 한다는 느낌을 지울 수 없었다.

2021년 1월 20일 바이든 대통령이 취임하면서 미국의 입장에 변화가 예상됐다. 그러나 고위직 임명과 트럼프 정부와 인계인수가 늦어지면서 WTO 사무총장 선거관련 현안을 직접 협의할 수 있는 창구를 확보하기가 수월하지 않았다. 1월 말로 예정된 WTO 비공식 각료회의 이전에 사퇴하는 방안을 건의했으나 청와대는 여전히 미국에 대한 기대를 저버리지 않고 있었다. 결국 미국이 2월 4일 나이지리아 후보 지지를 발표할 예정이라는 소식을 듣고 유명희 후보는 하루 전날 전격

사퇴를 발표했다. 간발의 차이로 체면유지는 했다. 응고지(Ngozi) 후보
가 2월 15일 일반이사회에서 차기 WTO 사무총장으로 선출됐다.

PART

02

FTA 협상과 양자간
통상 협상 현장

한·미 FTA 협정 한글본 재검독 결과를 발표하고 비준동의안 제출 계획을 발표하는 기자 브리핑 장면(2011년 6월)

04
한 · 미 FTA 협상과 비준 현장

　2007년 6월 30일 서명된 한 · 미 FTA가 양국 의회의 비준동의를 받고 발효되기까지 장장 4년 이상이 걸렸다. 양국 모두 협상을 주도했던 정부와 국회의 권력이 바뀌었기 때문이다. 그러나 그 과정은 한 · 미 양국이 판이했다.

　2007년 서명 당시 한국의 집권당이었던 열린우리당은 한 · 미 FTA에 대해 "높은 수준의 포괄적인 FTA를 타결했고 경제성장 동력을 확보하고 체질강화를 통한 경제 재도약의 계기 활용이 가능하다"고 평가하고 9월 말 비준동의안을 국회에 제출했다. 그러나 그 해 연말 대선에서 이명박 후보가 대통령으로 당선되자 열린우리당은 한 · 미 FTA를 대놓고 비판하기 시작했다. 자신들이 잉태하고 출산한 FTA를 자기 자식이 아니라고 이구동성 부인했다. 이들은 문재인 정부 들어서 다시 한 번 지지로 선회한다. 가치지향적 정치신념이 아니라 당파적 이익에 맹종하는 한국 정치의 비극을 극명하게 보여준 것이다.

　미국 사정은 사뭇 달랐다. 부시 행정부가 오바마 행정부로 바뀌고 상 · 하원 의회권력이 민주당으로 바뀌면서 민주당이 서명된 협정의 비준과 발효의 주도권을 쥐기 시작했다. 미국 자동차 빅3의 몰락을 불러온 2008년 금융위기는 정치권을 강타했다. 민주당은 부시행정부가 타결한 FTA를 비판하면서도 자동차 조항 등 협정의 일부 수정을 요구하고 나섰다. 결국 2010년 하반기 추가협상을 통해 일부 수정을 거쳐 2011년 양국 의회의 인준을 받게 된다.

2006년 초 주미 대사관 경제공사로 부임한 나는 한·미 FTA의 협상, 비준과 장기 표류 과정을 미국에서 지켜봤고 2010년 FTA 교섭대표 자격으로 2010년 미국과 추가협상과 발효에 이르는 과정을 협상 수석대표로 관여했다. 이 장에서는 개인적인 소회와 일화 위주로 적는다. 자세한 내용은 '최석영의 FTA 협상노트[1]'를 참고하기 바란다.

1. 주미 경제공사로 부임과 아웃리치 활동

주미 경제공사로 워싱턴 부임

워싱턴은 외교관에게 선망의 공관이다. 인사가 늘 그렇듯 내 부임 과정도 순탄하지 않았다. 2005년 11월 초 나는 사무총장 자격으로 부산에서 열린 APEC 정상회의 참석차 귀국하여 본부에서 진행 중인 국장급 인사공모에서 국제경제국장을 희망하였다. 발령 과정에 우여곡절이 많았다. 윗선들의 이해가 충돌했다. 예기치 않게 주미 경제공사로 내정됐다. 공사(公使)는 2인자지만 책임만큼 권한은 없어 공사(空使)로 빗대어 불리기도 한다.

2006년 2월 대한항공 편으로 덜레스 공항에 도착하였다. 조금 쌀쌀했다. 대사관에서는 차량만 보냈다. 바로 출근해서 인사를 마쳤다. 대사관 경제공사는 경제·사회·통상 전반을 관장했고 가장 중요한 현안은 역시 한·미 FTA 협상 지원, 쇠고기 문제, 양국 경제·통상현안 문제였다. 공관운영 전반을 관리하는 책임도 있었다. 당면한 한·미 FTA 협상의 지원과 비준을 지원하는 일이었다. 2006년에만 해도 협상

---

1 최석영(2016), 최석영의 FTA 협상 노트, 박영사.

이 종료되면 비준까지 그리 길지 않을 것으로 내다보았다. 미 행정부와의 인맥을 새로이 정비하고, 무엇보다도 업계와 의회 쪽에 광범위하고 체계적인 네트워크를 구축하였다. 과거 대사관 경제과의 활동을 대폭 확장한 것이었다.

경제공사의 부엌장과 아웃리치 활동

한·미 FTA 협정이 서명되던 6월 30일 미국 분위기는 침울했다. 행정부가 협정을 출산했음에도 입법부의 세례를 받지 못할 기구한 상황에 처했다. 전 날 민주당 하원 지도부가 "자동차 분야의 비관세장벽과 무역불균형 문제가 해결되지 않으면 인준하지 않을 것이다"는 입장을 발표했기 때문이다. 나는 이런 불리한 여건에서 미 의회의 비준추진을 위한 아웃리치 전략을 구상했다. 국내 일각에서는 미 의회의 인준에 왜 한국이 로비활동을 하느냐며 불만을 드러내곤 했다. 이것은 미국 특유의 정치구조와 의회 절차에 대해 무지를 드러낸 말이다. 미 행정부가 주장하는 인준추진 계획을 미 의회를 통해 검증할 필요도 있어 미국의 협상파트너들은 협상타결 후 미 의회 및 의원들을 상대로 적극적인 지지활동을 전개했다.

가장 먼저 추진한 활동은 한·미 FTA의 수혜를 보게 될 업계와 연대를 확보하는 것이었다. 먼저, 미 상공회의소와 한·미 재계연합을 비롯하여 미국 전역에 네트워크를 가진 트레이드루트(TradeRoot) 등과 연횡하여 지역구 차원의 활동계획을 만들어 추진해 나갔다. 특히, 2006년 협상출범과 함께 구성된 한·미 FTA 재계연합(KORUS FTA Business Coalition)은 정치권에 대한 아웃리치와 홍보활동을 전개했고 참여 업체 수는 1,000개사에 육박했다. 공동의장을 수행하던 보잉, 쉐브론, 에이스, UPS 및 시티그룹 등 5개사의 부회장들은 나의 '부엌장(kitchen cabinet)²'을 자처하면서 허심탄회하게 자문을 제공했다.

나는 의회 양당 지도부와 친무역 성향의 의원그룹 명단을 작성하고 각 의원들의 의회 내 활동기록 검토와 함께 출신지역의 산업, 유권자 구성, 노조활동을 정리했다. 지역기업인 또는 한인동포들과의 진분 관계도 파고들었다. 가장 중요한 아웃리치 대상은 하원의 신민주연합(NDC)이었다. 1997년에 창설된 하원 NDC는 대체로 친무역정책을 표방하면서 FTA에 우호적이었기 때문에 이들의 협조는 필수적이었다. 또

Kitchen Cabinet 대표들과 경제공사 관저에서. 왼쪽부터 천준호 경제 참사관, 석일우 Merck 자문관, 테드 오스텔(Ted Austell) 보잉 부사장, 로라 레인(Laura Lane) 씨티그룹 부사장, 셀리나 잭슨(Selina Jackson) UPS 부사장, 필자, 매트 니마이어(Matt Niemeyer) ACE 그룹 부사장, 최우석 조선일보 특파원(2008년 12월)

2 Kitchen cabinet은 부엌의 수납장을 의미한다. 정치적으로는 내각(cabinet)의 공식 멤버가 아니면서도 대통령에게 자문을 제공하는 비공식 그룹을 지칭한다. 일반적으로 특정 조직 또는 그룹 내 '비공식 자문그룹'의 의미로 사용되기도 한다.

한, 민주당 내 보수·중도 성향의 단체로 주로 재정 건전성을 중시하는 '블루독연합(BDC)'도 주요 접촉대상 그룹이었다.

　의원들을 분석하면서 다양하고 흥미로운 자료가 만들어졌다. 찰스 랑겔(Charles Rangel) 의원(민주-뉴욕), 존 코니어스(John Conyers) 의원(민주-미시간)과 에드 로이스(Ed Royce) 의원(공화-캘리포니아) 및 알렌 스펙터(Arlen Specter) 상원의원(민주-펜실베니아)은 한국전 참전용사였다. 일리애나 로스-레티넨(Ileana Ros-Lehtinen) 의원(공화-플로리다)은 아버지가 참전용사였다. 한·미 관계의 발전방향에 관한 학위논문을 쓴 의원이 있는가 하면 한국인을 입양한 의원도 있었다. 한국인 유권자 지역에서 당선된 의원은 물론이고, 한국 기업이 투자한 지역 출신 의원도 다수 있었다. 코리아 코커스 회원, 한국에서 군복무를 했던 의원, 한국인 보좌관을 둔 의원, 이준구 사범을 태권도 스승으로 모시는 의원 등 모두가 한·미 관계의 자산이며, 한·미 FTA의 미 의회 인준에 앞장설 수 있는 인물들이었다.

　미국의 이익단체들은 다양한 풀뿌리 운동을 통하여 청원하고, 소기의 목표를 달성해 왔다. 예를 들면 비자면제프로그램(VWP)에 가입하는 과정이나, 군대위안부에 대한 미 의회 결의안을 채택하는 과정에서 한국 동포사회의 풀뿌리 운동이 결정적인 역할을 했다. 우리는 이러한 풀뿌리 운동을 한·미 FTA의 인준과정에 접목시켜 보기도 했다. 동포사회에 한·미 FTA의 내용과 특징을 홍보하는 데 주력했다. 이 과정에서 미국 유대인연합(AJC)과 미국·이스라엘 정치행동위원회(AIPAC) 등 미국 조야에 막강한 힘을 과시하는 유태계 정치활동위원회의 조언과 협조도 받았다. 이들은 놀랍게도 미국 정치뿐 아니라 글로벌 이슈에 대해서도 깊은 관심과 노하우를 가지고 있었다. 미 의회 의원들은 정치행

한미 FTA 아웃리치 활동 차 켄터키 루이스빌 방문 계기에 UPS 항공
훈련 시뮬레이터 조종석안에서. 크리스 파딜라(Chris Padilla) 미 상무
차관(왼쪽)와 함께(2008년 3월)

동위원회(PAC)를 통한 모금으로 합법적인 정치자금을 지원받았고 업계
와 노조 등은 PAC를 통해 의회에 영향력을 행사하는 것이 관행이었다.
그러나 미 전역의 한인을 아우르는 통합된 한인협회도 없었고 미국 내
에서 합법적인 정치모금 활동을 할 수 있는 한인 중심의 PAC도 없었
다. 미국 내 한인의 규모가 작지 않았음에도 단합된 정치조직을 만들어
미국 정치에 영향력을 행사하는 데는 소홀했다는 반증이었다.

이태식 주미대사의 광폭 행보와 헌신

이태식 주미대사는 아웃리치 활동에 혼신의 노력을 했고 역대 어느
대사보다도 미 의회 및 업계와의 접촉면을 넓혔다. 그의 활동을 제한된
지면에 다 소개하는 것은 불가능한데도 국내에는 별로 알려지지 않았다.
한·미 FTA 서명 후 무려 400여 차례 상·하원 의원들을 면담하고 20여
차례에 걸쳐 30개 주를 방문하여 지방정치인, 싱크탱크, 미국 업계와 동

포사회를 대상으로 양국 간 타결한 협정에 대한 설명회를 했다. 그는 미국 도시를 방문할 때면 언제나 그 지역의 한국전 참전용사들을 만나 진심어린 대화를 했다. 이 대사는 노병들의 손을 잡고 그들이 60년 전 불렀던 군가를 함께 불렀다. 그리고 여러분의 고귀한 희생이 대한민국과 한국인을 구했다고 하면서 감성연설을 할 때면 70대 후반이거나 80대 초반의 생존 참전용사들과 그 배우자들은 눈물을 쏟아냈다. 이 대사는 워싱턴 몰(Mall)의 한국전 참전 기념비를 누구보다도 많이 찾았다. 조화로 만든 대사 명의의 화환을 일 년 내내 비치했다.

한·미 관계는 언제나 역동적이었지만 특히 이 대사는 재임 중 많은 업적을 남겼다. 비자면제협정 체결지원, 한·미 FTA 인준을 위한 아웃리치 활동, 구한말 공사관 매입추진, 쇠고기, 자동차, 전문직 비자 쿼터 관련 활동, 방산물자 구입지위 문제 등 셀 수 없다. 그럼에도 당시 청와대는 독도 지명표기 문제가 불거지자 정확한 경위파악이나 깊은 고심 없이 '주미대사 즉각 경질' 카드를 만지작거렸다는 사실은 씁쓸하다. 국가를 대표하는 거물급 대사라도 언제든 국내 정치의 불쏘시개로 쓸 수 있다는 것은 우리 정치의 '참을 수 없는 가벼움'을 반증하는 것이기 때문이다.

불신과 좌절의 시간들

가장 큰 좌절은 한국의 참여정부와 부시 행정부 간의 갈등이었다. 공화당 정부는 동맹을 경시하고 대 북한 및 대 중국에 유화적인 접근을 하는 참여정부의 정치철학과 포퓰리즘적 태도를 신뢰하지 않았다. 이러한 갈등은 주로 양국의 동맹관계 또는 대 북한문제 처리에서 극명하게 드러났다. 전시작전권 환수, 주한 미군기지의 환경오염과 대북제재 문제를 위한 조율에서 사사건건 부딪쳤다. 워싱턴에서는 친한 인사들이 떠나고 그들의 마음도 멀어진다는 느낌을 받았다. 정치지도자들의 불신은 양국관계 곳곳에 균열을 만들었다. 2007년 4월 말 배석했던 이 대사와 보커스 위원장 간 대화는 시사하는 바가 크다.

보커스:　　한국이 연령 제한 없이 모든 부위의 쇠고기를 수입하지 않으면, 한·미 FTA를 지지할 수 없습니다. 미국은 이미 OIE 과학위원회에서 'BSE 위험통제국가'로 권고를 받았는데, 한국이 30개월령 이하의 쇠고기만을 고집하는 것은 이해할 수 없습니다.

이태식:　　지난 4월 2일 노무현 대통령이 담화문을 발표하여, '국제기준을 준수하면서, 합리적인 기간 안에 합리적인 방법으로 풀어 나가겠다'고 약속하였습니다.

보커스:　　나는 당신은 신뢰하지만, 한국 대통령은 모릅니다. (I trust you, but I do not know your President)

또 하나의 좌절은 지나친 '국내정치 우선주의'가 야기한 문제들이었다. 한·미 FTA를 교섭하고 비준을 추진하는 과정을 복기해 보면 양국 모두 과도한 국내정치 플레이로 타협의 기회를 놓친 경우도 많았다. 한국의 케이스를 보자. 쇠고기 문제를 둘러싼 양국의 갈등은 시간이 가면서 미국인의 한국에 대한 불신으로 발전하였다. 뼛조각 문제로 1년 이상 허송세월을 하면서 미국인의 불신은 극에 달했다. 미국의 국내사정을 도외시한 태도가 사전 절충 가능성을 어렵게 한 것이다. 미국도 마찬가지다. 쇠고기 문제로 한국을 과도하게 압박했다. 미 업계는 30개월령 뼈 있는 쇠고기 수입에 만족하는 분위기였지만, 행정부 및 의회 일각에서는 OIE 기준의 완전준수를 주문했다. 이러한 강경노선은 한국과 심각한 갈등을 초래했고 6월 재협의를 통하여 일부 완화해야 했다. 협상권한의 이원적 구조도 문제였다. 미 의회가 신속협상권한을 행정부에 위임해 주고도 협상이 종료된 이후에 추가적인 요구를 하는 행태는 협상 상대국에게 매우 골치 아픈 일이었다.

한국전 참전용사의 눈물과 자부심

'FREEDOM IS NOT FREE' − 워싱턴 몰(Mall)에 있는 한국전 참전 기념비 바닥에 조각된 메시지다. 워싱턴 몰은 미국 정치의 심장이요, 상징이다. 워싱턴 기념탑을 비롯하여 토마스 제퍼슨(Thomas Jefferson)과 존 애덤스(John Adams) 등 건국의 아버지들의 조각상이 있다. 그 중 민주주의의 기틀을 잡은 링컨 대통령의 조각상은 민주주의를 지키기 위하여 피를 흘린 참전용사들을 내려다보면서 멀리 국회의사당을 향해 있다. 링컨 기념비에서 좌우로 월남전 참전기념비와 한국전 참전기념비가 각각 배치되어 있고 양차대전의 전사자기념비는 링컨기념관과 워싱턴 기념탑의 중간에 크게 자리잡고 있다. 국회의사당 좌우로 하원건물과 상원건물이 배치돼 있다.

한국전 참전용사 기념 조각상 밑에 새겨진 글은 언제 보아도 가슴이 뭉클하다. "우리나라는 알지도 못하는 나라의 한 번도 만나지 못한 사람을 지키라는 부름에 응답했던 우리의 아들과 딸들을 영광스럽게 기린다."[3]

---

3 원문은 다음과 같다: OUR NATION HONORS HER SONS AND DAUGHTERS

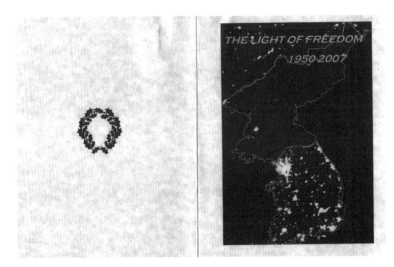

루이스 데커르트(Louis Dechert) 한국전 참전용사회 회장이 보내준 크리스마스 카드.
오른쪽 상단에 '평화의 불(The light of freedom) 1950-2007' 글귀가 선명하다.
(2007년 12월)

한국전쟁 3년 동안 미국은 3만 5천명의 사상자를 냈다. 워싱턴 근무 기간 중 만났던 노년의 참전용사와 그 가족들은 자신들이 목숨을 걸고 지켜낸 한국의 발전에 눈물을 흘리곤 했다. 장진호 전투에 참가했던 한 노병은 당시 영하 40도를 오르내렸던 살인적인 추위의 트라우마를 앓고 있었다. 그들이 연례행사로 모일 때면 늘 맨 앞 테이블 하나를 비워뒀다. '전쟁포로(POW)'와 '행방불명(MIA)'된 전우를 기리기 위한 것이었다. 한·미 FTA 지지에 앞장섰던 루이스 데커트(Louis Dechert) 한국전 참전용사회 회장은 매년 내게 같은 표지의 크리스마스카드를 보내왔다. 남쪽은 불야성인 데 반해 북쪽은 칠흑 같은 어둠이 깔린 한반도의 야경 사진과 한 줄의 글귀였다. '우리의 희생이 헛되지 않았다는

WHO ANSWERED THE CALL TO DEFEND A COUNTRY THEY NEVER
KNEW AND A PEOPLE THEY NEVER MET.

것은 이 한 장의 사진이 증명한다.' 이보다 더 강렬한 메시지가 있을까?

버지니아 텍(Virginia Tech) 총격 사건

2007년 4월 16일 버지니아 공과 대학에서 한인교포 조승희의 총격으로 수십 명의 학생이 희생된 사건이 발생했다. 당시 사고수습은 권태면 총영사가 담당했다. 사건 직후 용의자가 중국인이라고 보도된 후 서울의 관심은 멀어지는 듯했다. 그러다가 한국 출신의 영주권자로 밝혀지자 뒷북을 치기 시작했다. 미국에 사과 · 진사(陳謝)사절단을 파견하느니 주미대사를 소환해야 한다고 호들갑을 떨었다.

나는 직접 담당은 아니었지만 영사보호 차원에서 조승희 가족들의 소재파악을 위해 미국 법무부 차관보를 직접 면담했다. 미국 측은 "그들이 안전한 곳에서 보호받고 있습니다"라고 확인해 주었다. 이태식 대사는 3명의 총격 희생자가 살던 워싱턴 인근의 센터 빌(Center Ville)에서 희생자와 가족을 위로하기 위한 기도회에 참석하여 인사말을 했다. 센터 빌은 가해자 가족의 거주지이기도 하여 분위기가 착잡했다. 다음 날 JTBC의 '손석희의 시선집중' 코너에서 문제가 불거졌다. 라디오 인터뷰에서 손 기자는 이태식 대사가 왜 미국인들에게 사과를 했는지 영사보호권을 제대로 발동했는지 등 질의로 이 대사를 몰아세우면서 감정 섞인 설전이 오갔고 SNS에 찬반 댓글이 쇄도했다.

나는 피해자 중 한 사람이었던 메리 카렌(Mary Karen)의 장례식에 참석했다. 그 부모에게 인사하고 심심한 애도의 뜻을 전했다. 그들은 나를 장례식장 맨 앞줄에 앉도록 배려했다. 예식을 진행하면서 간간히 피해자 부모와 친구들의 흐느낌이 있었지만 가해자에 대한 감정 섞인 한풀이는 없었다. 한국 정부와 언론의 감정적 대응과는 한참 거리가 있었다.

미국 정치문화에 관한 경이로운 체험

3년간 미국의 힘과 시스템을 경험했다. 근무기간 중 의회 중간선거 두 번과 대통령 선거가 있었다. 8년 공화당 정부의 종식과 조지 W. 부시(George W. Bush) 대통령의 레임덕 현상을 보았다. 민주당이 상·하 양원을 장악하고, 특히 상원에 60석을 확보하여 슈퍼다수당을 형성하는 과정도 보았다. 2008년 선거는 과정이 드라마 그 자체였다. 힐러리 클린턴(Hillary Clinton)과 바락 오바마(Barack Obama) 간 경선의 장기화, 오바마의 승리, 공화당 중진을 내각에 임명하는 오바마의 포용정책 등으로 이어지는 일련의 사건들은 인상적이었다. 폭력과 시위, 비방과 욕설, 거짓과 핑계로 점철된 한국의 현실과는 매우 달랐다. 미국 건국의 아버지들이 달러의 뒷면에 엄청난 상징 각인을 결정한 것도 알게 됐다. 독수리 문장 양쪽으로 펄럭이는 깃발에는 '이플루리부스 우눔(E pluribus unum)'이라고 쓰여 있다. '여럿이 하나로'라는 라틴어로 미국 사람의 통합을 지향한다. 피라미드 문양도 국가통합의 상징이었고 그 밑에는 '노부스 오르도 세클로룸(Novus ordo seclorum)'이 새겨져 있다. '시대의 새 질서(New order of the ages)'란 뜻으로 새로운 미국 시대의 시작을 강조했다.

미 의회의 파워도 실감했다. 다수당이 위원회와 본회의를 완벽하게 장악하는 승자독식체제다. 하원의장의 파워는 막강하다. 외국의 국가원수가 아니면 면담을 접수조차 하지 않았다. 특히, 통상문제에 관하여 의회는 행정부에 권한을 위임하고 부단한 감시체제를 가동하고 있었다. 민주당 의회와 공화당 정부 관계에서 발생되는 미묘한 갈등과 이를 풀어나가는 미국인의 지혜를 보았다. 금융위기 청문회장에서 질의하는 의원들의 언사와 태도는 철저히 신사적이다. 개인적인 모욕은 전혀 없으나 증인들은 식은땀을 흘린다. 국회의원들의 고성과 희떱지 않은 훈계성 질문으로 법정 피고인만도 못한 한국 청문회의 증인들과 대조되었다. 미 의회의 윤리위원회 운영도 살펴볼 만하다. 의혹이 생기면, 하원의장은 윤리위원을 지명하여 조사보고서를 제출하도록 하고 머리카락 하나까지 조사한다. 하원 세입위원장으로 있는 찰스 랑겔 의원은 탈세혐의로 조사를 받던 중 개인 차량을 하원건물 지하 주차장에 주차비를 안내고 장기 주차해 놓았다는 죄목(?)도 포함되어 있다. 경제적으로는 미국 경제의 규모와 다양성 안에서 조화를 일궈내는 시스템을 보았다. 2008년 경제위기를 겪으면서도 이를 대처해 나가는 의연함에 고개를 숙였다. 사회·문화적인 충격도 컸다. 대학과 연구기관의 훌륭한 연구·혁신 생태계를 통해 팍스아메리카나를 지탱하는 것이 경이로웠던 반면, 4천만 명 이상의 미국인이 의료보험이 없다는 사실에 놀라기도 했다.

미국의 정치 시스템 중 로비제도는 인상적이었다. 미국은 로비활동을 합법적으로 규율한다. 당시 워싱턴에 등록된 로비스트는 3만여 명으로 알려져 있었다. 나는 부임 직후 약 30여 개 로비업체들과 일련의 면담을 하였다. 2006년 초 한·미 FTA 협상이 개시되자, 워싱턴에서는 한국 정부와 로비 계약을 맺으려 높은 관심을 보였다. 이들 회사들은 양국 간 무역협상의 성공과 원만한 의회비준을 지원하기 위하여 나름대로의 강점을 역설하였다. 미국의 로비활동 규제법은 오랜 세월에 걸쳐 발전되어 왔다. 외국을 위한 로비활동을 규제하기 위한 법(FARA)과 일반적인 로비활동 공개법(LDA)을 비롯하여 다수의 관련 입법이 이루어졌다.

미국의 정치헌금 메커니즘을 이해하려면, '정치행동 위원회(PAC)'를 알아야 한다. PAC는 후보자를 당선 또는 낙선시키기 위하여 정치헌금을 모금하고 지출하는 조직을 칭한다. 미 의회 로비의 합법적인 채널이라고 할 수 있다. 그 밖에 527위원회와 면세조직 등을 통한 정치자금 모금 채널도 있다. 정치 기부금을 모금하는 또 다른 방법으로 개별 기부자들로부터 자발적 기부금을 확보하는 번들링(bundling) 기법을 말한다. 'K Street'는 로비회사의 중심지다. 대소간 로비회사들이 길 좌우에 즐비하다. 의회와 행정부 건물과는 다소 거리가 있으나 이들은 소위 '회전문(revolving door)'을 통하여 서로 교류한다. 전직 의회 및 행정부 관리들이 로비회사의 요직으로 있다가 차후 새로운 공직으로 나가는 일이 일반화됐기 때문이다.

2. 한·미 FTA 협상과 추가협상장의 긴장감

정상회담 직전 협상결렬과 추가협상

2010년 6월 캐나다 토론토에서 열린 G-20 정상회의 계기에 한·미 정상회담이 열렸다. 오바마 대통령은 "금년 11월 서울에서 열리는 G-20 정상회의까지 양측 통상장관 간 쟁점이슈를 집중 협의하기를 희망하며 자동차 등 현안이슈가 조정이 되면 한·미 FTA 인준절차를 마무리하겠다"고 했고 이명박 대통령도 공감했다. 2007년 6월 서명 이후 4년 이상 동면하고 있던 한·미 FTA에 서광이 비쳤다.

후속 조치를 위해 그해 9월 나는 일본 센다이에서 웬디 커틀러

(Wendy Cutler) 대표보 수석대표와 단독협의를 했다. 미국은 자동차 조항 일부를 개선하고 싶어 하면서도 쇠고기와 쌀 문제에 대한 미련을 완전히 버리지 않고 있었다. 협상전술적인 측면이 강했지만 안심할 수는 없었다. 센다이 회동으로 일단 양측 간 구체적인 주고받기식 협상프레임이 만들어졌다. 그 후 여러 차례 조율했다. 그러나 11월 G-20 정상회의가 임박해 오는데도 미국은 일체 신축성을 보이지 않았다. 오히려 쇠고기와 쌀문제를 제기하면서 압박해 왔다. 미국 자동차업계의 사정이 절박한 탓도 있었겠지만 정상회의를 계기로 한국을 최대한 압박하면 양보를 얻을 수 있다는 계산을 했을 수도 있다.

정상회의를 앞두고 강대국이 강하게 요구하는 협상을 우리에게 유리하게 끌고 가는 것은 굉장히 어렵다. 정상회의 하루 전날 자정까지 마이클 프로만(Michael Froman) 백악관 부보좌관, 론 커크(Ron Kirk) 무역대표와 커틀러 대표보로 구성된 미국 대표단과 김종훈 본부장, 정해

한미 FTA 추가협상차 외교부 청사를 방문한 커틀러 대표보와 함께
(2010년 11월)

관 청와대 행정관과 나는 외교부 청사에서 여러 차례 만났다. 다양한 선택지를 가지고 조율했으나 결국 타결에 실패했다. 물론 전날 대통령 주재 관계장관회의에서 미국 측의 신축성이 없다면 협상을 결렬시킬 수밖에 없다는 결론을 낸 바 있었다.

11월 11일 청와대에서 열린 정상회담의 분위기는 부자연스럽고 썰렁했다. 회담 후 공동 기자회견에서 양 정상은 "한·미 FTA 관련 세부 사항에 대한 추가협의가 필요하며 빠른 시간 내에 상호 수용 가능한 추가합의를 도출하기로 했다"고 발표했다. 나는 커틀러가 출국하기 전날 저녁을 하면서 결렬배경을 복기했다. 나는 미국 측의 과욕과 부당한 압박을 비판했다. 이제 양측은 조기 타협을 위해 또다시 절벽 위에 섰다.

'조지 워싱턴'을 빼겠다는 미국의 압박

11월 29일 우리 대표단은 덜레스 공항에 도착하여 외곽순환고속도로인 벨트웨이를 타고 워싱턴과 볼티모어 사이에 있는 콜럼버스에 도착했다. 다음날 아침 10시에 첫 장관회의를 열었다. 미국에서는 프로만 부보좌관이 직접 참석함으로써 백악관의 비상한 관심을 반증했다. 개회부터 팽팽한 신경전이 이어졌다. 우리는 미국산 돼지고기 관세철폐에 대한 미국의 선 양보가 있어야 자동차 분야를 논의할 수 있다고 했다. 미국은 자동차 패키지를 합의한 후 돼지고기를 논의하자고 했다. '닭과 달걀'의 게임이 이어졌다. 미국은 냉동목살 대신 교역 비중이 미미한 품목을 제시했고 자동차 관세 분야 논의에도 진전이 없었다. 미국 측이 승용차관세 철폐와 결부된 새로운 제안을 할 때마다 우리는 품목별 교역관계 및 업계의 이해관계를 살펴야 했다.

회의는 겉돌고 긴장은 높아 갔다. 미국은 한국의 자동차관세 철폐를 밀어 붙이면서 우리 요구는 외면했다. 양측에서 오가는 발언 수위도 험악해졌다. 미국은 한국의 마지노선을 거칠게 찔러 들어왔다. 급기야 프로만 부보좌관은 "한국이 이렇게 비협조적으로 나오면 서해로 진입한 '조지 워싱턴(George Washington)'을 빼겠다"고 했다. 무역협상 도중에 난데없이 항공모함 철수를 언급하자 회의장은 얼어붙었다. 북한의 연평도 포격 후 고조된 긴장 속에서 한미연합훈련이 최대 규모로 전개되고 있었다. 조지 워싱턴 호는 북한의 도발에 대한 무력시위의 일환으로 사상 최초로 서해상으로 전개된 항공모함이었다. 작은 협상장에 무거운 정적이 흘렀다. 미국은 통상협상의 주도권을 잡기위해 안보카드를 빼든 것이었다.

김종훈 본부장이 잠시 휴회를 제의했고 미국도 응했다. 나는 미국의 안보카드에 진정성이 있는지 확인하고 싶었다. 상황을 파악해 보니 서해 훈련은 종료되고 미국 항모함대는 이미 철수하고 있었다. 그러나 미국의 인내가 고갈됐다는 반증이기도 했다. 진실의 순간이 다가온 것이다. 저녁 9시 회의가 속개됐다. 우리는 냉동목살을 포함한 일괄타결안을 던졌고, 두 시간 후 미국이 역제안을 했다. 양측의 핵심이슈들이 모두 협상테이블에 올라왔다. 이제야 협상의 틀이 갖추어진 것이다.

하루 동안 여덟 차례 회의를 했다. 회의를 거듭할수록 세부조율이 되고 대면시간은 짧아졌다. 이른 아침부터 자정까지 패키지를 던지고 받고 다시 던지고 받는 과정이 반복됐다. 긴 하루였다. 12월 1일 이른 아침부터 회의가 재개됐다. 회의는 공전하고 상황은 유동적이었다. 불확실성 속에서도 미국의 입장변화가 감지됐다. 승용차와 냉동목살의 관세철폐 연장에 대한 입장이 수렴되고 양측은 세이프가드 관련 요구를 일괄철회하는 선에서 타협했다.

대통령의 개입과 수석대표에게 전권위임

저녁에 프로만 부보좌관과 커크 대표는 급거 백악관으로 들어갔다. 12월 2일 오후 티모시 가이트너(Timothy Geithner) 재무장관이 앨런 멀랠리(Alan Mulally) 포드사 회장을 장관실로 청했고 래리 서머스(Larry Summers) 경제보좌관도 합석했다고 했다. 프로만 부보좌관으로부터 스피커폰으로 협상경과를 보고받았다. 포드는 당초 승용차관세 철폐기간으로 7~10년을 요구했고, 프로만 부보좌관은 절충안으로 5년 철폐방안을 타진하여 긍정적인 반응을 얻었던 것으로 알려졌다. 협의종료 후, 오바마 대통령은 커크 대표와 프로만 부보좌관을 집무실로 불렀다. 아프가니스탄 출장을 떠나기 전 날 밤이었다. 몇 시간 후 오바마 대통령은 이명박 대통령에게 긴급전화로 자동차관세 철폐기간 연장을 재삼 요청했다. 이명박 대통령은 "한국의 협상전권은 김 본부장에게 있습니다"라고 응대했다. 나와 김 본부장은 오바마의 절실한 요구일 수도 있지만 업계의 부풀려진 요구를 전달할 가능성도 있을 것으로 예측하고 미리 이 대통령에 보고한 결과였다.

한·미 FTA 추가협상 중간 기자 브리핑 하는 필자(2010년 11월 9일)

12월 2일 목요일 아침 미국은 전날보다 더 강경하게 나왔다. 김 본부장은 미측 요구를 일축하고 협상중단 가능성을 시사했다. 미국도 긴장했다. 잠시 침묵 후 프로만 부보좌관은 휴회하고 김 본부장에게 산책을 제안했다. 이 산책으로 양측은 상호주의 조건으로 승용차의 현행 관세를 3~4년간 유지하는 방안에 합의함으로써 교착국면에 돌파구를 마련했다. 실무차원에서 세부현안에 대한 긴박한 조율과 가지치기가 진행됐다. 밤 9시경 승용차 및 돼지고기 관세 철폐기간을 연장하는 데 최종 합의했고, 기타 현안도 비교적 쉽게 합의점을 찾았다. 문서는 한쪽 반짜리 '합의요지'였다.

프로만 부보좌관은 다음 날 프레스 개글(press gaggle)에서 합의문 요지와 윤곽만 간략히 언급하겠다며 양해를 구했다. 우리는 세부합의내용은 공식발표 전까지는 대외비를 유지한다는 전제하에 양해했다. 양측 실무진은 언론발표문과 보고서를 작성하느라 꼬박 밤을 샜다. 12월 3일 아침 양측 통상장관 간 합의요지를 가서명했다. 한국대표단이 덜레스 공항을 이륙하자마자 프로만 부보좌관은 합의내용을 자세히 발표했다. 우리 대표단이 귀국할 때까지는 대외발표를 자제하는 것이 합당했으나 약속을 어긴 것이다. 나는 커틀러 대표보에게 강하게 항의했다.

추가 협정문의 교섭과 서명

합의요지라는 골격을 기반으로 조문화 작업이 개시됐다. 순조로울 것으로 예상했으나 악마는 디테일에 있었다. 문서의 형식과 내용에 관해 이견이 속출했다. 2012년 1월 하순 로스앤젤레스 인근에서 미국과 최종 협상을 했으나 자동차 세이프가드 조항을 둘러싸고 충돌했다. 결국 미국이 제안한 세이프가드 조항의 각주(footnote)를 우리가 반대함으로써 합의에 이르지 못했다. 커틀러는 좌절했다.

당초 합의요지에서 자동차 세이프가드조항은 한·EU FTA와 동등한 요소를 도입한다고 했으나 조문화 작업 중 미국이 입장을 바꾼 것이다. 한·EU FTA는 보상의무가 없고 세이프가드 발동 후 2년간 보복을 금지하고 있어 발동 국가에 유리하다. 반면 한·미 FTA는 보상의무와 보복권리가 있고 보복금지시한이 없어 발동 국가에 불리하게 규정돼 있다. 2007년 협상 당시 한국이 자의적으로 세이프가드를 발동할 것을 우려했던 미국이 오히려 한국산 자동차 수입급증 시 세이프가드 발동을 하기 쉽도록 고치고자 한 것이다. 불과 몇 년 사이에 한국 자동차의 경쟁력이 강화된 것을 반증하는 일이기도 했다.

며칠 간 긴장 속에서 밀고 당기기를 거친 후에야 미국의 체리피킹 (cherry picking) 전술을 타파하고 당초 우리가 취한 입장을 관철하여 타결했다. 2월 들어 미국과 서한교환을 완료했다. 이로써 한·미 FTA는 2007년 협정과 2011년 협정으로 구성되었다. 두 협정은 물리적으로는 분리됐으나 내용상 밀접한 연관을 가진 하나의 협정문이 된 것이다.

3. 미국과 한국의 판이한 비준동의 현장

비준동의 추진을 둘러싼 정치 여건

추가협정문이 서명되자 현안 FTA에 대한 국회 비준동의 추진시기와 방법 그리고 순서를 정해야 했다. 한·미 FTA와 한·EU FTA라는 거대한 협정에 대한 국회의 비준동의를 동시에 추진할 수는 없었다. 한국의 정치일정과 여건을 살피는 동시에 미국과 EU의 비준여건도 검토해야 했다. 우선 유럽의회가 2011년 2월 본회의에서 한·EU FTA 동의안을 처리할 예정이었기 때문에 우리도 한·EU FTA 비준동의안을 2월 또는 4월 임시국회에서 처리하는 것이 자연스러웠다. 또한 한·EU FTA가 7월 1일 잠정발효가 되면 민주당 상원과 공화당 하원 간 알력이 상존하는 미 의회의 한·미 FTA 인준에 자극제가 될 것도 기대해 볼 수 있었다.

한·미 FTA의 경우, 2007년 협정과 2011년 서한교환에 대한 비준
동의 처리순서도 고민이었다. 국회는 기존의 비준동의안을 철회하고
두 개의 협정을 묶은 하나의 비준동의안을 강하게 희망했다. 분리처리
를 할 경우 하나는 통과되고 하나는 부결되는 상황도 발생할 수 있기
때문이었다. 반면, 법제처는 이미 제출한 비준동의안을 철회하는 것은
부담이 크다는 이유로 분리처리를 주장했다. 당시 남경필 외교통일위
원장과 정선태 법제처장 간 갈등이 불거졌다가 결국 통합처리로 정리
되었다. 또 하나는 한국과 미국 중 어느 나라가 먼저 처리하느냐의 문
제였다. 한국은 국회에 제출된 비준동의안의 처리시한이 없는 반면 미
국은 행정부의 이행법안이 의회에 제출되면 법정 처리기한이 설정되므
로 예측 가능성이 있었다. 즉, 미국의 처리동향을 지켜보면서 한국이
후처리하는 것이 바람직해 보였다. 그 와중에 2월 말 불거진 번역오류
사태로 힘겨운 석 달을 보냈다. 내게는 한없이 잔인한 봄이었다.

백악관의 진군명령(進軍命令)

5월 초 한·EU FTA가 우리 국회 본회의를 통과하던 날, 미국에서
는 한·미 FTA 관련 의미 있는 진전이 있었다. 쇠고기 문제를 이유로
한·미 FTA 인준에 늘 발목을 잡아왔던 막스 보커스(Max Baucus) 상원
재무위원장(민주−몬태나)이 쇠고기 문제에 대한 원만한 처리를 전제로
한·미 FTA를 지지하겠다고 미 행정부와 대타협을 한 것이다. 이 합의
는 한·미 FTA의 인준 추진 과정에 내연하던 커다란 정치적 장애가 제
거되었다는 것을 의미했다. 그동안 쇠고기 업계의 이해를 대변하던 보
커스 상원 재무위원장이 쇠고기 수입 위생조건 문제와 한·미 FTA의
비준추진을 직접 연계하지 않겠다고 약속한 것이기 때문이다.

드디어 자동차에 이어 쇠고기에 관한 미국 정치권의 불확실성이 제거되고 구체적인 비준절차 추진을 위한 여건이 마련되었다. 이에 따라 미 행정부와 의회는 5월 초 현안 3개 FTA 인준추진을 위한 실무협의를 개시했고, 6월 말 백악관은 TAA 내용에 대한 행정부와 의회 간 합의사항을 발표했다. 이 합의는 FTA 처리와 TAA가 연계된다는 것을 의미했다. 현안 FTA의 의회인준을 위한 백악관의 공식 진군명령(marching orders)이 내려진 것이다.

하원 공화당이 요구하는 FTA 처리와 민주당 의제인 TAA를 하나의 패키지로 연계 처리하는 방안이 합의되면서 큰 틀의 해법은 찾았다. 그러나 양당 간 뿌리 깊은 불신과 백악관과 의회 간 정치관계를 고려한 보다 섬세한 작업이 필요했다. 미국은 TPA 법의 적용을 받는 이행법안은 의회 제출 전에는 대체로 행정부와 의회 간 비공식 실무협의(walk-through), 상·하원 청문회 및 상·하원의 이행법안에 대한 모의축조심의(mock mark-up)로 대별된다. 이행법안 제출 후에 하원 및 상원의 처리 절차는 단계별로 시한이 정해져 있고 전체 90일을 초과할 수 없다. 의회 회기일을 기준으로 하기 때문에 실제 시간은 더 소요된다.

백악관-상원-하원의 불신과 협조

FTA 이행법안과 무역조정지원(TAA) 법안을 둘러싸고 백악관과 상원 및 하원 간 치열한 대립과 갈등 속에서도 일정한 금도를 지키면서 타협을 만들어갔다. 상·하원과 백악관은 이행법안 인준과정에서 헌법상 부여된 권한을 행사하면서 견제와 균형을 확보할 수는 있으나 헌법기관 간 상호협조 없이는 법안처리가 불가능한 여건인 점 또한 잘 알고 있었다. 우선 3개 주체가 가진 권한과 이해관계를 살피는 것이 유용하다.

하원을 장악한 공화당은 의회 내 인준절차를 개시하는 권한을 가지고 있고, 대개도국특혜관세(GSP) 법안과 3개 FTA의 일괄인준은 희망하지만 TAA 법안에는 부정적이었다. 상원을 장악한 민주당은 인준절차를 주도하는 권한은 있으나 토론종결(cloture)에 필요한 60석에 미달하여 공화당 상원의원의 협조가 필수적인 상황이었다. 또한, TAA 법안에 우선순위를 둔 반면 3개 FTA 인준에는 소극적이었다. 마지막으로 백악관은 FTA 이행법안의 제출권과 의회를 통과한 모든 법안의 승인 권한을 보유하고 있고 TAA 법안과 3개 FTA의 통과를 희망했다. 결국 민주당과 공화당이 깊은 신뢰를 가지고 법안제출부터 대통령 서명까지 GSP 법안, 3개 FTA 이행법안 그리고 TAA 법안을 하나의 패키지로 추진하는 완벽한 조합을 만들고 이행할 수 있을지가 관건이었다.

마법의 5단계 접근과 전격적 미의회 통과

이런 조합의 시나리오로 소위 5단계 접근방안이 본격 논의되었다. 개념적으로 보면 첫 단계의 책임기관이 조치를 취하면서 다음 단계의 책임기관이 취하게 될 조치에 대한 기대를 발표한다. 다음 단계의 책임기관이 이런 기대에 부응하는 발표를 하고 나면 첫 단계 조치를 이송하는 형식으로 처음부터 마지막 단계까지 흐트러짐 없이 연결되는 패키지를 만드는 작업이었다. 이를 간단히 정리하면 제1단계 조치로 하원이 공화당 관심사항인 매개법안(vehicle) GSP 법안을 통과하여 상원에 보내면 제2단계로 상원에서 민주당의 관심사항인 TAA 법안을 추가한 통합법안을 통과하여 하원으로 이송한다. 제3단계에서 하원은 이 통합법안을 통과한 뒤 백악관으로 이송하기 전에 하원에서 보관하고

FTA 인준을 위한 마법의 5단계 처리 절차

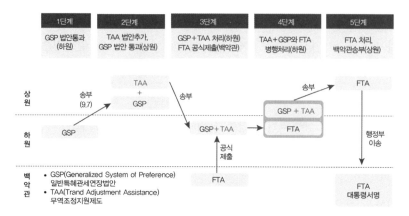

백악관은 3개 FTA 이행법안을 하원에 제출한다. 제4단계는 하원이 3개 이행법안을 통과시킨 뒤 바로 상원에 이송하면 상원은 이를 통과시킨다. 마지막 제5단계는 3개 FTA와 하원에 보관 중인 GSP+TAA 통합법안을 동시에 백악관으로 보내 한꺼번에 서명을 받는다는 시나리오였다.

10월 들어 미 의회는 심의절차의 간소화를 위해 의사규칙을 수정하면서까지 이행법안의 조기통과에 집중했다. 10월 12일 상원 본회의에서 한·미 FTA 이행법안은 압도적 다수로 통과됐다. 속전속결이었다. 미국은 국빈방문한 이명박 대통령을 위해 상·하원 합동연설 외에도 파격적인 예우를 제공했다. 한·미 전략동맹관계와 양 정상의 두터운 우의의 상징이었다. 뉴욕 타임스지는 대통령의 국빈방문을 "레드카펫이 이보다 더 붉을 순 없다"고 하면서 보기 드문 성공적 방문이라고 평가했다. 10월 13일 백악관에서 한·미 정상회담에 이어 상·하원 합동연설이 있었다. 일주일 뒤 오바마 대통령은 백악관 오벌 오피스(Oval Office)에서 한·미 FTA 등 3개 FTA 이행법안과 TAA 법안에 서명했다. 이로써 난마처럼 얽혔던 5단계 절차는 한 치의 오차도 없이 당초 시나리오대로 종료됐다.

상술한 5단계 해법이 진행되는 드라마를 지켜보면서 민주당과 공화당, 상원과 하원, 그리고 백악관 간에 복잡하게 얽힌 불신과 갈등을 풀어나가는 미국 정치권의 모습이 인상적이었다. 끝없이 충돌하는 우리 국회의 현실이 겹쳐졌다. 그 날 저녁 니마이어 세계은행 총재 특보가 나에게 윈스턴 처칠(Winston Churchill)의 어록 한 줄을 보내왔다. "미국은 항상 올바른 결정을 한다. 다만, 모든 다른 대안이 소진된 후에야 비로소"

국회 비준동의의 끝없는 파행

2011년 5월 초 한·EU FTA 비준동의안이 여당 단독으로 통과되자 국회 분위기는 극도로 경색되었다. 국회는 양당 대표의 퇴진으로 원내대표와 비상대책위 의장체제로 운영되면서 6월 초 제출된 한·미 FTA의 비준동의안에 대한 상임위원회 상정, 공청회 및 상임위원회 통과 등 산적한 절차를 추진할 여력이 없었다. 야당은 추가협상 결과에 대한 강한 비판과 함께 투자자-국가소송제도(ISD), 개성공단, 허가특허 연계조항 등 소위 독소조항에 대한 재협상 입장을 강화했다. 한편, 여당 지도부는 "미국의 인준 동향에 따라 우리 국회절차도 추진해 나가겠다"는 입장을 수차례 표명했다. 선미국·후한국 처리를 견지한 것이다. 정치권은 이미 다음 해 4월 총선을 대비하고 있었다. 여야는 6월 하순 구성된 '여야정 협의체'에서는 협의만 하고 심의·결정은 상임위원회에서 하기로 합의했으나 여야 대립이 지속됐다. 결국 외교통일위원장이 비준동의안을 직권으로 상정했고 야당은 불참을 선언하고 퇴장

한미 FTA에 비판적인 입장을 밝힌 서울시 의견에 대한 정부 합동브리핑 장면
(가운데가 필자)(2011년 11월)

했다.

10월 13일 외교통일위원회는 한·미 FTA 및 추가협상의 경제적 효과 비교와 정오표(正誤表)를 제출했다. 또한 야당의 재협상 요구 및 피해 보완대책 요구를 청취하고 한·미 FTA 비준동의안을 법안소위로 회부하는 동시에 쟁점에 대한 끝장토론회를 열기로 합의했다. 그러나 시민단체 대표들이 법안심사소위 주관 공청회 진행이 약속과 다르다는 이유로 퇴장하면서 파행을 겪었다. 결국 10월 18일 열린 외교통일위원회는 위원장이 직접 사회를 보는 끝장토론을 열기로 하고 지상파 방송의 생방송을 추진하기로 했다. 토론 시간이 30시간에 달하고 범국본이 주장하는 쟁점을 다루는 기이한 토론회였다. 김종훈 본부장과 나를 비롯하여 관계부처의 고위급 관리들이 참석했다. 민감한 이슈에 대한 토론이 여과 없이 지상파를 통해 방영되었다. 한·미 FTA 협상과정에서 이미 겪었던 정치공세의 데자뷔(Déjà-vu)였다.

10월 26일 서울 시장 선거에서 야당이 압승하면서 야권 5당의 정책연대에서 강경파가 득세했다. 강경파의 주축이던 범국본(한·미 FTA저지범국민운동본부)은 야당에게 ISD 관련 추가토론을 압박했다. 이런 우려와 요구를 고려하여 나는 커틀러 대표보와 10월 말 서비스·투자 위원회 및 중소기업 작업반 설치를 위한 서한교환의 문안교섭을 마무리했다. 민주당은 한·미 FTA 협정문 중 10개 이슈를 독소조항으로 지목하면서 "재협상과 2개의 국내 보완대책을 마련하라"는 소위 '10＋2'를 요구했다. 그러나 10개 이슈는 대부분 이미 참여정부 때 합의한 사항이었다. 국내 보완대책으로 요구한 2개 이슈는 무역조정 지원과 통상절차법이었고 정부는 이를 원칙적으로 수용했다. 그럼에도 ISD 조항 등에 대한 논란에 이어 한·미 FTA의 법적 지위가 양국 법체계에서 불평등하다는 논란도 증폭되었다. 협정상의 권리와 의무는 양국을 법률적으로 기속한다는 점에서 이 주장은 오해였다.

최루가스를 뒤집어쓴 국회 본회의장

여야 지도부와 장관급 정부대표로 구성된 '한·미 FTA 여야정 협의체'는 10월 말까지 여덟 차례 회의를 열었다. 일부 파행은 있었으나 협정비준 이전에 짚고 넘어갈 쟁점에 대한 협의채널로서 일정한 역할을 했다. 11월 중순에 접어들었지만 국회 상황은 개선되지 않았다. 오히려 여야 간 대립구도는 더욱 악화되었고 언론매체를 통한 비판이 고조되었다. 하와이에서 열린 APEC 정상회의에 참석하고 귀국한 이명박 대통령이 국회를 방문하여 양당 지도부에게 한·미 FTA 국회비준을 위한 초당적 협조를 당부했음에도 여건은 해소되지 않았다. 이제 정국은 비준동의안을 직권상정 하느냐의 여부와 언제 어떻게 하느냐에 대한 추측이 무성했다. 상임위원회는 점거되었고 야당은 재협상 주장만 되풀이했다. 박희태 국회의장에게 직권상정 외에는 대안이 없었다.

한-미 FTA 비준동의안을 처리하는 국회 본회의장이 최루탄 연기
로 뒤덮인 장면(2011년 11월 22일)

　11월 22일 오후 3시 국회의장은 본회의 소집을 통보했다. 국회 질
서유지권이 발동됐다. 국회의사당은 경위들과 경찰들로 봉쇄되어 필수
참석자들도 진입에 애로를 겪었다. 나는 간신히 본회의장에 입장하여
왼쪽 끝 정부 관리를 위한 좌석에 앉았다. 오후 4시 정의화 부의장이
단상에 올랐다. 일부 야당의원들이 야유와 고함을 질렀고 통합진보당
김선동 의원이 연단에 선 후 갑자기 가방에서 최루탄을 꺼내 터뜨렸고
몸을 돌려 정의화 부의장에게 최루가루 한 움큼을 집어던졌다. 본회의
장은 아수라장이 되면서 정회했다. 오후 4시 25분 속개된 본회의는 일
사천리로 진행되었다. 외교통일위 위원장의 제안설명 후 표결했다. 재
적 170명 중 찬성 151명, 반대 7명, 기권 12명으로 가결되었다. 온갖
방해에도 신속하고 효율적으로 의사진행을 해나가던 정의화 국회 부의
장의 리더십이 돋보였다.

양국 정부의 협상과정과 의회의 비준동의를 추진하는 과정은 거대한 드라마였다. 우리 국회의 비준동의 과정이 물리적 폭력사태로 진행되는 것을 지켜보면서 참담한 심경을 금할 수 없었다. 나는 국회를 빠져나와 다시 사무실로 향했다. 후속조치 점검과 미국 측과의 실무협의를 비롯해 다음날 대통령이 주재하는 한·미 FTA 후속대책 조찬회의를 준비해야 했다.

4. 가짜뉴스의 확산과 정치권의 이중성

악의적 반대와 혹세무민하는 정치행동

거대 경제권과의 FTA 협상은 우리 경제에 미치는 영향이 광범위해서 이해당사자들의 관심과 우려는 당연하다. 그러나 막무가내식 반대, 정치집단과 연계된 의견표명, 근거 없는 소문전파, 정부 관리에 대한 인신공격, 반미 성향 표출 등으로 점철된 것은 안타까웠다. 익명으로 유포되는 온라인 메시지와 허위사실을 버젓이 게재하는 오프라인 매체, 국회를 비롯한 정치권은 이런 혹세무민하는 반대담론을 조직적으로 전개하고 양산했다.

노무현 정부 시절 한·미 FTA 협상을 지지하던 당시 열린우리당과 소속의원들은 이명박 정부가 들어서자 극도의 반대 입장으로 선회했다. 유튜브에서는 '말 바꾸기 달인 5인방'이란 동영상이 인기를 끌었다. 과거 참여정부 때는 앞장서서 한·미 FTA를 지지했던 민주당 지도부 인사들이 예외 없이 반대 입장으로 선회한 것을 패러디한 영상이었다. 문재인 정부가 미국과 불리한 개정협상을 추진하는 데에도 일언반구 말이 없었다. 원칙도 영혼도 없는 전형적인 '내로남불'이었다.

삼권분립의 원칙에 따라 국회가 행정부를 견제하는 것은 당연하다. 그러나 과거 자신들이 협상하고 상임위까지 통과시켰던 비준동의안에 반대하는 행태가 비일비재했다. 정권이 바뀌었다고 본회의 통과를 끝까지 저지하고, 본회의장에서 최루가스를 터뜨리고, 쟁점사안에 대한 전문적인 토론이 아니라 끝장토론이라는 보여주기식 쇼를 하는 우리의 정치현실은 비극이었다. 이들의 입장은 협정의 내용에 대한 객관적인 평가가 아니라 정파적 이익에 따라 표변한다는 것을 여실히 보여주었다. 국가의 장래를 걱정하고 국민들에게 거짓 없이 희망을 심어주는 큰 그릇의 정치인도 찾기 어려웠고 책임 있는 정당도 없었다. 한편, 같은 수준의 FTA인 한·EU FTA에 대한 반대는 상대적으로 약했다는 점도 시사하는 바가 크다. 결국 한·미 FTA에 대한 반대는 이념적 편향에 따른 반미행동으로 보는 것이 타당할 것이다.

한·미 FTA의 비준동의안을 통과하면서 야당의 요구를 수용하여 '통상절차법'이 제정됐다. 하지만 다양한 의견을 수렴하여 국내조정과 대외협상에 반영하는 시스템을 갖춰 나가야 한다. 미국은 우리보다 훨씬 크고 복잡한데도 이해당사자들의 의견수렴과 협상에 반영하는 시스템이 잘 작동하고 분야별 전문가들과 협의하는 채널도 정교하게 운영되고 있는 것을 보고 부러웠다.

국회 비준동의와 가짜뉴스의 확산

비준동의안이 국회 본회의에서 전격 통과되자 여론이 들끓었다. 총선을 몇 달 앞둔 시점이어서 더욱 예민했고 여야 간 갈등의 골은 깊어갔다. 소신 있다는 정치인들도 한·미 FTA 이야기에는 손사래를 쳤다. 협상 초기에 제기됐던 쟁점사항들이 다시 부각되었다. 소위 독소조항에 대한 지극히 과장되고 근거 없는 괴담은 온라인을 통해 끝없이 확산되었다. 일각에서는 한국 사회를 할퀴었던 '광우병의 추억'을 재연하고자 여론을 왜곡했고, 다른 한편에서는 '광우병의 악몽'을 두려워했다.

여론의 향배는 매체의 종류에 따라 이중적 특징을 보였다. 신문지면에서는 긍정적인 보도가 압도했다. 물론 일부 진보매체들은 거의 매일 과장·왜곡보도를 이어갔다. 온라인에서는 부정적 여론이 빠르게 확대 재생산되었다. 예를 들면, '의료보험 붕괴로 맹장수술비가 900만 원이 된다. 의료서비스 민영화로 의료비가 폭등하고 국민건강보험체계가 와해된다. 볼리비아처럼 물 값이 폭등하여 빗물을 받아먹어야 한다. 쌀농사가 전폐된다. 인간 광우병이 창궐한다. ISD 중재재판부는 미국편이라 믿을 수 없다. 전기·가스·지하철 요금이 폭등한다. 멕시코에서는 FTA 협상을 추진했던 관료 15명을 총살했다. 총기사용이 자유화된다' 등이다.

근거가 없으니 수그러들겠지 생각하면 오산이었다. SNS 계정을 통한 정부의 콘텐츠 홍보는 좋았으나 반대여론을 막는 데는 구조적 한계가 있었다. 여론확산을 위한 정부 측 매개자 수가 적었고 리트위트(RT) 되는 메시지 건수도 현저히 낮은 온라인 환경의 특성이기도 했다. 반면에 부정 RT는 순식간에 퍼져 나갔다. 한·미 FTA의 국회비준동의를 앞둔 기간 중 관찰된 RT 네트워크를 살펴보면 명확해진다. 긍정 RT 네트워크는 정부부처의 팔로워가 대부분이었다.

외부 집단의 정부 메시지 RT 횟수는 부정 횟수가 긍정 횟수의 2배를 넘었다. 반면, 부정 RT 네트워크에는 다수의 활동적인 매개자가 있었다. 특히, 파워 트위터리안(Power Twitterian)을 통한 부정적 RT는

FTA관련 RT 네트워크 비교표

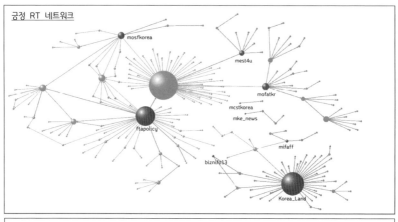

긍정 RT 네트워크

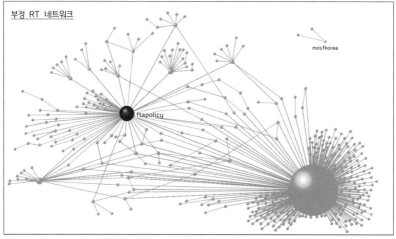

부정 RT 네트워크

▲ 검정 원은 정부 계정, 파란 원은 FTA 관련 RT 계정
   파란 선은 FTA 관련 RT 경로, 검정 선은 일반 정책 관련 RT 경로
▲ 외교부 통상교섭본부의 계정: ftapolicy
자료: 소셜 매트릭스, 조사기간 2011.11.17~11.24. 국회 비준동의일(11.22.) 전후

폭발적 양상을 보였다. 통상교섭본부가 발송하는 메시지에 부정 RT가
집중되었다. 거의 하루 종일 부정 메시지를 발송하거나 RT를 하는 트

위터리안도 있었고 그들의 IP 주소 일부는 중국 여러 지역에 분산되어 있어 놀라기도 했다.

가짜뉴스 신속대응팀

가짜뉴스 유포자는 '치고 빠지기' 수법을 구사했다. 괴담 수준의 허위 사실을 퍼뜨리고 정부가 반박하면 바로 주제를 바꿔 다른 허위 사실을 유포하는 방식이었다.

방치하면 가짜뉴스가 가짜뉴스를 재생산하는 극도로 혼란한 상태가 야기되고 그런 상황은 가짜뉴스 유포자들의 이해에 부합되었다. 사실관계에 대한 정보를 법적 근거에 기반을 두어 정확하고 신속하게 제공할 필요가 있었다. 통상교섭본부의 역할은 매우 중요했다. 나는 SNS를 통해 확산되는 가짜뉴스에 대응하기 위해 SNS 신속 대응팀을 꾸렸다. 매일 새롭게 나오는 가짜뉴스를 하나하나 SNS를 통해 해명하고 바로잡았다. 또한 왜곡된 언론보도에 대해서는 매일 보도자료를 통해 반박하고 해명해 나갔다.

또한 11월 말부터 이틀에 한번 꼴로 '의료비, 약가인상 문제와 의료민영화 문제', '투자자·국가 소송제도(ISD)', '지식재산권 제도', '공공정책 무력화', '불평등 조약' 등에 대한 심층 브리핑을 했고 외교부 출입기자들과 시간제한 없이 질의응답을 하는 기회를 가졌다. 또한, 브리핑 동영상과 함께 관련자료를 제공하고 통상교섭본부가 2011년 중 발표한 해명과 반박자료를 웹사이트에 올렸고 책자로 묶어 출판했다. 600쪽에 달했다. 매우 드문 사례였다. 2006년부터 비준이 종료될 때까지 정부는 250회가 넘는 국회보고, 7회의 공청회, 190회의 설명회, 100여 회의 토론회를 열었다. 투명성 확보는 좋은 일이지만 정치선전의 장으로 변질된 경우도 많았다. 과연 국가예산과 시간을 효율적으로 사용했다고 할 수 있을까?

박원순 서울시장과 법원판사의 왜곡

11월 들어 서울시는 '한·미 FTA 관련, 중앙정부에 보내는 서울시 의견서'라는 문건을 외교부에 보내면서 외교부가 수취하기도 전에 일방적으로 언론에 발표했다. 더욱이 ISD 관련 지방정부들의 취약점을 과장하여 오해를 부추길 소지가 있는 표현들이 다수 있었다. 박원순 서울시장이 당선되자마자 이명박 정부에 일격을 가하려는 의도로 해석됐다. 전체적으로 근거가 미약하고 과장된 우려를 포함하고 있었다. 강하고 구체적인 초동대응이 필요하다는 것을 직감했다. 다음날 나는 관계부처 차관보들과 합동브리핑을 하고 서울시가 지적한 사항을 조목조목 해명하고 반박했다.

12월 초에는 김하늘 판사의 글이 언론을 통해 보도되면서 비판세력에 불을 질렀다. 그는 법원 내부통신망에 "한·미 FTA는 사법주권 침해다"라는 주장을 폈고, 200여 명에 달하는 소장파 판사들이 댓글을 달면서 동조했다. 나는 법원 내부통신망에 올라와 있는 글을 받아 보았다. 미국 법체계에 대한 이해부족과 함께 국제법의 기본에 충실하지 않은 의견이 상당히 많았다. 다음날 정례 브리핑 계기에 연합뉴스 유경수 기자가 나에게 정부입장을 물었다. 나는 "내부통신망에 있는 글이 유출된 사항이어서 정부가 공식입장을 내는 것은 적절치 않다"고 전제하고, "현직 판사도 국민의 한 사람으로 개인적 의견을 표명할 수는 있으나, 실체적 사안에 대하여 균형 있는 사법적 판단을 해야 하는 법관의 역할을 고려할 때, 충분한 이해와 정확한 사실관계에 기초하지 않은 표명은 의도하지 않은 오해와 불필요한 사회적 여파를 가져올 수 있다"고 꼬집었다.

12월 13일 점심 이명박 대통령은 김종훈 본부장과 나를 비롯한 통상교섭본부 간부에게 오찬을 베풀고 그간의 노고를 치하했다. 12월 19일 정오 북한 김정일의 사망으로 긴급 안보장관회의가 소집되고 비상근무령이 발령되면서 한·미 FTA에 대한 언론의 관심은 급격히 감소했다. 12월 30일 아침 김성환 장관이 전화로 박태호 교수가 신임 통상교섭본부장으로 내정되었다고 알려왔다. 나는 이취임에 필요한 조치를 취한 후 한·중 FTA 사전 준비 협의를 위해 북경 출장길에 올랐다.

5. 이행협의와 발효를 위한 마무리 작업

미국과의 이행협의 실체와 위험

국회의 비준동의가 협정발효를 위한 마지막 관문이 아니었다. 넘어야 할 고비가 또 있었다. 일반적으로 국회의 비준동의와 국내 이행법령을 정비하면 협정이행을 위한 준비는 종료되며 상대국의 이행법령을 확인하는 것은 불필요한 절차다. 합법적으로 체결된 국제협정을 이행하는 것은 당사국의 책임이기 때문이다. 우리나라는 한·미 FTA의 국회 비준동의와 함께 협정이행을 위해 23개 법률을 개정했고, 관련 시행령과 시행규칙의 개정작업도 마무리 단계였다.

그러나 미국의 시스템은 달랐다. 미국의 FTA 이행법은 '대통령은 협정 상대국이 협정이행을 위한 조치가 완료되었음을 확인한 이후에 발효를 위한 서한을 교환할 것을 규정'하고 있다. 이것은 미국이 체결한 모든 통상협정의 연방이행법에 포함된 표준문안이다. 과거 사례를 보면 미국은 상대국의 이행법령이 협정과 합치되는지 여부를 확인하는 절차를 통해 상대국의 이행입법의 내용에 간섭하거나 협정의 모호한 부분을 재해석해왔기 때문에 악명이 높은 절차였다. 그런 의미에서 통상전문가들은 미국의 이행검증 작업을 새로운 협상이라고도 했다.

이 작업은 한두 달에 끝나는 경우도 있지만 여섯 달 이상 소요되기도 했고 미·중미 FTA(DR-CAFTA)의 경우 3년을 넘기기도 했다. 호주는 의회가 양국 FTA 협정이행을 위한 국내 이행법을 통과시켰음에도 불구하고 6개 법령의 추가개정을 추진한다는 호주 통상장관의 서면약속을 받고서야 협정발효에 합의한 바 있다. 나는 미국과 이행협의에 임하면서 두 가지 문제에 유념했다. 첫째, 우리 정치의 특성상 국회 비준동의가 완료된 협정에 대해서는 조기발효를 채근하기 십상이고, 미국이 이를 역이용하여 추가요구를 해 올 개연성에 대비한다. 둘째, 다른 나라처럼 법령개정을 약속하는 굴욕적인 서한은 쓰지 않는다. 그러기 위해 선제적인 이행협의를 준비한다. 미국에 대해서는 상호주의 원칙을 요구했다. 다시 말하면 미국이 우리의 이행법 체제에 대한 검증을 요구한다면, 우리도 미국의 이행법 체제를 검증하겠다고 주장했고 관철시켰다.

복잡한 이행협의와 한국의 조급증

우리는 2011년 2월 추가협정 서명 후 국회비준과 이행법안을 먼저 준비하고 있었고 미국 이행법안에 대한 검토는 이행법안 초안이 공개된 6월 말부터 시작했다. 미국의 통상협정 이행법 체계는 방대하고 복잡했다. 우리에게 공세적 이익이 있는 부분에 대한 논리와 법적자료를 준비하는 동시에 방어에 필요한 문건도 준비했다. 나는 커틀러 대표보와 미결이슈 및 절차사안에 대하여 합의를 해야 했다. 우선 미결현안들은 고위급의 결정이 필요한 이슈와 명확화 작업만으로 충분한 이슈를 분류했다. 미국은 협정의 의무이행을 위한 한국의 국내규정, 협정의 관세율 적용과 통관절차에 관심을 가졌고, 특히 분야별로는 농축산물 TRQ 이행방안, 동의의결제, 의약품 독립적 검토절차에 각별한 관심을 보였다. 우리는 미국의 원산지 규정, 세관절차 규정, 특산품 이전과 물품수수료 철폐 등 분야에 관심을 두었다. 또 하나의 장애물이 나타났다. 협정의 발효시점과 합의형식을 정하는 일이었다. 미국은 이행협의 종료를 확인하는 양국의 서한교환이 이루어진 후에야 대통령의 포고문을 발표하고 그 후 비로소 상대국 정부와 협정발효 날짜를 지정하는 서한교환을 할 수 있다. 예측가능한 발효날짜를 정하기 어려운 여건이었다.

　우리 정치권과 업계는 미국식 이행협의의 실체와 복잡성을 알지 못하고 이행협의의 조속한 마무리를 주문했다. 미국은 한국의 조급증을 최대한 역이용하면서 청와대와 통상교섭본부를 비롯해 정치권 요로를 압박해 왔다. 예상했던 수순이었다. 1월 말 나는 로스앤젤레스 인근 산타모니카에서 커틀러 대표보와 마주 앉았다. 미국은 상대국의 법령을 모두 영문으로 번역하여 검토해야 하는데 연말휴가로 한국의 이행법령에 대한 번역이 지연되었다. 또한, 협정이행을 위한 행정조치 준비가 매우 느리게 추진됐다. 미국이 취할 행정조치로 국제무역위원회(USITC), 세관·국경보호국(CBP) 및 섬유협정이행위원회(CITA) 등 개별기관의 규정을 제정하거나 개정해야 했다. 그러나 미 국내법 절차상 이런 행정조치의 공포는 발효를 위한 각서교환 이후에 이루어지기 때문에 협정상대국이 사전에 그 내용을 검토하기가 까다로웠다.

동의의결제와 독립적 검토절차를 둘러싼 갈등

이행협의 과정에서 '동의의결제'와 '독립적 검토절차' 문제를 둘러싸고 해묵은 갈등이 재연되었다. 미국은 두 문제를 해결하지 않으면 협정발효를 미루겠다고 압박해 왔다. 동의의결제(consent order)는 공정거래법 위반에 대한 공정거래위원회의 조사, 심의과정에서 기업이 스스로 시정방안을 제출하면 공정위와 피심인의 합의하에 당해 행위를 시정하고 사건을 종결하는 제도이다. 한·미 FTA는 동의의결제의 적용범위를 행정적·민사적 제재로 한정하고 있다. 미국은 개정된 한국의 공정거래법이 행정적 제재대상이 될 수 있는 부당한 공동행위(cartel)까지 동의의결제의 적용범위에서 제외하여 한·미 FTA의 규정보다 적용범위를 축소했다고 주장했다. 미국의 주장은 연성 카르텔과 경성 카르텔을 구별하여 처리하는 미국의 제도를 기반으로 하고 있었으나 우리 법체계에서는 그대로 수용할 수 없었다.

다음 쟁점은 '독립적 검토절차' 규정이었다. 우리나라 건강보험제도상 의약품은 건강보험심사평가원(심평원)이 제약사의 신청을 받아 자체적인 경제성 평가를 통하여 보험등재 여부를 결정하고, 국민건강보험공단이 이 평가를 기초로 제약사와 약값을 협상한다. 그런데 미국은 가격산정과 급여 여부를 결정하는데 모두 독립적 검토절차가 적용되어야 한다고 주장했다. 즉, 경제성 평가결과는 물론 약가협상 결과에 대해서도 독립적 검토절차의 신청이 허용되어야 한다는 입장이었다. 그러나 복지부는 가격산정이란 약가협상을 포함하지 않는 보건당국의 직권결정만을 의미한다는 입장을 견지했다. 우리 규정은 의약품의 보험

등재를 위해서는 반드시 약가협상을 거치도록 하고 있는데 만일 그 협상 결과가 모두 재검토 대상이 된다면 제약사들은 약가협상 타결에 신축성을 보이지 않을 것이 명약관화했다. 이 요구도 수용할 수 없었다.

한·미 양국은 이행협의의 조기 마무리에는 공감했지만 양국의 국내 사정이 녹록치 않았다. 한국은 총선 등 국내 정치일정과 여타 FTA 협상 추진일정과의 관계도 고려해야 했다. 새해 들어 야당은 공세를 재개했다. 한명숙 열린우리당 대표는 "협정발효 이전에 재협상을 하여 독소조항을 제거하지 않으면 총선 후 집권하면 한·미 FTA를 폐기하겠다"는 요지의 오바마 대통령과 미 의회 앞 서한을 직접 주한 미 대사관에 전달했다. 과도한 조치였다. 한편 미 행정부도 관련 업계 및 의회의 지속적인 압박에 시달리고 있었다. 더욱이 백악관은 한·미 FTA의 발효시점이 3월로 예정된 오바마 대통령의 방한보다 늦어서는 안 된다는 심리적 마지노선을 가지고 있었다. 양측은 수인(囚人)의 딜레마(dilemma)에 처했다.

외부의 복잡한 압력과 개입에도 불구하고 나와 커틀러 대표보는 절충점을 찾기 위해 집중적인 협의를 했다. 결국, 동의의결제와 독립적 검토절차를 둘러싼 복잡한 승강이는 우리 원안대로 정리되었다. 여타 미결이슈를 짚어 나갔지만 일부 쟁점을 제외하고는 양측의 이행조치들은 대체로 양호했다. 2월 중순 시애틀에서 열린 최종 이행협의에서 나는 커틀러 대표보와 미결이슈를 'What-if 대화' 형식으로 정리해 나갔다. 협상 용어로 비대화(non-conversation)로 불리기도 하는데 지퍼를 잠그듯 전체 패키지를 정리해 가는 작업이었다. 2월 20일 나와 커틀러 대표보는 "이행점검 협의결과는 협정상 당사국의 어떠한 권리와 의무도 변화시키지 않는다"는 사항을 구두로 합의했다. 다음날 이행법령 목록을 포함하는 '서한교환(exchange of letters)' 문건과 협정발효 날짜를 3월 15일로 하는 '각서교환(exchange of notes)' 문건에 합의함으로써 발효를 위한 긴 여정이 마무리됐다.

협정발효와 교섭대표직 이임

한·미 FTA는 2012년 3월 15일 0시를 기해 정식 발효했다. 미국은 백악관에서 축하 리셉션을 했다. 커틀러 대표보는 내가 불참하여 아쉽다는 메일을 보내왔다. 커크 대표는 "대통령 전용기를 타는 것은 즐거운 일이지만 2010년 11월 서울 G-20 정상회의 직후 성과 없이 전용기를 탔을 때처럼 가슴이 서늘한 때가 없었다"고 회고했다. 우리나라는 발효를 기념하는 공개행사 대신 통상교섭본부 직원들끼리 간단한 다과로 덕담을 나누었다. 저녁에는 박태호 본부장을 비롯한 통상교섭본부 간부들과 한·미 FTA 발효 기념으로 미국산 와인을 15% 할인 판매하는 식당에 모였다. 소믈리에(sommelier)는 캘리포니아 소노마 지역의 삐노누와(Pinot Noir)를 추천했다. 와인의 라벨은 '포그독(Fogdog)'이었다. 포그독은 안개가 걷히면서 보이는 유난히 밝은 곳을 칭한다. 그는 "오늘이 한·미 FTA에 서광이 비치는 날이라 특별히 이 와인을 선택했다"고 말했다.

협정발효로 한 고비를 넘겼으나 임박한 총선을 앞두고 정치공방이 재연되었다. 그러나 발효가 기정사실화되면서 반 FTA 정서가 한층 누그러졌고 온라인을 통한 반대여론도 상대적으로 약했다. 정부 차원에서는 발효 후속조치를 추진해 나갔다. 'FTA 무역종합지원센터, 업종별 협의회, FTA 활용지원센터' 등을 운영하면서 컨설팅을 제공했고, FTA에 대한 정보와 교육, 홍보에 중점을 두었다. 농어업 및 중소기업 등 취약 분야의 경쟁력 강화대책과 10년간 24조 원의 재정투자와 30조 원의 세제지원을 포함한 여야 간 합의사항 이행에도 중점을 두었다. 그리고 ISD 재협의 준비와 아울러 제1차 공동위원회 준비를 했다.

5월 중순 한·미 FTA 발효 후 제1차 장관급 공동위원회가 워싱턴에서 열렸다. 협정이행에 관한 양국의 공식적인 점검 차원의 회의였다. 공식 회의가 끝난 다음 날 새벽 나는 대사관 건물이 위치한 매사추세츠 애비뉴를 걸었다. 지난 6년간의 굴곡들이 주마등처럼 지나갔다. FTA 교섭대표로서 내 소임은 끝났다. 한편 워싱턴에서는 또 다른 충격파가 만들어지고 있었다. 미국의 사모펀드인 론스타(Lonestar)가 한·벨기에 투자보장협정 조항에 근거하여 한국 정부를 상대로 ISD 중재재판 절차를 취하겠다는 의향서를 제출한 것이다. 한·미 FTA와는 무관한 사건이었으나 ISD를 둘러싼 논란임에 비추어 그 추이가 주목을 받을 수밖에 없었다.

커틀러 대표보가 방한했다. 내 집무실에 마주 앉았다. 양국은 늘 민감한 통상의제를 안고 있었다. 그만큼 밀접하고 건강한 관계라는 반증이었다. 그러나 이번은 작별을 위한 만남이었다. 화룡점정의 순간까지 졸여왔던 긴장과 소회가 밀려왔다. 나도 커틀러 대표보도 울컥했다. 지난 6년간 커틀러 대표보와 직·간접적으로 일했다. 물론 그녀의 한국 측 협상 파트너는 여러 번 교체되었다. 나는 FTA 교섭대표 자리를 내놓고 몇 달 뒤에 주 제네바 대사로 떠날 예정이었다. 커틀러 대표보는 한·미 FTA의 부담에서는 해방되었으나, USTR 부대표 대행직을 맡으면서 일본의 TPP 참여 관련 이슈를 비롯한 다른 책임이 커지고 있었다. 협상 파트너란 치열한 협상을 앞두고 늘 껄끄럽지만 결국 같은 종착역을 향해 가는 동반자이기도 하다. 우리는 늘 이런 이야기를 나누곤 했다. "나의 문제는 곧 너의 문제가 되고 너의 문제는 곧 나의 문제가 된다. 그러므로 어떤 문제가 제기되어도 나와 상대의 여건을 정확히 교감한 뒤 해법을 모색해 나간다."

커틀러 대표보는 온화한 성품을 가졌지만 내부 통솔력이 뛰어나고 강인한 협상가였다. 그러나 USTR의 전형적인 냉혹한 협상가는 아니었다. 오히려 상대편의 처지를 이해하고 양측에 이익이 되는 해법을 찾으려 부단히 노력하는 인간적 면모를 지녔다. 그녀는 문제의 핵심을 꿰뚫는 강한 직관력을 가지고 상대를 설득했고 상대를 압박할 때는 미국이 가진 힘을 최대한 활용하여 미국의 이익을 확보하고자 했다. 이런 훌륭한 협상가와 수년 간 신뢰를 바탕으로 국가적 대사를 협상할 기회를 가진 것은 내게 행운이었다.

발효 후 한·미 FTA는 양국의 무역과 투자확대에 기여했다. 그러나 트럼프 대통령은 취임 후 '끔찍한 협정(terrible agreement)'이라 비난했다. 한때 협정 폐기 통고문이 백악관 오벌 오피스에서 대통령의 재가를 기다리는 위기를 맞기도 했으나 2018년 자동차 부문에 국한된 미세한 개정으로 갈등이 봉합됐다. 발효 10년차를 맞는 한·미 FTA는 전반적인 업그레이드가 필요하다. 그간 USMCA, 미·일 FTA와 CPTPP 협정 등에서 한·미 FTA가 규율하지 않는 새로운 규범이 도입되었기 때문이다. 업그레이드 작업은 전통적 민감 분야인 농업을 비롯하여 디지털 무역과 노동 및 환경 분야에 걸쳐 망라돼 있어 추가 개정 협상을 위해 철저한 준비가 필요할 것이다.

05

한·EU FTA 마무리 협상과 비준 현장

한·EU FTA는 2007년 5월 협상개시 후 2010년 10월 정식 서명했다. 그리고 2011년 5월 국회비준동의를 거쳐 7월 1일 발효했다. 한·미 FTA보다 다소 늦게 협상을 개시하고 타결도 늦었지만 국회비준과 발효는 오히려 먼저 이루어졌다. 두 개의 거대한 FTA는 협상개시 단계부터 발효까지 견제와 균형을 유지하면서 상호 영향을 미쳤다. 한국은 한·미 FTA를 벤치마킹하여 EU와 협상을 추진하는 동시에 EU와 협상이 한·미 FTA의 조기비준을 촉진시키기를 기대했다. EU로서도 미국의 압박으로 타결된 한·미 FTA의 합의사항을 EU에 동등하게 적용받을 수 있다는 전략적 계산을 하고 있었다.

한·EU FTA는 먼저 타결된 한·미 FTA와 그 구조나 개방 정도가 유사했다. 그러나 국가연합체로서 EU의 속성과 특유의 역사적 배경 때문에 투자규정, 서비스 양허방식, 지리적 표시, 비관세조치 규정은 물론 통상정책의 결정과정과 비준절차에서도 미국과 많은 차이를 보였다. 한편 그 내용과 개방정도가 한·미 FTA와 대동소이했지만 협상과 비준과정은 비교적 순조로웠다. 이런 연유로 한·EU FTA는 '착한 FTA'라 회자되기도 했다. 협상을 담당했던 직원들은 한·미 FTA와 꼭 같이 어려운 협상을 했음에도 여론의 관심이 적어 맥빠진다는 푸념도 했다. 그러나 번역오류로 촉발된 협정의 비준과정은 한 치 앞을 내다보지 못할 정도로 거칠고 위태로웠다.

협상이 출범하고 타결을 거쳐 가서명되는 기간에 나는 주미대사관 경제공사와

DDA 협상대사로서 간접적으로 관여했고, 2010년 FTA 교섭대표로 부임하면서 가서명된 한·EU FTA의 서명절차와 국회 비준동의를 거쳐 발효까지 마무리하는 책임을 맡았다.

1. FTA 교섭대표의 빛과 그림자

지체된 발령과 FTA 교섭대표의 최우선과제

워싱턴에서 귀국한 후 약 1년여 DDA 협상대사직을 맡은 후 2010년 6월 FTA 교섭대표로 발령을 받았다. 다른 보직을 맡아 달라는 정계 고위인사의 강력한 요구로 발령 절차가 서너 달 지연됐다.

FTA 교섭대표로서 당면과제는 오래전 타결된 미국 및 EU와의 FTA 비준을 마무리하는 것이었다. 한·미 FTA는 자동차 분야의 추가 협상을 거쳐 비준을 추진하면서 과거 협상과정에서 노정됐던 반미세력들의 조직적인 저항에 직면해야 했다. 한·EU FTA는 정치적 갈등은 적었지만 번역오류라는 뜻밖의 복병으로 비준동의를 마무리하기까지 어려운 길을 걸어야 했다. 다음 과제는 동북아 FTA의 추진기반 확보였다. 일본과의 FTA 협상재개를 위한 여건을 조성하는 동시에 중국과의 FTA 협상을 개시하기 위한 절차를 취하고 동시에 한·중·일 FTA 협상의 추진 기반을 확보하는 일이 시급했다.

경제규모가 큰 국가가 참여하는 메가 FTA들은 협상과정에서는 물론 서명과 비준추진 과정에서 상호 경쟁적으로 작용했다. 선점의 이익과 피선점(被先占)의 불이익이란 원리 아래 견제와 균형을 모색하려는 힘이 강하기 때문이다. 2003년 개시된 한·일 FTA 협상은 중국의 관심을 유발했고 중국과의 FTA 협상개시 움직임은 일본은 물론 미국과 EU 도 자극했다. 한·미 FTA는 EU를 자극했고 한·EU FTA의 비준이 속 도를 내자 역으로 미국을 자극했다.

FTA의 외연 확장에도 관심을 쏟고

나는 FTA 네트워크의 외연확장에도 관심을 쏟았다. 당시 진행 중 이던 한·페루, 한·콜롬비아 및 한·터키 FTA 협상을 타결하고 이미 발효된 협정의 이행에도 간여했다. 한·페루 FTA는 한글본 재검독을 거쳐 국회 비준동의를 마쳤다. 이런 파트너들과의 FTA 협상은 국장이 관장했다. 그리고 2012년에는 인도네시아와 베트남과 FTA 협상개시를 선언했다. ASEAN 국가 중 자원부국이면서 우리와의 경제협력이 심화 되고 있는 국가들이었다. 인도, 아세안, 칠레 및 EFTA와 이미 체결한 FTA의 업그레이드 문제도 검토했다. 한편, TPP 협상에 우리나라의 참 여 가능성을 상정하면서 협상동향과 함께 관찰하고 TPP의 상업적 및 전략적 함의를 검토했다.

호주, 캐나다, 뉴질랜드와의 FTA 협상은 90% 이상 진척되었으나 각각 민감한 정치 현안을 한두 개씩 안고 있었다. 호주의 경우 노동당 정부가 ISD 조항 포함에 반대하여 타결의 접점을 찾지 못했다. 협정문 이 거의 완성단계였으나 화룡점정을 찍지 못했다. 캐나다의 경우 한·미 FTA 추가협상 결과를 기다리고 있었고, 캐나다의 쇠고기 수출문제와 한국 자동차 수입문제로 양자 갈등이 있었다. 캐나다의 근거 없는 고압 적 태도도 협상을 지연하는 데 기여했다. 뉴질랜드에 대해서는 수출할 물건이 적은 반면 농산물 수입을 확대해야 하는 이익 불균형 문제가 잠복하고 있었다. 이런 구조적인 장애요인들을 해소하기 위해 많은 노력을 기울였으나 당장 해법을 찾기 어려워 여건이 호전되기를 기다리기로 했다.

내부조정과 대통령의 관심이 필요한 이유

대외협상이 성공하기 위해서는 원만한 내부조정이 전제돼야 한다. 그런 점에서 기재부 장관이 주재하는 대외경제장관회의는 유용했다. 대외협상 포지션에 대한 조율과 아울러 국내 이해당사자의 피해대책을 동시에 협의하는 자리였기 때문이다. 문재인 정부가 들어서서 폐지됐지만 쟁점 현안을 조정하는 비공식 서별관 회의도 훌륭한 토론의 장이었다. 서별관 회의가 회의록을 남기지 않는 불투명한 회의체라고 비판을 받자 폐지한 것은 '빈대 잡으려 초가삼간 태운 격'이었다. 대외협상을 준비하는 과정은 치열하게 회의 기록을 남기지만 비공식적인 협의가 있어야 허심탄회한 토론을 하고 내부적인 갈등을 원만히 조정할 수 있기 때문이다.

FTA의 교섭과 비준을 추진하는 과정에서 교착상황이 되면 대통령이 풀어야 하는 때가 자주 있었다. 한·미 FTA의 협상과정에서 쇠고기와 자동차 등 쟁점이슈로 교착되었을 때 노무현 대통령과 부시 대통령 간 협의를 통해 실마리를 찾곤 했다. 2010년 추가협상과 2011년 비준동의 추진과정에서 이명박 대통령은 김종훈 본부장과 나를 불러 쟁점이슈를 경청하고 소인수 장관회의를 통해 쟁점을 정리했다. 또한 비준동의 완료 후 미국의 제약업계가 '독립적 검토절차'의 적용 확대를 주장을 하면서 전방위 압박을 해 올 때에도 명쾌한 교통정리를 했다. 당시 한·EU FTA 협정의 비준과 한·중 FTA 협상의 개시 과정에서도 대통령의 정상외교 역할이 컸다.

한편 박근혜 정부는 미결현안이 많았음에도 막판 담판에 힘을 실어주기는커녕 한·중 정상회의에 직전까지 한·중 FTA 협상의 조기타결을 지시했다. 결과는 우리에게 불리할 수밖에 없었다. 진행중인 실무협상 상황을 정확하게 파악하지 않고 대통령이 국내 정치적 이유로 개입하면 협상을 그르칠 수 있다는 단적인 사례라고 할 수 있다.

FTA 교섭대표의 그림자

교섭대표로 국가대사를 다루는 것은 분명히 보람 있는 일이었다. 국회에 불려가 말도 안 되는 야단을 맞고 고초를 겪어도 공직자의 책무려니 했다. 언론의 비판도 달게 받고 정당한 해명과 반박으로 대응했다. 정당한 비판은 협상현장에서 지렛대로 활용하기도 했다. 그러나 가짜뉴스를 집요하게 생산·재생산하고 유포·재유포하는 기성언론, 온라인 매체 그리고 일부 정치인들의 행태는 도를 넘고 악의적이었다. 그들은 협상대표를 '현대판 을사오적'으로 몰아세우는 데 주저하지 않았다.

협상과 비준과정에서 대통령을 비롯한 많은 분들이 격려해주었다. 그런가 하면 정부는 물론 외교부 안에서조차 협상 팀의 전술과 전략을 훼손하는 행위가 적지 않았다. 내부조율이 대외협상보다 복잡한 경우도 많았다. 위키리크스에 공개된 주한 미국대사관의 전문보고는 국내 유력인사들이 내부정보에 속하는 내용을 미국에 제공했다는 것을 시사하기도 한다. 또한 해외공관은 주재국의 이해를 어느 정도 대변해야 하지만 과도하게 국내정치권과 권력에 호소하는 행위로 협상전선에 혼선을 초래한 경우도 있었다.

마지막으로 협정문의 번역오류 문제를 수습하면서 겪었던 고뇌와 어려움은 또 다른 어두운 그림자였다. 이것은 별도의 장에서 기술한다.

2. 한·EU FTA의 마무리 협상과 서명

착한 FTA의 힘겨운 행보

한·EU FTA는 이미 타결된 한·미 FTA를 벤치마킹했기 때문에 개방수준이 유사했다. 그러나 한·미 FTA 추가협상이 진행되면서 EU 측은 무척 초조해했다. 특히 자동차 규정에서 미국이 유리한 조건을 확보하는 경우 EU 수출자들이 한국 시장에서 미국 수출자보다 불리한 여건에 처할 우려가 있기 때문이었다. 나는 이를 간파하고 한·미 FTA 추가협상을 추진하면서 EU와도 긴밀히 협조했다.

이 '착한 FTA'도 서명과 비준동의 과정은 순탄치 않았다. 한국은 한·미 FTA 서명 이후 미국 쇠고기 협상의 후폭풍을 겪으면서 미국과 통상마찰에 정치적 관심이 집중되어 상대적으로 한·EU FTA에 대해서는 관심이 저하되어 있었다. 반면 EU 측은 자동차 등 민감성을 보호하려는 이익단체 및 일부 회원국의 극심한 반발에 부딪쳐 서명부터 비준동의까지 여러 번 고비를 넘겨야 했다. 먼저 유럽자동차제조업자협회(ACEA)는 회원사인 피아트(Fiat)와 유럽에 진출한 일본 자동차 업계의 압박으로 조직적이고 악의적인 한·EU FTA 서명 반대 로비를 전개했다. 당시 한국 자동차업계는 ACEA 가입 전이었기 때문에 이들의 방해를 원천적으로 차단하기는 어려웠다.

한편 이탈리아는 한·EU FTA로 한국 자동차의 가격경쟁력이 강화되면 피아트의 시장점유율이 하락할 것을 우려하여 한·EU FTA 관련 무역정책위원회(TPC) 논의과정에서 유보입장을 견지했고 협상타결 선언 직전까지 반대했다. 또한, EU측은 가격경쟁력이 있는 중국 제품이 한국에서 가공되어 EU로 수출되면서 관세환급은 물론 특혜관세 혜택까지 받는 상황을 우려하면서 한국과 대립각을 세웠다. 결국, 2009년 6월 말 열린 통상장관회담을 통하여 관세환급에 따른 세이프가드를 도입하면서 마지막 쟁점을 해소했다.

그러나 이탈리아 및 폴란드 등 일부 회원국들의 반대로 협상타결을 선언할 수 없었다. 이런 정치적 교착을 타개하기 위해 이명박 대통령은 2009년 이탈리아 라퀼라에서 개최된 G-8 확대 정상회의 계기에 폴란드, 이탈리아 및 스웨덴을 순방했다. 정상회담을 통하여 폴란드와 이탈리아를 설득하고 EU 의장국인 스웨덴에서 열리는 정상회담 계기에 협상타결을 선언할 수 있었다. 그 후에도 문제는 불거졌다. 2009년 12월 1일 리스본 조약의 발효로 유럽연합의 권한이 강화되었고 이런 법적지위의 변화를 반영하여 그 이전에 타결된 한·EU FTA 협정문 내용도 수정해야 했다. 물론 기술적인 수정이었다.

자동차 문제와 협정서명의 지연

협정은 타결되었으나 한국이나 EU 모두 서명을 위한 국내절차는 완료하지 못했다. 우리 국회는 먼저 비준을 추진할 동력이 없어 EU 측의 선비준을 희망했다. EU는 2010년 9월 유럽이사회를 개최하여 한·EU FTA의 정식 서명에 대한 승인을 결정할 계획이었다. 그러나 당시 27개 회원국으로 구성된 EU의 정책결정구조는 매우 복잡했다. EU는 유럽집행위원회(European Commission), 유럽이사회(European Council) 및 유럽의회(European Parliament)라는 3원적인 구조로 집행위원회와 유럽이사회가 행정부의 역할을 하면서 협정의 서명을 담당하고 있었다.

특히 이탈리아가 협정의 서명과 발효의 연기를 주장함으로써 합의 도출에 애로를 겪었다. 한편, 유럽의회는 세이프가드의 조사 및 발동에

EU의 통상협정 체결절차

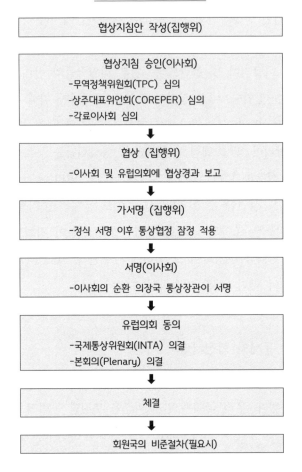

관한 EU 집행위원회와 개별회원국 간의 권한을 사전에 명료화하는 문제로 갈등을 빚었다. 이런 갈등에는 세이프가드 이행법을 한·EU 간 협정문 합의사항보다 강화하려는 자동차 업계의 로비와 발효를 늦추려는 일부 회원국의 개입도 한몫 했다. 또한 유럽의회는 한·EU FTA 세이프가드 이행법안을 처리한 이후에 한·EU FTA 비준동의안을 처리하

겠다는 입장을 고수했다.

나는 2010년 7월 브뤼셀을 방문하여 이그나시오 베르세로(Ignacio Bercero) EU 측 대표와 한·EU FTA 수석대표회의를 열고 유럽집행위원회, 유럽이사회 및 유럽의회 간 3자 협의 주요 당국자를 차례로 접촉했다. 데이비드 오설리번(David O'Sullivan) EU 통상총국장과는 한 시간 이상 협의했다. 그는 해박한 지식과 정치감각을 가진 관리였다. 비탈 모레이라(Vital Moreira) INTA 위원장을 비롯하여 주요 의원들과도 접촉했다. 이들은 복잡한 유럽정치의 변수를 배제하지 않으면서도 서명과 비준에 조심스런 낙관을 하고 있었다. 무엇보다도 유럽의회 의원들의 겸손하고 소탈한 언행에 신선한 충격을 받았다.

발효시기를 연기하려는 이탈리아의 몽니

이탈리아는 국내 상황을 이유로 협정의 잠정발효 시기를 2012년 1월 1일 이후로 연기할 것을 주장하면서 EU 이사회의 결정을 계속 지연시켰다. 한·EU FTA의 조기 서명이 불발되면 한·미 FTA의 비준추진도 영향을 받을 수밖에 없는 현실이었기 때문에 한국과 EU 지도부는 긴장했다. 나와 베르세로 수석대표는 거의 매일 전화로 상황을 점검했다. 김종훈 본부장은 브뤼셀을 전격 방문하여 EU측과 진전 사항을 조율했다. 드 휴흐트(De Gucht) 집행위원도 EU 주요국의 각료들과 접촉했고 양측 정상들도 직접 개입했다. 이명박 대통령은 9월 6일 당시 EU 의장국인 이브 레테름(Yves Leterme) 벨기에 총리와 긴급 통화를 하고 이탈리아를 제외한 26개 EU 회원국들과 함께 이탈리아를 적극적으로 설득하기로 합의했다.

9월 10일 EU는 27개 회원국 관계장관 특별이사회를 열어 한·EU

FTA 승인 여부를 논의했으나 이탈리아의 반대로 승인이 연기됐다. 9월 10일 이명박 대통령은 실비오 베를루스코니(Silvio Berlusconi) 이탈리아 총리와 함께 러시아가 주최한 '야로슬라블 세계정책포럼'에 참석했다. 그 날 저녁 드미트리 메드베데프(Dmitry Medvedev) 러시아 대통령이 주최한 만찬이 끝날 무렵 이 대통령은 와인 잔을 들고 베를루스코니 총리와 어깨동무 대화를 했다. 내가 받은 보고는 "베를루스코니 총리는 2012년 1월 1일 이후 협정발효를 희망하는 이탈리아의 주장을 철회하겠다는 의사를 이 대통령에게 밝혔다"는 것이었다. 일은 원만히 풀려가는 듯했다.

그러나 9월 16로 예정된 EU 이사회 하루 전날 베르세로 EU 협상 대표가 나에게 다급히 전화를 했다. "이탈리아 측에 의하면 '야로슬라블에서 한국 대통령이 2012년 1월 1일 발효에 관한 이탈리아 입장을 수용했다'고 주장한다"는 것이었다. 기막힌 상황이었다. 또 "3시간 후 EU 내부입장 정립을 위한 긴급회의가 열릴 예정이니 그 전에 한국의 입장을 달라"고 했다. 당시 정상간 대화에 배석자가 없었기 때문에 확인할 수 있는 사람은 대통령 밖에 없었다.

나는 급히 김태효 대외전략 비서관에게 전화를 하여 자초지종을 설명하고 야로슬라블에서 정상 간 협의내용을 확인해 달라고 부탁했다. 김 비서관은 "대통령께서 정상순방을 마치고 귀국하신 후 휴식 중입니다"라고 하면서 난감해 했다. 내가 EU쪽 사정이 급박하다고 채근하자 김 비서관은 수면 중인 대통령을 깨웠고 "당시 통역 없이 직접 대화를 하셨고 이탈리아 총리가 자국입장을 철회한다고 대통령께 약속했다"는 입장을 재확인해 주었다. 결국 이탈리아가 유보입장을 철회함으로써 EU 이사회는 한·EU FTA를 승인했다. 그리고 10월 6일 한·EU

정상회의 계기에 브뤼셀에서 정식 서명하면서 양측 입법부의 동의를 전제로 2011월 7월 1일 잠정발효로 최종 확정했다.

잠정적용 문제와 입법권 침해 소동

한·EU FTA의 발효를 왜 잠정발효(provisional application)라고 하는가? 28개 회원국으로 구성된 EU라는 특수한 형태의 공동체의 속성에 기인한다. 한·EU FTA는 잠정적용과 정식발효 규정을 두고 있다. 경제공동체를 추진 중인 EU는 대부분의 통상협상 대상이슈를 처리할 배타적 권한은 EU 공동체에 속하지만, 지재권 위반에 대한 형사집행 등 사법적 조치 또는 문화협력 규정 등은 EU 공동체와 회원국의 공동권한 사항에 속한다. 정식발효를 위한 각 회원국의 승인에 대개 2~3년의 시간이 소요된다. 그만큼 정식발효가 지연된다. 유럽연합은 이런 문제를 해소하기 위해 EU 공동체의 배타적 권한사항에 해당되는 협정조문에 대해서만 정식발효에 앞서 잠정적용을 관례로 해 왔다. 우리나라는 잠정발효에 관한 법절차가 없기 때문에 다른 절차를 택했다. 우선 한·EU FTA의 모든 규정에 대하여 비준동의를 받으면서 잠정발효의 예외조항을 명시했고 조약문 발효를 공포할 때도 예외조항을 명시하여 공포했다.

한편, 정부가 서명을 하면서 발효일자를 확정했다는 사실에 대하여 일부 언론과 야권에서 '행정부의 입법권 침해'라고 들고 나왔다. 근거없는 비판이었다. 협정의 발효는 국회비준이 필요하기 때문에 양측 입법부의 절차를 전제로 발효목표일을 합의한 것이다. 양측의 입법절차가 지연되는 경우 발효일이 미뤄지는 것은 당연하다. 발효일을 사전에 예고하는 것은 협정발효 즉시 특혜관세 혜택을 받는 업계 입장을 고려한 조치였다. 한국과 유럽 간 장기간의 운송시간을 고려하고 발효일에 맞추어 수개월 전에 생산하고 선적을 마쳐야 하는 업계로서는 예측 가능한 발효일을 절대 선호했다.

협정의 자기집행력과 불평등 조약 논란

한·EU FTA의 비준과정에서 불평등 조약을 체결했다는 논란이 제기됐다. 2010년 9월 16일 유럽이사회가 채택한 한·EU FTA의 서명과 잠정적용에 관한 결정 제8조는 '한·EU FTA가 EU 법원 또는 회원국 법원에서 직접 원용할 수 있는 권리·의무를 부여하는 것으로 해석되지 않는다'고 규정한 것이 발단이 된 것이다. 이 규정은 개인이 유럽 법원이나 개별 회원국 법원에서 한·EU FTA를 근거로 직접 소를 제기할 수 없다는 의미이지, 한·EU FTA의 EU 내 효력을 부인하는 것이 아니다. EU 내 판례는 WTO 협정의 자기집행력을 부인하고 있고, 유럽기능조약(TFEU)은 'EU가 체결한 국제조약이 EU의 각 기관과 회원국을 기속함을 명시적으로 규정하고, EU가 체결한 조약이 국내법령보다 우위에 있음'을 확인하고 있다.

똑같은 논란이 한·미 FTA 협상과 비준과정에서도 재연됐다. 상이한 법체계의 몰이해와 악의적 선동의지가 결합된 사건이었다. 미국이나 EU는 조약의 자기집행력을 부인하고 국내 이행입법에 근거하여 조약상 권리·의무를 이행한다. 그러나 국내 이행법을 조약과 합치되게 이행할 법적의무를 지게 된다. 다시 말하면, 조약을 근거로 국내 법원에 소를 제기할 수는 없으나 국내 이행법을 근거로 소를 제기할 수 있다. 반면, 우리 헌법 제6조는 '합법적으로 체결·공포된 조약은 국내법과 동일한 효력을 가진다'고 규정하고 있다. 조약을 근거로 국내 법원에 소를 제기할 수도 있다. 이렇듯, 각국의 법체계에 따라 조약의 국내 이행구조가 다르다고 해서 체결당사국이 조약상 권리·의무에까지 영향을 미치는 것은 아니다.

3. 한·EU FTA의 쟁점과 비준동의 추진

유럽의회와 세이프가드 이행법

EU는 한·EU FTA의 세이프가드 규정을 이행하기 위한 국내 이행법안을 입안했다. 자동차 업계 및 일부 회원국들이 협정규정이 미진하다고 판단해 이행법안의 강화를 요구하여 EU의 법안 심의절차는 지연되고 있었다. 한편, EU 집행위는 당시 한·미 간 진행 중인 추가 협상 내용에 촉각을 곤두세웠다. 특히, 자동차 세이프가드를 비롯하여 배출가스 및 안전기준에 관한 논의가 EU 측에 불리한 결과를 미칠 것에 대하여 매우 민감하게 반응했다. 나는 EU의 우려를 불식시키기 위해 한·미 간 협상 진전사항을 수시로 베르세로 수석대표에게 설명했다.

EU는 유럽기능조약에 따라 EU 집행위원회에 이행권한을 부여하는 동시에 유럽의회와 이사회는 일반 입법절차를 통하여 위임권한의 행사와 관련된 규범을 제정할 것을 규정하고 있다. 3자 간의 이런 권력관계를 코미톨로지(Comitology)4라 한다. 통합을 추진하는 EU의 독특

---

4 Comitology는 일반적인 이행조치 등 가중다수결에 따라 구속력 있는 결정을 하는 심사절차와 재적 과반수로 비구속적인 결정을 하는 자문절차로 구분된다. 한·EU FTA의 세이프가드 이행법안이 세이프가드의 조사 종결과 최종 세이프

EU의 이행법안 입법 절차

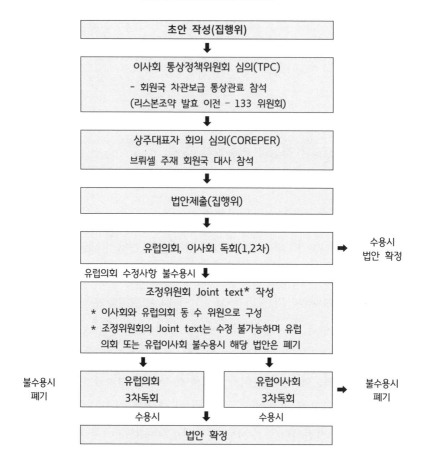

한 결정 메커니즘이었다. 이에 따라, 유럽집행위원회, 유럽이사회 및 유럽의회 간 3자 협의를 통하여 세이프가드 이행법안을 심의했다. 2010년 2월 집행위원회가 제출한 이행법안 제안서에 대하여 유럽의회 국제통상위원회(INTA)가 54개의 수정제안을 채택했다. 이 제안서 중에

가드 조치를 부과하는 것은 심사절차를 적용하되 세이프가드 조치의 이행과 관련된 절차사항은 자문절차를 적용하도록 규정하고 있기 때문이다.

는 자의적인 세이프가드 발동 및 적용 등 한·EU FTA와 상충되는 내용이 포함되어 있어 EU 내에서도 유보적인 목소리가 있었고 우리도 우려사항을 서면으로 제출했다. 세이프가드 이행법안은 같은 해 12월 3일자 협의에서 합의안을 도출했고 이듬해 1월 말 INTA 통과 후 유럽의회 본회의에서 압도적으로 통과했다.

기업형 수퍼마켓(SSM)을 둘러싼 갈등

한편 한국에서는 SSM 관련 갈등이 재연되고 협정의 경제적 효과, 피해보완대책을 비롯하여 관세환급과 무역위원회의 권한에 관한 우려들이 제기되었다. 건전한 비판과 우려도 있었으나 협정문에 대한 몰이해에서 비롯된 비생산적인 논쟁도 반복되고 있었다. 한·EU FTA의 서명과 비준 추진과정에서 논란이 많았던 문제가 바로 기업형 슈퍼마켓(SSM) 문제였다. 홈플러스 등 대형마트들이 직영 SSM을 경쟁적으로 개설하여 일반 슈퍼마켓과 재래시장의 상권을 잠식하자 2009년 7월부터 대·중소기업상생협력촉진법의 사업조정제도를 유통분야에 확대 적용했다. SSM 규제를 더욱 강화해야 한다는 목소리가 높아지자 국회는 전통시장과 골목상권보호라는 목표를 가지고 2010년 11월 여·야 합의로 유통법과 상생법 개정안을 통과시켰다. 유통법 개정안은 3년 간 한시적인 조치로 1,550개의 전통시장과 39개의 전통상점가에 인접한 500미터 이내를 '전통상업보존구역'으로 지정하여 SSM의 출점을 제한할 수 있도록 규정한 것이다. 한편, 상생법 개정안은 사업조정제도를 도입하여 SSM이 입점하기 위해서는 자율조정을 거치되 조정이 실패하는 경우 영업일시정지 명령 등을 내릴 수 있도록 규정했다.

그러나 이런 법령이 양자 및 다자간 통상협정에서 우리가 양허한 내용에 위배될 소지가 있어 논란이 가중되었다. 정부로서는 국회의 입법취지는 이해하지만 조약상 의무에 위배될 소지가 있는 입법을 방관할 수는 없었다. 더욱이 1999년부터 10년간 약 5.5조 원을 한국에 투자한 영국의 테스코 홀딩스(Tesco Holdings)는 수차에 걸쳐 SSM 관련법이 시행되면 시장접근 기회가 제한될 수 있다는 우려를 호소했다. 동시에 영국과 EU 집행위원회는 우리의 SSM 입점규제가 WTO 규범과 한·EU FTA에 위배될 수 있다는 우려를 강하게 표출했다. 반면 국회와 시민단체는 한·EU FTA가 발효되면 유통법과 상생법이 무효화되기 때문에 재협상을 주장하고 나섰다. 재협상은 반드시 상대편의 보상요구를 수반하게 마련이다. 설령 EU와 재협상이 성공한다고 하더라도 미국과의 FTA는 물론 WTO와 DDA에서 약속한 개방에서도 후퇴해야 하는 문제가 있었다.

국회 비준동의 심의가 막바지에 이를 때까지 SSM 문제와 피해보완 대책문제에 대한 여·야·정 협의가 난항을 겪었다. 결국 피해보전대책과 비준 후 SSM 관련 국내법의 실효적 운영을 약속했다. 유통법상 전통상업보전구역을 500미터에서 1킬로미터로 확대하고 일몰시한을 3년에서 5년으로 연장하는 데 합의함으로써 국회 비준동의를 위한 일괄타결이 이루어졌다. 유통법과 상생법이 시장접근을 과도하게 규제하지 않으면서 합리적이고 자율적인 운영을 추진해 나가는 것이 대외적 약속을 지키면서 SSM 문제를 해결할 수 있는 해법이 될 것으로 본다.

지리적표시와 역진방지조항 논란

협정의 비준 추진과정에서 자동차 연비 및 배출가스 문제, 지리적 표시(GI) 문제와 래칫(ratchet) 문제 등이 제기됐다. 자동차 연비와 배출가스 규제에 대한 EU의 우려에 대해서는 한·미 간 해법을 유럽산 수입차에도 적용함으로써 갈등을 해소해 나갔다. 여기서는 지리적 표시(GI)에 얽힌 에피소드를 소개한다.

GI는 상품의 특성, 명성 등이 지리적 근원에서 비롯되는 경우, 특정지역 또는 국가를 원산지로 하는 상품임을 명시하는 표시를 말한다. GI는 특정상품의 생산지 지명을 표시하고 보호하는데 신대륙에는 구대륙의 지명이 그대로 남아있어 식민 지배국과 피지배국 간 갈등이라는 특징도 가지고 있다. 한편, 미국은 한·EU FTA 체결로 인하여 한국 시장에서 이미 보호받고 있는 미국 브랜드의 이익이 침해되지 않을까 우려가 컸다. 우리나라는 구대륙과 이해를 공유할 이익이 없기 때문에 DDA 협상에서 신대륙 국가와 유사한 입장을 취해 왔다. 당연히 한·미 FTA에도 GI 보호에 관한 별도의 규정은 없다.

EU와 협상하면서 GI 문제와 관련하여 발생할 수 있는 법적 충돌 가능성을 정리할 필요가 있었다. 문제는 복잡했다. 결국 양측은 한·EU FTA 협정발효 이전에 이미 보호를 받고 있던 선행상표의 사용은 지리적 표시의 보호와 무관하게 보장하고, 협정발효 후에는 지리적 표시의 보호 범위를 침해하는 상표가 유사 상품에 출원되는 경우, 거절 또는 무효의 대상이 된다고 합의한 바 있었다. 우리는 충돌 가능성을 원천 차단하기 위해 협상과정에서 EU 측이 요청한 GI 목록에 선행상표가 있는지 여부를 일일이 점검하는 동시에 한·EU FTA는 선행상표의 계속 사용을 저해하지 않는다고 규정했다. 예를 들어, Budweiser는 선행상표로 보호를 받는 한편, Budejovisky는 한·EU FTA에 의하여 GI로 보호를 받게 되었다. 다른 문제는 Feta, Comté 또는 Gorgonzola 등 생산지가 명시되어 있지 않으나 이름 자체로 생산지를 알 수 있는 일반적 명칭의 GI 보호 문제가 제기되었다. 즉, Feta하면 그리스산, Comté는 프랑스산, Gorgonzola는 이탈리아산 치즈다. 다시 말해 미국산 또는 호주산 Feta 치즈는 한국에서 보호되지 않는다는 것이다.

다음은 래칫을 둘러싼 해프닝이다. 래칫은 톱니바퀴가 후진할 수 없도록 하는 잠금장치다. 통상협상에서 래칫은 개방수준을 약속하고 자발적으로 개방의 폭을 늘리는 경우, 확대된 개방수준보다 후퇴할 수 없다는 규정이다. 우리말로는 역진방지 조항이라고 한다. 이 제도는 정부가 추가개방 후 자의적으로 후퇴하지 못하도록 하여 개방수준에 대한 예측가능성을 제공한다는 데 의의가 있다. 한·미 FTA에서는 서비스 양허표의 현재 유보 리스트에 열거된 개방조치에 한하여 래칫이 적용된다. 한·EU FTA에서는 이러한 래칫규정이 없다. 그럼에도 불구하고 한·EU FTA에 있는 래칫규정은 독소조항이라는 비판이 끊이지 않았다.

2011년 4월 열린 외교통일위원회 법안심사 소위원회에서도 이 문제가 불거졌다. 민주당 측 추천 전문가 자격으로 참석한 이해영 한신대 교수와 송기호 변호사 등은 "한·EU FTA에 독소조항인 래칫규정이 있습니다"라고 몰아 붙였다. 나는 우선 "래칫규정은 독소조항이 아니며 무엇보다도 한·EU FTA에는 역진방지 조항이 없다"는 점을 분명히 밝혔다. 그러나 이들은 정부가 거짓을 말한다는 주장을 굽히지 않았다. 나는 다시 "협정문에 래칫규정은 없으며 오히려 래칫이 적용되지 않는다는 것을 명확히 하는 문구가 존재합니다"라고 부연한 후 "래칫규정이 있다고 주장하시는데 협정문의 어디에 있습니까?"라고 물었다. 이들은 "나중에 찾아서 알려 주겠다"고 하면서 서둘러 회의장을 떠났다. 물론 회답은 들은 바 없다. 전형적인 '치고 빠지기 수법'이었다.

한·EU FTA의 비준동의와 발효

EU 측은 서명이 끝나자 바로 비준절차를 밟았다. EU의 비준절차는 매우 복잡했다. 진행 중인 한·미 간 자동차 관련 추가협상 결과에 대한 불안감과 EU 내의 복잡한 결정구조 때문이었다. 2011년 2월 유럽의회 본회의는 한·EU FTA 동의안이 표결안건으로 상정되어 표결에 부쳐졌다. 중도우파(EPP), 사회민주주의(S&D), 중도좌파(ALDE) 등 다수당의 대거 찬성으로 통과됐다. 환경론자들과 좌파정당들은 반대표를 던졌다. 유럽의회는 본회의 표결결과를 이사회에 통보했다. 이로써 유럽 측은 발효에 필요한 조치를 모두 종료했고 공은 우리에게 넘어왔다.

한국은 예기치 않은 문제에 봉착했다. 번역오류 사건으로 비준절차가 꼬이게 된 것이다. 4월 중순 외교통일위원회 법안소위가 주관한 공청회에서는 국내 농축산업에 대한 지원 확대 필요성과 아울러 번역오류, 래칫조항, SSM 관련 이슈를 비롯하여 학교급식, 경제적 효과 등에 대한 광범위한 문제가 제기되었다. 그 후 외교통일위원회는 한·EU FTA 비준동의안을 표결로 의결했다. 5월 4일 국회 본회의가 예정돼 있었다. 민주당은 오후 내내 의원총회를 한 뒤 한·EU FTA 반대입장을 당론으로 정했다. 한나라당은 의원총회를 계속했고 단독처리 강행으로 방향을 잡았다. 비준동의안이 상정되고 외교통일위원장의 경과보고가 표결을 거쳐 통과됐다. 그 후 6월 한 달 내내 한·EU FTA 발효를 앞두고 이행입법 최종 통과에 몰두했다.

한·EU FTA는 한국과 EU에 상업적으로나 전략적으로 의미있는 협정이다. FTA 발효 효과에 일희일비하는 것은 옳지 않다. 무역자유화의 혜택은 관세인하로 인한 단기적이고 가시적 혜택은 물론 규제개혁

한-EU FTA 실무협의 하기 전 베르세로(Bercero) EU 수석대표와 함께
(2011년 6월 21일)

과 경쟁력 강화에 수반되는 장기적 혜택을 함께 고려해야 하기 때문이다. 또한, 한·EU 간 통상관계가 확대되고 리스본 협정의 발효로 통상협상에 있어 유럽집행위원회의 배타적 권한이 확대되면서 한·EU FTA의 개정 필요성에 대비해야 한다. 예를 들어 현재 한·EU FTA는 설립 전 투자나 수용·보상 및 투자자·국가간분쟁해결절차(ISD) 등 투자보호 관련조항은 포함되어 있지 않다. 대신 우리나라는 22개 EU 회원국과 체결한 양자 투자보장협정을 통해 투자보호를 하고 있다. 그러나 '혜택의 부인(denial of benefits)', '남소방지(濫訴防止)' 및 '투명성 확보' 등 관련조항을 포함하고 있지 않은 현행 양자 투자보장협정은 악용될 소지가 있다. 2012년 벨기에 페이퍼 컴퍼니로 등록된 미국계 사모펀드인 론스타가 한·벨기에 투자보장협정을 원용하여 ISD 중재절차를 제기한 사건이 대표적 사례다. 이런 점에 비추어 EU측과 투자보호 관련 전반적인 합의를 추진함으로써 기존의 투자보장협정을 시급히 대체해 나갈 필요가 있다.

한·EU FTA는 포괄적이고 높은 수준의 자유화를 지향한다는 점에서 한·미 FTA와 유사하다. 대상 분야를 보면 상품, 서비스, 지식재산권 분야를 비롯하여 경쟁, 노동, 환경 및 투명성 분야를 규정함으로써 EU가 기존 아시아 국가들과 체결한 FTA와는 근본적으로 달랐다. 관세 분야에서 EU는 수입액 기준으로 5년 내 모든 관세를 철폐하고, 한국은 수입액 기준 97%에 부과되는 관세를 철폐하기로 합의했다. 더욱이 전기전자, 자동차, 의약품 및 화학물질 분야의 비관세조치에 대한 과감한 합의를 도출하고, 비관세조치 중개절차를 도입함으로써 차세대 FTA로서의 면모를 갖추고 있다는 평가를 받았다.

한·EU FTA의 협상타결과 조기발효는 글로벌 통상질서에도 직접적인 영향을 미쳤다. 우선 미국을 자극하여 한·미 FTA의 미 의회 인준을 촉진시켰고 EU와 관세동맹관계에 있던 터키에게 직접적인 영향을 주어 한·터키 FTA 협상에 속도를 붙였다. 한·EU FTA와 한·미 FTA는 해외시장에서 우리와 경쟁하는 일본에도 직접적인 영향을 미쳤다. 일본은 서둘러 EU와 FTA 협상을 개시하고 2013년 3월 TPP 공식 참여를 선언하게 됐다.

EU와의 협상에 대비한 전문성 확보를 강조하고 싶다. EU는 통합 과정에서 포괄적으로 내부조정을 거치기 때문에 EU 협상대표들은 정교한 협상전략을 가지고 협상 테이블에 앉는다. 27개국에서 경쟁을 거쳐 선발된 우수한 협상가들이 즐비하다. 반면 우리에게는 EU의 법체계, 통합의 역사, 정책결정 메커니즘 등이 생소하기 때문에 그들과 협상을 준비하고 추진하는 것이 쉽지 않다. 내가 FTA 교섭대표로 재직할 당시 한·EU FTA 분쟁패널 후보자를 선발하고자 지원신청을 받았는데 유럽에서 통상법 공부를 한 전문가가 국내에 거의 없다는 사실에 놀랐었다.

마지막으로 우리는 EU와 민주주의, 시장경제와 인권보호라는 가치를 공유하고 있어 통상 분야는 전략적 동반자 관계를 강화하면서 중층적 협력을 확대해 나가야 한다. 유럽의 통합은 인류 역사상 최대의 정치실험이다. 물론 브렉시트(BREXIT)의 후유증이 상존하고 EU의 장래에 대한 다양한 의견이 있다. 그러나 통합으로 인해 강한 존재감과 전략적 지렛대를 확보할 수 있다는 유럽연합의 믿음은 계속될 것이다.

4. FTA 협정문 번역오류 파동과 후속조치

광범위한 번역오류와 열악한 번역시스템

2010년 말 한·미 FTA 추가협상을 종료하고 2011년에는 한·EU FTA와 한·미 FTA 순으로 국회비준을 추진할 계획이었다. 한국 리서치의 여론조사에 따르면 한·EU FTA 비준동의에 72% 가까운 지지세였다.

그러나 엄청난 사건의 뇌관이 터졌다. 2월 21일 월요일 오후 재외공관장 회의에 참석 중인 나에게 김희상 협상총괄과장이 황급히 다가와서 "인터넷 매체인 프레시안에 '한·EU FTA의 원산지 의정서 중 왁스와 완구류의 원산지 규정에 50%로 표기되어야 할 문구가 20% 및 40%로 잘못 표기되어 있다'는 기고문이 실렸다"고 보고했다. 확인해 보니 사실이었다. 기가 막혔다. 일단 베르세로 EU 수석대표와 긴급 통화로 오류의 정정사항을 '조약법에 관한 비엔나 협약 제79조의 정정에 관한 규정'에 따라 정리하기로 합의했다. 이 조항은 "조약문의 정본인증 후 착오가 있다는 것에 체약국이 합의하는 경우 그 착오사항은 정정되며 정정본은 처음부터(*ab initio*) 흠결본을 대체한다"고 규정하고 있다.

다음날부터 신문과 방송은 FTA 협정문의 번역오류를 신랄하게 비판했다. 조선일보는 외교부의 안일함을 질타했고 문화일보는 '외교부가 기본이 안 됐다'는 통렬한 사설을 실었다. EU 측과는 오류를 정정하는 구술서를 급히 교환했으나 근본적인 회의가 들었다. 오류는 더 없을까? 결국 2월 28일 이미 제출된 비준동의안을 철회하고 수정한 비준동의안을 재제출하기로 결정했다. 이명박 대통령은 이 문서에 결재를 하면서 "오류 발생경위를 조사하고 관련자를 문책하라"고 지시했다.

나는 협정문의 번역본을 살피고 번역시스템도 점검했다. 먼저 한·EU FTA와 한·미 FTA 한글본의 일부 챕터를 샘플로 재검독했다. 한·미 FTA는 2007년에 번역됐고 한·EU FTA는 2009년 타결 후 번역하면서 한·미 FTA 번역본을 참고했기 때문이다. 모두 내가 FTA 교섭대표로 부임하기 전에 발생한 일이었으나 수습의 책임은 내게 떨어졌다. 번역은 영어로 한 협상이 타결되면 임시 번역 태스크 포스를 구성하여 한두 달 이내에 이루어진다. 관계부처의 번역문 검독 협조를 받았으나 부실했고, 더욱이 정부가 고시한 관세율표에 기술된 품목 내용에서도 상당히 많은 오류가 발견되었다. 번역시스템의 총체적 결함이었다. 두 개의 거대 FTA에 대한 비준동의를 앞두고 시한폭탄의 안전핀이 빠진 셈이었다. 식은땀이 흘렀다. 몇 달 간 불면증에 시달렸다.

추가오류가 계속 보도되면서 국회심의를 앞둔 한·EU FTA는 최대의 위기를 맞고 있었다. 언론과 정치권은 물론 외교부 안에서도 통상교섭본부가 석고대죄 하라는 압박이 거셌다. 윤증현 기획재정부 장관은 대외경제장관회의를 주재하면서 외교부의 번역오류를 질타했다. 당연한 일이지만 기재부장관의 질타는 적반하장인 측면도 있었다. 기획재정부가 국·영문으로 고시한 관세율표 자체에도 상당히 많은 오류가 발견되었으나 당시 유효한 관세율표였으므로 외교부는 오류인 줄을 알면서도 그대로 기재할 수밖에 없었기 때문이다. 윤증현 장관에게 사실관계를 환기시켰더니 크게 당황했다. 그날 기재부 관세국 관리들은 윤장관의 호된 비판과 질타를 받았다고 했다.

한편 국회에서는 번역예산을 책정해 줄 터이니 국내 유수한 로펌에 의뢰하라고 주문했다. 4대 로펌에 번역 용역을 발주하면서 계약서 말미에 '귀 로펌에서 번역한 부분에 오류가 있을 경우 책임을 진다'는 서약을 요구하고 각 로펌 대표에게 확약을 받으려 전화를 했다. 그러나 이들은 계약을 안 하면 안 했지 그런 서약은 못하겠다고 손사래를 쳤다. 결국 이 작업도 중도에서 포기했다.

한·EU FTA의 번역오류와 절박했던 순간들

나는 협정문의 일부 챕터를 스크린에 띄워 놓고 챕터별 검독을 진행했다. 번역 자체가 매우 거칠었고 오류는 광범위했다. 번역시스템의 결함이었다. 궁극적으로 한·EU FTA는 본격적인 검독 후 완전히 정정된 비준동의안을 다시 제출하는 것이 옳았다. 전면 사과하고 번역시스템의 완전 개선을 대외적으로 발표하는 방향으로 방침을 잡았다. 나는 3월 11일 오후 예정에 없던 기자 브리핑을 자청했다. 한·EU FTA 번역오류의 사실관계를 직접 해명하고 사과하면서 재검독 계획과 번역시스템 개선책을 외교부 지침으로 발표했다. 통상교섭본부에 번역인력을 보충하고, 공개검증, 관계부처 검증 및 외주를 통한 검독을 실시하기로 약속했다. 번역기간도 최소 6개월로 규정했다. 재검독 결과는 EU 측과 협의하여 정정한다고 했다.

이 무렵 감사원과 청와대 민정에서는 오류의 경위를 조사하면서 처벌대상자 범위와 처벌수위에 대한 검토를 하고 있었다. 나를 비롯하여 직계 라인들은 전·현직을 불문하고 진술서를 제출하고 강도 높은 감사를 받았다. 외교부 내외에서는 지속적으로 사직하라는 압력을 가했다. 3월 말 최종 검독을 마무리한 후, 베르세로 EU 대표와 장시간 오류 정정방안에 대하여 협의했다. EU 측은 합리적이고 협조적이었다. 4월 국무회의는 한·EU FTA 비준동의안 철회안 및 재제출안을 의결했다. 다음날 외교통일위원회는 재제출된 비준동의안으로 갑론을박했다. 비준동의안은 상임위원회에 상정되고 법안 심사소위로 넘겨졌다.

4월 11일 저녁 간담이 서늘한 사건이 터졌다. MBC가 저녁 9시 뉴스에서 "서명한 한·EU FTA의 영문본에 오류가 있다"는 뉴스를 특종으로 보도한 것이었다. 즉, EU 집행위 웹사이트에 있는 협정문 양허표의 영문본과 우리 국회에 제출한 협정문 양허표의 영문본에 일부 차이가 있다고 보도하면서 통상교섭본부의 귀책을 시사했다. 사실이라면 양국이 서명한 영문본 원본이 다르다는 뜻이었다. 이것은 단순한 오류와는 다른 차원으로 직무유기를 구성할 수 있는 중대한 문제였다. 뉴스가 나가자마자 사실 확인을 요청하는 전화가 쇄도했다. 급하게 베르세로 대표에게 전화하여 EU 측 문건의 진위에 대한 긴급 확인을 요청했다. 그는 헝가리에 출장 중이었으나 사안의 심각성을 즉각 인지했다. 절박한 순간이 지나가고 있었으나 당장 사실 확인을 할 방법이 없었다.

나는 퇴근한 조약과 직원을 수배하여 조약국이 별도로 관리하는 국제조약문 원본을 직접 확인했다. 밤 11시 반 양측이 서명한 협정문 영문본과 국회 비준동의안이 동일본이라는 것을 확인했다. 그렇다면

EU측이 서명본이 아닌 다른 버전을 웹사이트에 올렸다는 결론이었다. EU 측의 오류가 확실했다. 같은 시각 베르세로 수석대표는 나에게 전화로 EU의 실수를 인정하고 사과했다. 실무자가 실수로 서명본의 직전 버전을 웹사이트에 올렸다는 것이다. 즉각 보도 해명자료를 배포하고 수많은 전화에 응대한 후 자정이 지나서야 상황이 종료됐다. 세 시간의 악몽이 지나고 긴 하루도 끝나고 있었다. 그러나 인터넷에 뜨는 조간신문 기사들은 또 다른 힘든 아침을 기약하고 있었다.

한·미 FTA 번역오류도 정정하다

4월 말 커틀러 대표보가 방한했다. 나는 EU와 협정문 재검독 후 처리 경과를 설명하고 한·미 FTA 협정문에 대한 검독 진전 상황에 대해 의견을 교환했다. 5월 초 한·EU FTA가 국회 본회의를 통과하면서 한·미 FTA 협정문에 대한 재검독 작업을 서둘렀다. 5월 10일 미국 측에 정정사항이 포함된 서한을 보냈으나 미국의 내부 절차 지연으로 회신이 늦어지고 있었다. 6월 임시국회 일정이 윤곽을 잡아가면서 정부는 6월 중 한·미 FTA를 외교통일위원회에 상정한다는 목표를 가지고 있었다. 야심적인 일정이었다. 5월 27일 오전 10시경 내부회의를 하고 있는데 갑자기 이명박 대통령이 내게 전화를 했다. "한·미 FTA 비준동의안이 차기 국무회의 안건에서 누락된 이유가 뭡니까?"라고 물었다. 나는 "아직 미국 측과 협정문 번역오류에 대한 정정합의를 마치지 못했고 미국의 국내절차는 내주 초에야 완료될 것으로 보입니다"라고 답했다. 이 대통령은 국내 정치일정을 고려하여 미국과 정정절차의 조기 종료를 주문했다.

나는 6월 2일 커틀러와 '협정문 정정을 위한 서한교환(exchange of

한·미 FTA 재검독 결과 및 비준동의안 국회제출관련 기자 브리핑
하는 필자(2011년 6월 3일)

letters)'에 서명하고 교환했다. 이튿날 이른 아침부터 열린 국무회의에
서 2007년 협정과 2011년 협정을 통합한 비준동의안 제출을 의결했다.
비준동의안에 첨부된 협약문은 방대했다. 협정문은 본문, 원산지 규정
과 양국의 관세양허표를 포함하여 국문본과 영문본이 각각 2,000쪽에
달했다. 규정에 따라 비준동의안은 국문본과 영문본을 각각 450부를
국회에 송부했다. 굉장한 분량이었다. 다음날 나는 긴급 브리핑을 했
다. '총 296건의 오류가 발견되었다. 또한, 오류는 아니지만, 협정문의
의미를 보다 분명하게 전달하기 위해 상당부분의 문구를 개선했다. 추
가협정문의 한글본에서는 번역오류가 한 건도 발견되지 않았다. 오류
발생 원인은 시스템의 부재, 전담예산의 부재와 번역추진일정의 제약
등이었다. 이런 문제의 재발을 방지하기 위해 통상협정의 한글본 작성
을 위한 절차와 시한을 정하여 충분한 시간을 두고 체계적으로 번역
작업이 이루어지도록 즉각 관련 제도를 개선하였다'는 내용이었다.

한국판 쉰들러(Schindler), 한정수 감사관!

2011년말 한·미 FTA 비준이 종료되자 번역오류에 대한 상부의 감사 결과와 처결이 이루어졌다. 전형적인 토사구팽의 시간이 온 것이다. 정무직인 김종훈 본부장은 미국 및 EU와의 FTA의 협상과 비준을 완료한 뒤라 자연스럽게 교체됐다. 관련 전·현직 관리들은 징계위원회에 회부되어 처분을 받았다. 일부는 이러한 처분에 불복하여 추가절차를 밟으면서 결백을 주장했으나 좋은 소리를 듣지 못했다. 나는 번역오류의 책임은 없었으나 비준과정의 분란에서 자유로울 수 없다는 이유로 장관의 '주의처분'을 받았다. 가장 가벼운 경고이기는 하지만 주의장(注意狀) 문안의 내용은 추상같았다. 맥 빠진 하루였으나 주저앉아 있을 여유도 없었다.

다행히 외교부 한정수 감사관의 헌신적인 노력으로 실무직원들의 허물은 덮어졌다. 감사원에서 파견나온 한 감사관은 대규모 감사반을 편성하여 특별감사를 하겠다는 감사원 본부의 의도를 막아 내고 대신 자체감사를 관철시켰다. 그리고 자신이 직접 번역오류의 정황을 조사하고 감찰했다. 그의 결론은 다음과 같았다. '현재 인력으로 협상종료 후 짧은 기간 내에 완벽한 번역을 기대하기 어렵다. 이것은 시스템 결함으로 봐야 한다. 수년에 걸쳐 번역에 동원된 연인원이 70여 명을 넘는데 이들의 허물을 파헤쳐 처벌하는 것은 부당하다.' 그는 감사원 내에서도 영어를 잘하고 늘 공부하는 관리였다. 나는 한 감사관을 만날 때마다 "한 감사관은 한국판 쉰들러입니다"라고 말했다. 사실이 그랬다. 웬만한 감사관이라면 청와대와 정치권에서 문제삼는 번역오류 경위를 파헤치고 징계대상자를 색출하면서 본인의 감사치적을 과시했을 것이다. 그런데 한 감사관은 외부개입을 방어하면서 철저한 내부조사로 적절한 처결을 건의했다. 다시금 그의 큰 그릇에 경의를 표한다.

06
동북아 FTA 협상과 FTA 네트워크의 확대

동북아 지역은 지도력결핍(leadership deficit), 신뢰결핍(trust deficit)과 제도결핍(institutional deficit)의 특성을 가지고 있다고 한다. 적확한 표현이다. 한 · 중 · 일 동북아 3국은 협력의 필요성은 인정하면서도 정치 및 경제체제의 이질성과 역사적 갈등으로 협력체제를 발전시키지 못하고 있다.

나는 FTA 교섭대표로서 미국 및 EU와의 FTA 비준을 마무리 짓는 일과 함께 동북아 FTA의 추진기반을 마련하는 일에 힘썼다. 2003년 협상개시 후 결렬됐던 일본과의 FTA 협상을 재개하기 위한 작업을 했다. 일본과 진지한 협의를 했으나 협상의 돌파구를 마련하지는 못했다. 동시에 중국과 FTA 협상을 위한 사전 준비를 마무리하고 개시선언을 했다. 한 · 중 FTA의 협상 모델리티를 마련하고 우리의 공세적 이익을 극대화하기 위한 전략을 수립했다. 첫 2회의 협상은 직접 지휘했다. 동시에 수년간 타당성 연구만 해 온 한 · 중 · 일 FTA의 협상개시를 위한 마무리 작업에 박차를 가했다. 협력증진에 대한 3국의 정치적 의지를 실질협력으로 구체화하는 작업이었다. 흩어진 구슬을 꿰는 일이었다. 마지막으로 한 · 중 · 일 투자보장협정 체결도 마무리했다.

1. 한·중 FTA 협상의 기본틀을 마련하다

한·중 FTA와의 인연

한·중 FTA와의 인연은 2009년 여름으로 거슬러 올라간다. 당시 유명환 장관은 외교부 고위간부들과 함께 지금은 고인이 된 황장엽 씨를 초청하여 비공식 간담회를 갖고 북한 정세에 관한 그의 견해를 들었다. 북한의 주체사상을 집대성한 인물이기도 했던 그는 북한 정치의 이론과 현실 그리고 김일성과 김정일을 비롯한 북한 지도자와 교류했던 소회를 털어놓았다. 그는 "남측이 남북통일의 주도권을 잡으려면 중국을 움직여야 하는데 한·중 FTA를 체결하면 북한의 심리적 타격이 클 것이다. 그러면 남한이 주도적인 위치에서 북한을 다루어 나갈 수 있다"며 한·중 FTA 추진의 필요성을 역설했다. 그의 목소리는 시종일관 낮았으나 팔순을 넘긴 노인이라고 믿기 어려운 날카로운 안광과 탁월한 기억력을 보여주었다. 북한은 중국이 북한을 포기하지 못할 것이라 생각하고 있기 때문에 만일 중국이 한국과 FTA를 체결하면 북한은 상대적 박탈감을 가지게 되고 자신감을 상실할 것이라는 취지였다.

이미 2004년 한·중 통상장관 간 FTA 협상추진을 논의했었으나 당시에는 불발에 그쳤다. 2010년 5월 말 서울에서 열린 한·중 정상회의에서는 그간의 산·관·학 공동연구의 성공적인 종료를 평가했다. 그러나 협상개시 시점에 대해 양측 사정이 달라 조율에 상당한 시일이 소요됐다. 중국은 조기협상개시를 희망한 반면 한국은 당면한 한·미 FTA의 국회비준과 발효에 집중해야 하는 여건이었다. 중국의 의도는 명료했다. 경제적 이해도 중요했지만 전략적 필요성이 긴요했다. 중국으로서는 한·중 FTA를 통해 아시아의 경제통합 과정에서 주도권을 확보하고 TPP를 통하여 아·태 지역의 영향력을 확대하는 미국을 견제하는 동시에 ASEAN+6를 통하여 중국을 견제하려는 일본의 전략에 대응하고자 했다. 나는 2011년 말 한·미 및 한·EU FTA의 비준절차가 마무리되어서야 비로소 한·중 FTA 협상출범 이슈에 집중할 수 있었다.

협상전략을 수립하다

2011년은 중국과 본격적인 협상 전에 그 틀을 짜는 데 집중했다. 관건은 협상의 기대수준과 협상추진 방식을 합의하는 일이었다. 7월 초 북경에서 열린 한·중 실무협의에서 FTA의 대상범위와 민감부문 처리방안에 대한 양해를 도출했다. 나아가 본격적인 양허협상을 추진하되 조기수확(early harvest) 가능성도 모색하기로 했다. 우리 쪽에서는 이태호 국장과 김영무 국장이 첫 단추를 꿰는 실무작업을 마쳤다.

먼저, 상품 분야의 양허수준은 ASEAN과 체결한 FTA를 벤치마킹했다. 협상은 양허 모델리티와 비민감 분야를 조기수확하는 기본협정을 합의하고 상품협정 협상을 개시하기로 했다. 일반품목군(NT)과 민감품목군(ST)의 비중 설정과 민감품목군의 취급방식이 관건이었다. 일반품목군의 경우, 품목수 및 수입액 기준 90% 이상에 대하여 10년 내 관세철폐를 원칙으로 정했다. 서비스 분야의 경우 양허방식은 기본협정 체결 후 서비스·투자 협정 협상을 개시하고, 규범 분야는 지재권, 정부조달, 비관세장벽을 포함한 포괄적인 FTA를 추진하는 방안을 검토했다. 협상은 2단계로 추진하되 사전협의에서 기대수준과 민감성에 대한 공감대를 도출한 뒤 협상 골격에 대한 합의를 추진하고 본 협상에서는 기본협정과 분야별 협정을 구분 추진하는 방안을 검토했다.

또한 한·중, 한·일 및 한·중·일 FTA 협상이 경합되어 순서를 정할 필요가 있었다. 한 · 일 FTA는 모멘텀을 확보하기 어려웠다. 일본은 공산품 관세가 거의 없는 반면 농산물 관세인하 협상에는 극도로 보수적이고 비관세장벽을 해소할 의지도 없어 보였다. 결국 일본이 포함된 FTA는 후순위로 밀리게 됐다.

협상개시를 위한 북경 담판

나는 11월 들어 한·미 FTA가 국회의 비준동의를 받고 발효를 위한 후속준비를 하면서 비로소 중국에 전념할 여유가 생겼다. 12월 초 청와대에서 이명박 대통령 임석하에 한 · 중 정상회의 준비를 위한 소인수 회의가 열렸다. 나는 김종훈 본부장과 함께 참석했다. 한 · 중 FTA 협상출범과 관련한 중국과의 정상회의 방향에 대해 논의했다. 중국 측은 2012년 1월 예정된 정상회담 계기에 협상출범 선언을 희망했다. 그러나 우리는 협상추진계획과 공청회를 비롯한 절차적인 요건도 미비한 상황이었다. 결국, 양국의 국내절차가 종료된 이후에 협상을 개시하는 방향으로 내부방침을 정하고 나와 위지앤화(俞健華) 상무부 부장조리 간 조율을 하기로 했다. 12월 30일 나는 1박 2일 일정으로 중국 상무부 회의실에서 위지앤화 부장조리를 만났다. 협상 출범시기 조율과 협상추진 방향에 대한 개괄적 협의를 했다.

양국 정상회의 계기에 후진타오(胡錦濤) 주석은 한 · 중 FTA 협상의 조기개시를 독촉했다. 양 정상은 "2015년까지 무역액 3,000억 달러 달성을 목표로 하고, 한국의 국내절차가 종료되는 대로 협상을 개시한다"고 공동 발표했다. 우리는 정상회담의 후속조치로 공청회 개최가 시급했다. 2월 24일 국회 외교통일위원회와 한 · 중 FTA 공청회가 동시에 열렸다. 박태호 신임 본부장이 외교통일위원회에 참석하여 호된 신고식을 치르는 시각에 나는 코엑스에서 열린 공청회에서 곤욕을 치렀다. 공청회장은 농민단체들이 난입하여 단상 앞 공간이 모두 점거된 상태에서 개회사를 하는 나를 향해 명패를 던지고 단상에 난입했다. 경찰이 배치되고 나서야 개회사를 마칠 수 있었

한·중 FTA 제1차 협상을 하기 전 위지앤화 중국 상무부 부장조리(왼쪽)와 포즈를 취한 필자(2012년 5월 14일)

다. 중국은 3월 말 서울 핵안보(核安保) 정상회의 계기에 FTA 협상개시 선언을 강력히 희망했으나 우리는 3월 15일 한·미 FTA 발효 이후 여론의 향배를 지켜봐야 했다. 결국 4월 중순 통상절차법을 준용하여 국회 보고를 완료함으로써 한·중 FTA 협상개시에 필요한 국내절차가 완료됐다.

나는 4월 말 위지앤화 부장조리와 협상추진 요건에 대한 합의서를 작성하기 위해 재차 북경을 찾았다. 5월 2일 한·중 통상장관 회의를 개최하여 양국 FTA 협상개시를 공식 선언하고 협상 모델리티(modality)를 포함하는 공동성명을 발표하기로 합의했다. 공동성명은 단계별 협상을 추진하되 1단계에서는 분야별 협상지침을 합의하고, 2단계에서는 전면협상을 추진하기로 했다.[5] 또한 민감분야 보호방식도 합의했다.

---

5 단계별 협상추진 방식 개념도

협상개시 전 단계	협상개시 후 단계	
사전협의	1단계	2단계
민감분야 보호를 위한 협상구조협의	민감품목 비중 및 보호방식 합의	상품, 서비스 규범 등 전 분야 협상

즉, 양국의 민감성 반영을 위해 일반품목군과 민감품목군을 나누어 장기철폐, 부분감축 및 양허제외방식 등을 포함하기로 했다. 다만, 민감품목군의 범위에 대한 구체수치에 대해서는 합의하지 못했다. 우리는 농산물 보호에 집중했고 중국은 공산품에 관심을 두었기 때문이다.

무엇보다도 각료 공동성명문에 향후 협상에서 '역외가공조항6을 협정문에 포함한다'는 문안에 합의했다. 이슈 자체의 민감성에 비추어 사전에 양측의 공감대를 확보하는 것이 필요했기 때문이다. 이 문안은 이미 나와 위지앤화 부장조리 간 첫 번째 회동에서 합의했던 사항이었다. 그러나 중국 외무성에서 이 문안을 각료 공동성명문에 포함하는 것에 대하여 유보적이었다고 했다. 나는 한국이 체결한 FTA의 역외가공조항을 예시하면서 끈질기게 설득했고 중국은 이를 수용했다. 이로써 협상개시 선언을 위한 실무준비가 완료되었다.

양국 통상장관의 협상출범 선언

2012년 5월 2일 베이징(北京)에서 박태호 통상교섭본부장과 천더밍(陳德銘) 상무부장이 통상장관회의를 가졌다. 화기애애한 분위기였다. 직후 기자회견을 열어 한·중 FTA 협상개시를 공식 선언했다. 보도자료로 배포된 양측 통상장관 간 합의문은 2단계 협상, 민감분야 보호방

---

6 역외가공(域外加工)이란 한 당사국에서 원부자재의 전부 또는 일부를 제3국으로 수출하여 추가공정을 거친 후 가공물품을 당사국으로 재수입하는 생산방식을 의미한다. 역외가공을 인정받을 경우 재수입된 물품에 대한 국내 부가가치 계산이 유리하다. 원산지 인정의 기본원칙은 당사국 영토 안에서 생산과정이 중단 없이 완전히 만들어지거나 실질적인 변형이 이루어져야 하는 소위 '영토의 원칙'이다. 즉, 생산과정에서 한번 국외로 나갔던 물품이 다시 국내로 반입되면 수입물품으로 취급되어 그 이전의 공정 부분은 원산지 판정에 필요한 국내 부가가치 계산에서 제외된다.

식, 서비스·투자 분야 및 역외가공지역 관련 사항을 포함하고 있었다. 그 직후 나는 주중대사관에서 특파원들을 상대로 두 시간여에 걸친 심층 브리핑을 했다.

열흘 뒤 나와 위지앤화 부장조리를 수석대표로 북경에서 제1차 협상회의가 열렸다. 주로 협상조직과 절차에 관한 협의에 집중되었다. 우선 협상원칙, 대상범위 및 단계별 협상을 포함하는 협상의 운영세칙을 확정했다. 양측은 벌써 신경전을 벌였다. 우리는 서해상에서 기승을 부리고 있는 중국 어선들의 '불법, 미보고 및 미규제 조업행위(IUU: Illegal, Unreported and Unregulated Fishing)' 문제를 제기하고 이 조항이 포함되어야 한다고 주장했다. 그러나 중국은 우리의 요청을 일축하고, 한술 더 떠 동·식물검역·위생(SPS) 및 기술장벽(TBT) 챕터를 제외할 것을 주장하면서 정면 맞대응했다. 기싸움이었다. 협상을 추진해 나갈 방향은 잡혔으나 성패는 양측의 진정성과 정치적 의지에 달려 있었다.

6월 중순 제주에서 제2차 회의가 열렸다. 회의 첫날 나와 위지앤화 부장조리는 개회를 선언하고 바로 실무회의로 들어갔다. 종일 회의를 했음에도 중국은 기본입장만 반복했다. 협상은 공전하고 있었다. 나는 저녁에 위지앤화 부장조리를 따로 만나서 단도직입적으로 "중국이 양보는 않고 요구만 한다면 협상은 의미가 없지 않습니까. 여기서 중단합시다. 내일 각자 상부에 보고하고 추후 방향을 정합시다"라고 잘라 말했다. 그는 당황하면서 한 번 살펴보겠다고 응수했다. 둘째 날부터 실무협상은 속도가 붙었다.

중국의 협상패턴은 독특했다. 자국의 협상원칙과 포지션이 정해지면 상대를 강하게 밀어붙이면서 상대의 의도와 인내를 거칠게 시험했다. 합의가 성립된 후에도 문안의 수정을 요구하면서 상대의 추가 신축성을 확인하려 했다. 새로운 양보를 해야 하는 경우, 협상파기도 불사한다는 감정 섞인 강경론을 들고 나왔다. 중국의 경직된 정책결정 메커니즘과 한국은 압박하면 양보한다는 선입견에 기인한 것으로 보였다. 한·중 FTA 협상의 틀은 마련됐다. 부처 간 조정과 국회보고 등 국내적인 컨센서스를 추진하고 중국을 압박하면서 우리의 이익을 극대화하기 위한 진검승부가 시작된 것이다. 한·중 FTA 교섭에서 나의 역할은 여기까지였다.

용두사미가 된 한·중 FTA

2014년 11월 북경에서 열린 APEC 정상회의 계기에 양국은 사실상 한·중 FTA의 타결을 선언했다. 실무협상이 완전히 종결되기 전에 청와대에서 정상행사의 성과로 밀어붙인 결과 우리의 이익을 많이 포기한 협상이라는 소문이 무성했다. 2015년 2월 약간의 조정을 거쳐 가서명을 하고 협정문이 공개됐다. 그 후 국회의 비준동의를 거쳐 12월 20일 발효했다. 이로써 우리나라는 미국, EU에 이어 중국 등 3대 거대 경제권과 FTA 네트워크를 구축하고 FTA 체결국과의 교역비중이 전체 교역의 63%에 이르게 됐다. 그러나 한·중 FTA는 개방보다는 보호일변도 협정이었다. 한·미 FTA의 경우 품목수 기준 98.3%, 수입액 기준 92.5%에 달했던 자유화율에 비하면 한·중 FTA는 각각 70% 및 40% 수준에 불과했다. 제조업 분야의 자유화율도 턱없이 낮았다. 중국의 10년 내 관세 철폐율은 품목수 기준 71.7%, 수입액 기준 66.4%에 불과하다. 발효 후 10년이 지나도 대 중국 수출품의 시장 접근에 장애가 남아 있다는 의미다.

달리 말하면, 한·중 FTA 협정은 양측의 민감분야를 보호하는 데 중점을 둠으로써 실질적인 시장접근 기회를 확대하는 데는 미흡했다. 우리로서는 농산물 보호를 위한 고육지책이었겠지만 우리의 경쟁력이 강한 주력 제조업 제품의 중국 시장 접근기회를 많이 확보하지 못했다는 것은 아쉬운 대목이다. 한편, 한·중 FTA의 비준동의 추진 과정에서 여·야·정은 향후 10년간 1조원에 달하는 '상생협력기금'을 조성하기로 합의했다. 그동안 논란이 되어 왔던 '이익공유제'의 개념을 사실상 수용한 모양새였다. 자발적이라는 단서가 붙긴 했지만 다른 나라에서는 유례를 찾아보기 어려운 인기영합적인 발상이었다. 업계의 반발은 당연했다.

한·중 FTA는 추후 업그레이드의 정도에 따라 상당한 전략적 함의도 있을 것이다. 모두에 언급한 황장엽 씨의 언급대로 한·중 FTA는 북한에 대해 심리적 박탈감을 주고, 아·태 지역에서 형성되는 메가 FTA에도 영향을 미칠 것이다. 나는 2012년 9월 주 제네바 대사로 부임했다. 1년 뒤 중국 측 수석대표였던 위지앤화 부장조리도 주제네바 WTO 담당대사로 부임하면서 우리는 다자협상장에서 재회했다. 다자외교 현장에서는 왕왕 있는 일이다.

2. 한·일 FTA 협상 재개 노력: 가깝고도 먼 이웃

반복되는 한·일 FTA 협상 실패

나는 FTA 교섭대표로서 한·일 FTA 협상재개에도 깊은 관심을 가졌다. 일본은 아시아에서 민주주의와 시장경제체제의 가치를 공유할 수 있는 유일한 나라로 우리의 제4위 교역상대국이자 제2위 대 한국

투자국이다. 양자 경제협력은 다원화되고 심화되고 있었기 때문에 무역자유화와 경협확대를 추진하는 것은 극히 자연스러웠다. 그러나 이익의 균형을 실현하기 어려운 교역구조와 역사인식의 차이로 인한 갈등으로 FTA 협상은 한 치의 진전도 보지 못했다. 안타까운 일이었다.

한·일 FTA는 2003년 한·일 정상회담의 합의에 따라 협상개시 후 여섯 차례 협상을 했으나 이견을 좁히지 못해 다음 해에 중단되었다. 그 후 2008년에도 협상재개를 위한 노력이 있었으나 성사되지 못했다. 당시 한국은 미국과 EU FTA의 비준에 몰두했고 일본도 소극적이었다. 일본의 민주당 노다(野田) 정권은 2010년 11월 '포괄적 EPA에 대한 기본방침'을 밝혔다. 이는 높은 수준의 FTA 추구, TPP 참가여건 조성, 농업개혁과 규제개혁 추진으로 일본 경제의 경쟁력 강화를 위한 FTA 정책의 일대전환을 의미했다. 또한 한·일 FTA 추진을 최우선 과제로 방향을 선회하면서 소강상태에 있던 양자협상의 재개에 관심이 모아졌다. 한국이 미국과 EU를 상대로 포괄적인 FTA를 체결하고, 미국의 주도로 협상계획이 구체화되던 TPP까지 출범하는 경우 일본의 고립은 가중될 것이라는 위기감도 작용했다.

나는 2011년 후반 미국과 EU와의 FTA의 비준절차가 마무리되면서 한·중 FTA 출범과 한·일 FTA 협상재개에 많은 시간을 할애했다. 그러나 양국 간에는 근본적인 입장차이가 있었다. 우리나라는 '선환경조성·후협상재개'를 선호했고 일본은 '선협상재개·후쟁점논의'를 원했다. 한국이 사전 환경조성을 강조한 이유는 간단했다. FTA가 체결되면 일본의 거대한 비관세장벽을 해소하기는 요원함에도 일본보다 높은 관세를 유지하는 한국으로서는 대 일본 무역적자 확대가 불가피하기 때문에 이익의 균형을 확보할 수 있는 방안에 대한 사전협의가 필수적이었다.

양국 교역의 구조적 특징

한·일 양국은 관세율에서 상당한 차이가 난다. 2009년 기준 우리나라 비농산물의 실행세율은 6.6%고 일본은 2.5%였다. 농산물의 실행세율은 한국이 48.6%, 일본이 21%였다. 또한, 양국의 교역액 대비 무세율은 우리나라는 38.6%, 일본은 73.3%였다. 비농산물만 보면 일본의 무세율은 77.8%였다. 일본에 수출되는 한국 상품의 77% 이상이 이미 무관세로 일본에 수입되고 있다는 뜻이다. 결론적으로 관세의 비대칭성과 높은 무세율로 인하여 우리에게 관세인하 효과가 없는 관세구조였다. 보다 심각한 문제는 수입쿼터의 배분, 유통·금융·보험 등 각종 서비스업, 정부조달 등 여러 분야에 광범위하게 분포되어 있는 비관세장벽이다. 또한, 상당 부분 정부의 직접적인 개입이 없는 것처럼 운영되고 있는 것도 특징이다. 이러한 비관세조치는 일본 특유의 사회·문화적 배경과 정치와 비즈니스의 유착관계에 기인하면서 구조적인 장벽을 형성하고 있다.

나는 일본이 내부개혁을 통해 비관세장벽을 제거하기는 불가능하다고 여겼다. 과거 미국과 EU 등이 일본의 비관세장벽 해소를 위해 노력했지만 번번이 실패했다. 일본의 난공불락의 비관세장벽은 일본 문화의 특성이기도 하고 상대적으로 미약한 일본의 경쟁정책에도 기인한다. 결론적으로 일본 시장의 특징은 관세장벽이 적은 대신 정교하게 짜인 비관세조치가 거대한 장벽을 구성하는 독특한 구조였다. 또한, 역사인식을 둘러싸고 간헐적으로 분출되는 정치·외교적 갈등도 협상추진에 장애로 작용했다.

한국의 전략: 선 신뢰구축 후 협상재개

나는 대 일본 협상전략 수립에 관하여 업계 및 학계의 전문가들과 다양한 간담회를 열어 자문을 구했다. 대기업이든 중소기업이든 한·일 FTA를 원론적으로 지지하면서도 각론에 들어가면 경계심을 표출했다. FTA로 창출되는 자유무역지대의 불확실성에 대한 두려움 때문이었다. 특히 중소기업들은 부정적인 견해가 압도적이었다. 자동차 분야만 보더라도 진입장벽의 심각성을 알 수 있다. 연간 415만 대의 자동차를 판매하는 일본 시장에서 외국 자동차는 6%에 불과한 23만 대였다. 경차 이외의 자동차는 차고지 증명이 필수적이었고 각종 안전기준과 환경기준은 물론 배타적인 자동차 딜러십을 요구하는 등 수많은 비관세장벽이 가로막고 있었다. 그럼에도 주한 일본대사에 의하면 자신들이 접촉한 한국 기업들은 한·일 FTA 추진에 대체로 찬성했다고 하면서 한국 정부의 평가에 반론을 제기하기도 했다.

이런 배경에서 이익의 균형을 실현하기 위해서는 일본 측에 일정한 선결조건을 요구해야 한다는 주장이 설득력을 얻고 있었다. 나는 이익의 균형을 추구하면서도 파국을 방지하기 위해 협상재개 여건을 조성해야 한다고 생각했다. 현안 이슈를 두 개의 카테고리로 구분하여 일본의 전향적 입장을 타진했다. 즉, 협상재개에 우호적인 환경조성을 위한 이슈와 활어차 운행 및 수산물 수입쿼터 등 특정한 비관세장벽에 대한 성과를 먼저 도출하는 방안을 제시하기로 했다. 또한 관세분야에서 한국은 높은 평균 관세율과 일본의 높은 무관세비율 등 현행 관세율 구조와 심각한 공산품 무역역조를 감안하여 공산품 분야는 비대칭적인 관세감축 방안을 구상했다. 본격적인 협상을 개시하기 전에 상호 신뢰를 확보하기 위한 조치였다. 이러한 방침은 2010년 9월 대외경제장관 회의에 보고하여 승인을 받았다.

일본의 전략: 선 협상재개 후 협의추진

2010년 5월 한·일 정상회의에서는 협상재개를 위한 실무협의를 고위급으로 격상하기로 합의했다. 이에 따라 9월 한·일 간 첫 국장급 협의를 통해 우리의 협상구상을 일본 측에 전달했다. 10월 하노이에서 열린 외교장관회의에서 일본 측은 농산물 90% 이상 시장접근 추진, 공산품 관세철폐 시 한국의 민감품목 배려 및 수산물의 수입쿼터 개선 등을 언급했다. 일본으로서는 파격적인 제안이라고 자평했으나, 구체성을 결여한 언급이었음에 비추어 협상개시 후 협의하겠다는 기본 입장에는 변화가 없었다. 이듬해 5월 제2차 국장급 협의도 일본이 '선협상재개·후협의추진'이라는 입장을 견지함으로써 전혀 진전이 없었다. 이후 3월 대지진의 여파로 당초 예정했던 TPP 교섭참여 여부 및 농업개혁 기본방침 결정시기를 대폭 연기하는 실정이었다.

9월 들어 니시미야 신이치(西官伸一) 신임 경제담당 외무심의관은 나와 단독면담을 요청하여 서울에서 허심탄회하게 의견을 교환했다. 그는 "이번 한국 방문은 겐바 고이치로(玄葉光一郎) 외상의 지시에 따라 한·일 FTA 협상재개 방안에 대한 비공식적인 협의를 위해서입니다."라고 하면서 "일본은 연내 협상재개를 강하게 희망하며 협상이 개시되면 한국이 제기한 현안이슈들에 대한 해결에 최선을 다할 것입니다. 다만, 이러한 현안문제가 협상개시 전에 해결되어야 한다는 한국 입장은 동의하기 어렵습니다"라고 말했다. 나는 "일본 수뇌부가 한·일 FTA 협상재개에 각별한 관심과 의지를 가지고 있는 것을 환영합니다. 협상재개를 위한 일본의 강한 의지를 존중합니다. 그러나 사전에 신뢰를 구축할 수 있는 요건에 대한 합의 없이 협상이 재개되면 다시 결렬될 가능성이 굉장히 높으니 좀 더 심도 있는 논의가 필요합니다"라고 답했다.

10월 들어 겐바 외상이 한국을 방문하여 이명박 대통령 예방 계기에 한·일 FTA 협상재개에 관한 원론적 대화가 있었다. 11월 7일 니시마야 외무심의관은 우리가 제기한 이슈들에 대한 일본 내부 검토의 진전사항을 설명하고자 다시 한국을 방문하여 나와 단독 협의를 요청했다. 일본은 다각도로 검토했으나 협상개시 전에는 어떠한 형태든 약속할 수 없다는 기본 입장을 되풀이했다. 당시 주일 한국대사관은 통상교섭본부의 소극적인 입장으로 협상재개가 지연되고 있다고 국내 요로를 통해 압박해 왔다. 한·일 관계개선을 위한 공관의 충정으로 볼 수도 있으나 일본의 입장과 궤를 같이하면서 제 눈 찌르기를 하는 것은 부적절했다. 대외협상 과정에서 재외공관은 주재국의 입장을 존중하면서도 본부의 훈령을 따라야 하기 때문에 신중히 처신해야 한다.

12월 일본 교토에서 열릴 예정인 한·일 정상회담을 계기로 양측은 2012년 한·일 FTA 협상재개를 위한 실무협의를 가속화한다는 합의 추진을 협의하고 있었다. 그러나 교토 정상회담은 역사인식 문제와 군대위안부 문제에 대한 양측의 입장 차이가 노출됨으로써 FTA 관련 의제는 제대로 논의조차 하지 못했다. 한·일 간 FTA 협상재개 노력은 이것으로 끝났다. 나는 2012년 4월 초 중국과의 FTA 협상출범을 위한 실무조율을 북경에서 마치고 바로 동경행 비행기에 올랐다. 니시미야 외무심의관에게 한·중 간 협의의 진전사항을 설명하고 양자 현안 해소방안에 대한 의견교환을 위해서였다. 일본식 전통 스시 집에서 점심을 하면서 한·중 FTA와 한·일 FTA 재개문제를 비롯하여 한·중·일 FTA 등에 관한 개인적인 견해를 솔직하게 교환했다. 물론, 양국의 여건은 변한 것이 없었다.

나는 6월 FTA 교섭대표직을 내려놓고 주제네바대사로, 니시미야 외무심의관은 중국 주재 일본대사로 내정되었다. 그는 유능하고 인간적 면모를 갖춘 인물로 신뢰할 만한 대화 상대였다. 주중 일본대사로 발령을 받고 부임을 준비하던 중 쓰러져 회생하지 못했다. 참으로 안타까운 일이었다. 고인의 명복을 빈다.

일본의 협상패턴과 시사점

일본과의 협상은 굉장한 인내와 시간을 필요로 한다. 마이클 블레이커(Michael Blaker)는 미국과 일본 간 실제 이루어졌던 통상 및 안보 분야의 협상 케이스 연구를 통해 일본의 협상 패턴으로 방어적 대항(defensive coping), 외압의 이용, 컨센서스 확보, 비선(秘線) 활용, 느린 협상과 비밀주의 등을 들었다.[7] '방어적 대항'이란 수동적 협상을 한다는 부정적 개념이 아니라 상대의 요구를 검토하고 대응 방안을 강구한 뒤 과도한 시간을 요하는 내부협의를 통해 최선의 방안을 모색하는 일본의 철저한 협상태도를 의미했다. 이런 일본의 지루한 대응을 혁파하기 위해 외부적 압력이 필요하다는 의미다. 또한, 블레이커는 일본의 집단적 결정구조로 인해 일본과의 협상은 대체로 분절화되거나 극도로 점진적으로 진행되며 왕왕 공식적인 협상채널과 무관한 비선을 통한 커뮤니케이션이 주효하다고 평했다. 일본은 조심스럽고 간결한 공개 발표를 선호하면서도 이와 별도로 협상내용의 비밀유지에 극도로 신경을 썼기 때문에 협상내용이 절대로 외부에 유출되지 않고 교착국면에

---

7 Blaker, M., Giarra, P., Vogel, E.(2002), Case Studies in Japanese Negotiating Behavior, U.S. Institute of Peace Press.

서도 조용히 활로를 모색할 수 있었다고 기술했다.

일본의 협상가는 수십 번 같은 질문을 하면서 상대의 입장을 확인하고 또 물어보곤 했다. 한국인들은 이런 일본의 태도를 '우유부단하다'고 치부하면서 금방 싫증을 느끼고 좌절하곤 했다. 내가 참여했던 한·일 FTA 재개협상 추진과정도 예외가 아니었다. 일본은 협상 상대와 협의는 지속하지만 상대가 제기하는 문제의 해결을 위한 내부합의에는 시간이 걸리고 절차도 복잡했다. 반면 협상라인을 우회하여 고위층이나 비선을 활용하여 협상진전을 압박하는 행태를 반복했다. 일본을 강하게 압박할 수 없는 협상상대는 협상을 포기하거나 당초 목표했던 이익의 균형을 맞춘 결과를 도출하기 매우 어렵다는 이야기다. 또한, 컨센서스에 의존하는 일본의 정책결정 방식과 무역의 대외의존도가 20% 정도에 그치는 일본으로서는 개방이 우리만큼 절박한 과제도 아니었다. 한마디로 일본은 효과적인 실무협상에는 매우 부적절한 상대였다.

11월 11일 노다 요시히코(野田佳彦) 일본 총리는 APEC 정상회의 계기에 기자회견을 통하여 일본의 TPP 협상참여 방침을 발표했다. 일본 언론은 '잃어버린 20년'으로 지칭되는 일본의 경제침체를 극복하고 아·태 시장의 성장동력을 활용해야 한다는 논조를 보였다. 2012년 들어 일본은 낮은 수준의 FTA를 체결해 온 그간의 관행에서 벗어나 EU와 EPA 협상을 개시하고 TPP 참여를 선언함으로써 포괄적이고 높은 수준의 FTA를 체결하는 정책으로 급선회했다. 확대되는 글로벌 FTA 네트워크에 일본이 고립되고 있다는 위기의식과 함께 외부의 충격을 통해서만 구조개혁을 추진하고 경쟁력을 유지할 수 있다는 절박성에 기인했다고 본다. 이런 정책 전환의 배경에는 아베 신조 총리가 높은 정치적 지지를 바탕으로 해묵은 경제의 비효율성을 제거하기 위해 과감한 정치적 결단을 내린 것도 큰 몫을 하고 있다.

한국은 이러한 일본의 변화에 주목해야 한다. 한·미 FTA 발효 후 중국과 일본은 미국과 EU 시장에서 우리보다 불리한 대우를 받았다. 그러나 TPP가 타결되고 추후 CPTPP로 발전하는 동안 한국은 역내공급사슬의 아웃사이더로 전락했다. 반면 일본은 EU와 FTA 협상은 물론 TPP 협상에도 참여하고 나아가 CPTPP를 주도함으로써 한국이 한·미 FTA 등을 통해 확보했던 선점의 우위를 한순간에 극복한 점을 주목해야 한다.

3. 한·중·일 FTA 협상출범과 메가 FTA에 대응

동북아 3국의 잠재력과 한계

동북아 3국의 정치적 비중, 경제규모와 상호 의존도를 고려해 볼 때 한·중·일 FTA의 정치·경제적 함의는 지대하다. 3국은 세계 인구의 1/4, 교역량의 1/6, GDP의 1/6을 차지한다. 3국 간 자유무역협정이 체결되면 북미자유무역지대(NAFTA) 및 EU에 이어 세계 제3위의 지역통합시장으로 부상할 것이고 그 순위는 시간이 가면서 역전될 것이다.

그럼에도 불구하고 역사인식의 차이로 인한 갈등과 정치제도 및 경제발전의 차이로 역내 협력증진을 위한 제도장치 마련은 걸음마 단계다. 또한 상품분야의 경우 중국과 일본이 각각 농수산업과 제조업에서 상대적 비교우위를 갖는 데 비해 우리는 일본에 대해서는 농수산업에 우위가 있고 중국에 대해서는 제조업에 우위가 있어 협상 포지션을 설정하는 데 애로가 있었다. 이런 이질성 때문에 협상 준비기간이 유난히 길었다. 6년간의 민간공동연구를 거친 후에도 2010~2011년 산·관·학 공동연구를 추가로 진행했다. 2011년 12월 강원도 평창에서 한·중·일 차관보급 수석대표가 보고서를 채택함으로써 종료됐다. FTA 체결로 역내 내수시장의 창출은 역외시장에 대한 의존도가 높은 동북아 교역구조의 개선에도 기여할 것이다. 더욱이 이 협정이 포괄적인 경제협력을 확대해 나가는 경우, 역내의 정치·안보 협력관계를 구축해 나가는 기반을 조성할 수 있을 것이다.

나는 FTA 교섭대표로 한·중·일 FTA의 타당성에 관한 산·관·학 공동연구 보고서를 채택했고 이어 한·중·일 FTA 협상의 출범에 기여했다. 또한, 한·중·일 투자협정 체결에 걸림돌이었던 쟁점들을 해소하여 3자 투자협정을 타결했다. 이 투자협정의 최대 수혜국은 일본이었다. 일본은 중국과 양자 투자보장협정을 오래전에 체결했지만 산발적으로 제기되는 중국과의 정치적 갈등으로 업그레이드를 못하고 있었다. 한국이 이니셔티브를 쥐고 3자 투자협정을 체결함으로써 일본은

한중·일 FTA 산관학 공동연구 최종 회의를 주재하는 필자(2011년 12월 16일)

양자 투자보장협정을 개선하게 되었다.

3자 FTA 협상의 출범준비

그 후 2012년 11월 프놈펜에서 열린 ASEAN＋3 통상장관회의에서 한·중·일 FTA 협상개시 선언이 이루어졌다. 우리나라는 박태호 통상교섭본부장이 참석했다. 다음해 3월에 열린 제1차 협상에서 협상의 운영세칙이 채택됐다. 3국 FTA는 중장기 과제로 추진될 것으로 보인다. 전술한 이질성뿐만 아니라 3국 협정의 근간을 이룰 수 있는 양자협정이 한·일 및 중·일간에 존재하지 않고 자유화 수준에 대한 3국의 목표수준을 좁히는 일도 용이하지 않기 때문이다. 또한, 역내포괄적경제동반자협정(RCEP) 등 3국이 모두 참여하는 광역 자유화 협정과 규범의 일관성을 유지하면서도 3국간 합의될 특혜이익이 잠식되지 않는 방향으로 협상해 나갈 필요가 있었다.

3국 FTA를 추진해 나가는 데 한국의 역할은 매우 중요했다. 3국 협정의 전략적·경제적 중요성에도 불구하고 일본이 중·일 간의 내재적 갈등과 함께 EU와의 FTA 및 TPP 협상에 집중하면서 3국 FTA에 대해 상대적으로 미온적 태도를 보였다. 이에 한국이 중국과 일본을 독려하여 적극적이고 창의적인 협상을 주도해 나갈 필요가 있었던 것이다.

동아시아 FTA의 태동과 한계

동아시아 FTA는 2001년 10월 동아시아 비전 그룹에 의해 ASEAN＋3 정상회의에 건의하면서 논의가 촉발됐다. 그 후 중국이 제안한 EAFTA(ASEAN+한·중·일)와 일본이 제안한 CEPEA(ASEAN+한·중·일+인도+호주+뉴질랜드)가 병행하여 논의돼 오다가 2011년 11월 ASEAN은 두 개의 접근을 통합하여 RCEP 협상을 추진하기로 가닥을 잡고 이듬해 협상개시를 선언했다. 나는 FTA 교섭대표 자격으로 RCEP 협상개시를 위한 실무적 준비를 했으나 당면한 미국과 EU와 FTA의 비준이 시급한 여건으로 우선순위에서 밀릴 수밖에 없었다.

RCEP 협상에는 ASEAN 10개국과 한국, 중국, 일본, 인도, 호주 및 뉴질랜드를 포함하여 총 16개국이 참여했다. 이들 참여국은 전 세계 GDP의 30%, 교역량의 29% 및 외국인 직접투자의 26%를 차지했다. RCEP은 아시아 지역의 자유무역지대 창설을 추구한다는 점에서 TPP 또는 CPTPP와 유사하다. 그러나 RCEP 협상에 중국과 인도가 포함된 반면 미국이 배제되었고 자유화 수준은 환태평양경제동반자협정(TPP)과는 비교가 되지 않을 정도로 낮다는 점이 특징이다. 그 이유는 ASEAN이 참여국들의 경제발전 정도와 개방 정도가 다른 이질적인 여건이며 이미 체결한 개별 FTA 협정문의 공통분모를 기반으로 협정문이 마련되는 데 기인한다. 한편, 지리적 인접성과 보완적인 산업구조로 인하여 RCEP 국가 내의 공급사슬은 발달돼 있는 것도 알 수 있다.

그간 참여국들이 추진한 FTA의 경험을 살펴보면 ASEAN과 중국과 인도 등은 공산품 분야의 자유화 수준이 낮고 서비스, 지재권, 경쟁정책, 환경 및 노동 분야의 자유화에 소극적이다. 일본의 경우 농산물의 자유화 수준이 대단히 낮고 비관세장벽은 매우 높은 특성을 가지고 있다. 또한 호주와 뉴질랜드가 희망하는 자유화 수준을 인도와 중국이 수용하기에 어려움이 있었다. RCEP은 상대적으로 낮은 수준의 점진적 자유화를 추진하는 협의체로서 포괄적이고 높은 수준의 자유화를 추구하는 TPP와 같은 차원에서 비교하는 것은 적절치 않다. 그럼에도 불구하고 미국이 불참하는 RCEP에는 경제규모와 시장규모가 가장 큰 중국의 영향력이 확대될 수 있기 때문에 전략적 함의를 무시할 수는 없다. 또한, 중국은 한·중·일 FTA를 체결함으로써 TPP에서 제외되어 발생하는 고립과 불이익을 보상받으려 했고 APEC 차원에서 FTAAP에 대한 타당성 연구를 주창함으로써 궁극적으로 아·태 지역에 거대한 자유무역지대를 창설해 나간다는 계획도 가지고 있다.

거대경제권이 참여하는 메가 FTA는 상호작용을 한다. 한·미 FTA 타결이 가시화되자 EU 측이 우리에게 협상출범을 요청하고 한·미 FTA 발효가 임박하자 중국이 한·중 FTA 출범을 독촉한 것도 이런 상호작용이라 할 수 있다. 또한 한·미 및 한·EU FTA 협상타결 후 비준 추진 과정에서도 미국과 EU는 경쟁관계를 보여 주었다. 한편 일본이 미국과 EU간 경쟁을 유도하면서 일·EU EPA 협상 및 TPP 협상에 참여한 것도 메가 FTA 간 상호작용의 대표적인 예라고 볼 수 있다. 메가 FTA의 확산은 국제통상질서를 근본적으로 변화시키고 있다.

메가 FTA의 출현과 발전에도 불구하고 브라질, 러시아, 인도, 중국, 남아공 등 자체 경제규모와 잠재력이 큰 브릭스(BRICS: 브라질, 러시아, 인도, 중국, 남아공) 국가들은 참여에 적극적이지 않은 것이 특징이다. 물론 중국은 RCEP과 한·중·일 FTA 협상 등에 참여하고 미국 및 EU와 투자협정교섭을 하고 있는 점에 비추어 여타 브릭스 국가에 비하면 상대적으로 신축적인 입장을 취하고 있다. 이들 국가들은 메가 FTA들이 관세영역을 포함하여 비관세장벽의 규제철폐를 목표로 한다는 점을 들어 부정적 기조를 유지하고 있다.

2018년 초 TPP에서 미국이 탈퇴한 이후 잔여 11개국이 포괄적·

점진적 환태평양경제동반자협정(CPTPP)이 출범하고 2019년 RCEP이 타결됨으로써 아·태지역에는 거대한 지역무역협정이 출범했다. 두 메가 FTA는 개방의 정도, 미국과 중국이 한 쪽에만 참여하고 있다는 점에서 시장접근과 통상규범 측면에서 상이한 부분이 많으나 상호 보완적인 특성도 가지고 있다. 미·중 간 갈등이 격화되면서 공급사슬의 분절화에 대한 우려가 제기되고 있다.

메가 FTA와 다자간 무역체제와의 관계에 대한 견해는 아직도 분분하다. 낙관적인 견해는 메가 FTA가 체결되어 무역자유화가 진전되면 결국 다자간 무역체제 활성화에 기여한다고 보는 반면, 비관적인 견해는 메가 FTA는 지역 협정 또는 복수국 간 협정으로 분절화된 규범을 확산시킴으로써 결국 다자간 무역체제에 걸림돌이 된다고 본다. 마지막 견해는 메가 FTA 협상이 출범하더라도 협상참여국 간 이익의 균형을 맞춘 합의도출이 쉽지 않기 때문에 협상타결이 용이하지 않을 것이라는 시각이다. 범대서양무역투자동반자협정(TTIP)과 TPP는 실패했지만 RCEP와 CPTPP는 타결된 점에 비추어 모두 일리가 있는 주장이다.

한·중·일 투자보장협정

자유화 수준에 차이는 있으나 3국 간에는 양자 투자협정이 이미 체결돼 있었다. 2003년 체결된 한·일 투자협정은 투자자유화가 포함되고 2007년 체결된 한·중간 투자보장협정은 상당한 수준의 투자보호 규정을 두고 있었다. 반면, 1989년 중·일투자보장협정은 전통적인 형태의 협정으로 일본은 이 협정을 업그레이드하는 것이 숙원이었다.

3자 투자협정은 역내 투자를 활성화하고 궁극적으로 한·중·일

FTA 체결을 위한 기반을 조성한다는 목표에는 공감했다. 2004년부터 산·관·학 공동연구와 정부간 협의를 거쳐 2007년 투자협정 공식협상을 개시했다. 그러나 높은 수준의 투자자유화 조항을 포함하자는 한·일의 입장과 이에 소극적인 중국의 입장이 대립하여 협상은 지지부진했다. 또한 우리는 이미 체결된 한·중 투자협정보다 진전된 개방 약속을 받아내야 했다.

2011년 11월 강원도 평창에서 한·중·일 차관보급 회의가 열려 한·중·일 투자협정의 쟁점에 관해 협의했다. 나는 회의 장소를 일부러 평창으로 정했다. 동계올림픽 개최 예정지에 대한 홍보도 있었지만 외부 환경에 방해받지 않고 대표단 간 허심탄회하게 대화할 수 있는 분위기를 만들기 위해서였다. 나는 주최국 대표로 의장역할을 했다. 3국간 물고 물리는 입장 차이를 조정하여 3자 투자협정의 쟁점을 대부분 해소했다. 3국 투자협정은 2012년 5월 북경에서 이명박 대통령, 원자바오 중국 총리, 노다 요시히코 일본 총리의 임석하에 한·중·일 통상장관 간 서명이 이루어졌다. 또한 3국 정상은 한·중·일 FTA 협상을 연내에 개시하는 데 의견을 같이 했다. 내 역할은 여기까지였다. 그 무렵 나는 주 제네바 대사 발령을 받았다.

07
미국과의 양자 통상 협상 현장

이 장에서는 쇠고기, 자동차, 전문직 비자쿼터, 쌀 문제 그리고 개성공단 문제 등 한·미 간 5개 통상현안과 관련된 나의 경험과 소회를 적었다. 이 이슈들은 한·미 FTA 협상 과정에서 끊임없이 제기되면서 FTA 협상에 직·간접적인 영향을 미쳤다.

쇠고기 관세철폐 방식은 한·미 FTA에서 합의가 되었으나 수입위생조건에 관한 논란은 계속되고 있었다. 과장된 광우병 공포 때문이었다. 2008년 4월 한·미 간 쇠고기 협상 타결 후 한국에서는 촛불시위가 점화됐고 6월 추가합의를 통해 진정 국면에 들어서게 됐다. 여기서는 고조됐던 갈등의 실체와 해소과정을 일별해 본다. 자동차 문제도 쇠고기와 함께 한·미 간 오랜 통상현안이었다. 미국의 민주당 의회는 한·미 FTA 자동차 조항의 개정을 요구하며 인준을 미뤘다. 2010년 재협상을 통해 갈등을 해소함으로써 한·미 FTA가 미 의회의 인준을 받는 과정을 살펴봤다.

전문직 비자쿼터 관련 조항은 한·미 FTA에 포함되지 않았다. 이민정책에 대한 권한은 의회가 장악하고 있었고, 미 의회는 행정부에 비자문제를 FTA 협상과 연계하지 말 것을 주문했다. 여기서는 미 의회의 입법을 통해 전문직 비자쿼터를 확보하고자 했던 필자의 경험과 노력에 관해 적었다. 쌀은 한국이 체결한 모든 FTA에서 제외되었다. 우리나라는 우루과이 라운드 협상 결과 일정한 조건하에 쌀의 관세화를 10년 간 유예했고 2004년 다시 10년 간 추가 유예했다. 여기서는 한국의 쌀 관세화 유예결정과 2014년 관세화 결정과정의 논란과 관련한 소회를 피력한다.

마지막으로 역외가공지역이 적대관계에 있는 국가에 설치되어 경제협력과 평화 증진에 기여한 사례를 원용하여 한·미 FTA에 개성공단 조항을 합의하는 과정을 적었다. 역외가공지역으로 개성공단 조항은 한국이 체결한 대부분의 FTA에 포함돼 있다. 다만 협정마다 운영방식이 다르다. 미국 또는 EU와의 FTA처럼 위원회 방식이 있고 여타 FTA처럼 역외가공 방식이 있다.

1. 쇠고기 수입위생조건 협상: 거짓과 광기의 시대

쇠고기 문제는 1980년대 이래 한·미 양국의 오랜 통상현안이었다. 한·미 FTA 협상결과 쇠고기 관세는 발효 후 15년 간 균등하게 철폐하기로 합의했다. 그러나 수입위생조건은 별도로 합의해야 했다. 광우병 위험이 확산되면서 2001년 한·미 양측은 '30개월 미만의 뼈 없는 쇠고기 수입'에 관한 새로운 수입위생조건에 합의했으나 2년 후 미국에서 광우병에 감염된 소가 발생하자 한국은 미국 쇠고기 수입중단 조치를 취했다. 당시 한국은 연간 약 20만 톤에 7.4억 달러 상당의 미국산 쇠고기를 수입하여 일본과 멕시코에 이어 세 번째로 큰 미국산 쇠고기의 수출시장이었다.

자연스럽게 FTA 협상과 병렬적으로 쇠고기 수입위생조건에 관한 협상이 진행됐다. 실무협상은 한국 농림부와 미국 USTR이 맡고 통상교섭본부와 미국 농림부가 깊숙이 간여한 구조였다. 한국은 방어적 입장에서 농림부가 수석대표를 맡았는데 미국은 무역대표부가 공세적으로 협상을 주도했다. 나는 당시 워싱턴 주재 대사관 경제공사로 쇠고기 협상과정에 직·간접적으로 참여했다.

뼛조각 검출을 위해 X-레이 투시기를 설치

110여 개국에 쇠고기를 수출하던 미국은 수입국의 여건에 따라 차등적인 수입위생조건을 합의했다. 일본과 '20개월 이하의 뼈 있는 쇠고기' 수출에, 한국을 비롯한 15개국과는 '30개월 미만의 뼈 없는 쇠고기' 수출에 합의했다. 2005년 한·미 양국은 쇠고기 협상을 재개했으나 한·미 FTA 협상의 전제조건으로 쇠고기 수입을 사전에 합의했다는 비판과 더불어 수입위생조건의 문안해석 문제로 갈등을 겪었다.

2006년 9월 농림부는 수입위생조건의 시행에 관한 고시를 발표한 후 미국산 쇠고기를 수입했으나 뼛조각이 검출됨으로써 전량 반송 조치했다. 양국은 수입위생조건의 '뼈를 제거한 살코기(de-boned skeletal muscle meats)'에 대한 해석을 둘러싸고 충돌했다. 한국은 뼈를 완전히 제거한 '순 살코기(bone-free)'로 해석했다. 당시 박홍수 농림부 장관은 뼛조각 검출을 위해 각 검역소에 X-레이 투시기를 설치했다. X-레이 투시기로 발견되지 않으면 육안검사를 통하여 뼛조각을 찾아내고 반송조치를 했다.

반면, 미국은 도축과 포장과정에서 불가피하게 포함되는 뼛조각에 대한 허용기준을 마련해야 한다는 입장이었다. 미국은 한국의 조치가 셰익스피어의 희곡 '베니스의 상인'에 담긴 자의적 문구해석과 다름없다고 불만을 터뜨렸다. 고리대금업자 샤일록이 대출금을 갚지 못한 주인공의 살점을 도려내기로 했지만 '살은 베어내되 피는 흘리면 안 된다'는 조항 때문에 살점을 도려내지 못한 대목을 빗댄 것이었다.

이 문제는 양국 정치권의 과민한 반응을 촉발했다. 우리 국회의원 36명은 미국의 동물성 사료금지조치와 광우병 감염소의 예찰시스템이 불완전하다는 점을 들어 미국 쇠고기의 수출중단을 촉구하는 부시 대통령 앞 서한을 송부했다. 반면, 미국에서는 한국이 국제기준을 벗어나는 악의적 검역절차를 진행하고 있다고 맹비난했다. 미국은 궁극적으로 뼈 있는 쇠고기 교역에 강한 관심을 보였다.

미국 상원의원의 노골적인 위하(威嚇)

2007년 1월 17일 막스 보커스 미 상원 재무위원장(민주-몬태나)은 11명의 상원의원과 함께 이태식 주미대사를 쇠고기 관련 비공식 협의에 초청했다. 덕슨(Dirkson) 빌딩 2층 회의실의 타원형 테이블에 상원 중진의원들이 둘러앉았다. 명색이 초청이지 명백한 위하였다. 그들은 "한국이 미 쇠고기 수입시장을 완전히 개방하지 않으면 한·미 FTA를 지지하지 않겠다"고 으름장을 놓았다. 이태식 대사는 "쇠고기 문제의 민감성에 비추어 뼛조각 문제를 먼저 해결한 뒤에 뼈 있는 쇠고기 문제를 해결하는 단계적 접근이 순리입니다"라고 응대했다. 아울러 "한·미 FTA는 양국에 호혜적인 이익을 창출할 것임에 비추어 미 의회의 지지를 당부합니다"라고 덧붙였다. 미국은 한·미 FTA 협상타결을 지렛대로 한국과 쇠고기 문제를 해결하고 이를 모델로 다른 나라를 압박하고자 했다.

이 대사의 차분하면서도 설득력 있는 대응이 돋보였다. 3월 말 한·미 FTA 협상이 막바지에 교착되자 부시 대통령은 노 대통령에게 전화를 걸어 쇠고기와 자동차 분야에 대한 미국의 관심을 강조했다. 결국 양측은 한·미 FTA 협상타결 직후인 4월 2일 노무현 대통령이 미국이 OIE에서 광우병 통제국의 지위를 받으면 합리적 기간 안에 합리적으로 해결하겠다는 담화를 발표하는 선에서 타협했다. 그러나 그 후에도 수입중단 조치가 반복되면서 양측의 불신과 대립은 깊어 갔다.

농림부의 엉성한 협상과 정면돌파

2007년 말이 되면서 양측은 1단계는 30개월령 미만의 뼈 없는 쇠고기를 수입하고 2단계는 미국이 강화된 사료금지 조치의 발표 시점에 월령제한을 철폐한다는 소위 단계별 접근 방안이 논의되었다. 그러나 대선 참패 후 이듬해 총선을 준비해야 하는 정부·여당은 쇠고기 문제까지 떠안고 갈 여력이 없었다. 2008년 4월 신임 이명박 대통령의 방미 기간 중 서울에서는 양측 수석대표 간 실무협상이 계속됐다. 통상교섭본부나 주미대사관과 일절 교감없이 진행되어 경과를 알 수 없었다. 국가적 현안이고 양국 FTA 협상과도 연계된 사안이었음에도 농림부는 보안을 이유로 소통을 단절했다. 폐쇄적 환경에서 추진된 협상은 부실한 결과를 도출하기 마련이다. 협상 결과 농림부는 새로운 수입위생조건을 입법예고했다. 그러나 예고문의 내용이 미국이 발표한 강화된 사료금지조치의 내용과 달라 큰 혼선을 빚었다. 결국 엉성한 협상결과는 쇠고기 문제를 둘러싼 국내 갈등을 증폭시키는 기폭제가 됐다.

그 무렵 방영된 PD수첩 보도는 홀마크 웨스트랜드(Hallmark Westland) 도축장을 보여주면서 다우너(downer) 소들이 마치 광우병에 걸린 것처럼 묘사하고, 크로이츠펠트-야콥병(CJD)[1]에 걸린 버지니아의 한 여성이 인간광우병(vCJD)으로 사망한 것처럼 시사했다. 사실왜곡이었다. 2008년 5월 초 나는 웨스트버지니아에서 휴일을 보내던 리차드 레이몬드(Richard Raymond) 미 농무부 차관을 긴급 접촉하고 미국 정부

---

1 크로이츠펠트-야콥병(CJD): 산발성, 의인성, 가족성으로 구분되며, 이 중 '산발성'은 유전적 돌연변이로 프리온 단백질에 의해서 발생된다. '의인성'은 의료시술 과정에서 프리온에 오염된 기구나 조직에 의해서 발생하고, '가족성'은 유전적 성향을 보인다. 전체 CJD의 대부분이 산발성이며 광우병 감염된 쇠고기 섭취와는 무관하다. 출처: 의학신문(http://www.bosa.co.kr)

의 입장을 조기에 발표해 줄 것을 주문했다. 그는 다음날 기자회견을 통해 "생검을 통해 확보한 아레사 빈슨(Aretha Vinson)의 뇌조직을 검사한 결과 인간광우병(vCJD)[2]으로 사망한 것이 아니라는 것이 잠정 결론입니다"고 언급했다. 그럼에도 MBC의 보도로 일반 국민들은 광우병 공포에 휩싸였고 한·미 FTA 반대론자를 결집시키는 촉매가 됐다.

서울에서는 한승수 총리와 이명박 대통령이 수차례 사과하고 미국과 일부 보완적 조치를 합의해도 국회에서 진실 규명과 재협상에 대한 요구가 봇물처럼 터지고 촛불시위도 확산일로에 있었다. 양국 정부는 자발적 라벨링으로 30개월령 미만 쇠고기를 표시함으로써 사태를 수습하려 했다. 그러나 이태식 대사와 나는 그것만으로는 미흡하다고 판단했다. 6월 초 이 대사와 나는 쇠고기 문제에 키를 쥐고 있는 보커스 상원의원과 넬슨 상원의원(민주-네브라스카)을 긴급 면담하여 "자발적 라벨링만으로 불충분하며 자발적 수출·수입규제를 도입해야 한다"고 강조했다. 두 의원도 상황의 심각성을 인지하고 바로 미 행정부 및 업계측과 협의를 약속했다. 다음날 미국은 그동안 유보적이었던 자발적 수출규제 방안을 수락했다. 이 대사의 정면 돌파가 주효했다.

협상 결렬과 극적인 반전

결국 양측은 추가협상장으로 내몰렸다. 6월 중순 김종훈 통상교섭본부장은 수잔 슈왑(Susan Schwab) USTR 대표와 담판을 짓기 위해 워

---

2 변종 CJD(vCJD, variant-CJD): 속칭 '인간광우병'으로 불린다. 소에서 광우병이 최초 발생한 영국에서 최초 발견된 질환으로 광우병(BSE)감염 소의 골, 뇌 등을 섭취해서 감염되는 것으로 알려져 있다. CJD와 발병원인, 임상경과들이 달라서 '변종'으로 명명된다. 출처: 의학신문

광화문과 태평로 일대를 밝혔던 촛불시위 현장(2008년 12월 20일)

싱턴에 도착했다. 쇠고기 월령문제, 검역 권한문제와 혐오문제 등 이전 협상에서 미진했던 현안 마무리를 위한 출장이었다. 회의가 열린 USTR 건물 내외는 엄중한 긴장감이 감돌았다. 내부 회의실에 양측 대표단이 마주 앉았고 건물 외부에는 워싱턴 특파원과 외신기자들이 장사진을 치고 있었다. 양측 모두 물러설 수 없는 처지였다. 슈왑 대표는 '미국 쇠고기는 안전하다. 과학에 기반을 두지 않은 요구는 부당하다'는 입장을 강조했다. 김 본부장은 태평로를 뒤덮은 촛불집회 현장사진을 협상 테이블에 펼치면서 "쇠고기 문제는 무역과 과학을 초월한 정치문제이며 나아가 한·미 동맹의 문제이기도 하다"고 배수친을 쳤다. 다음날 회동에서 우리는 미국 정부가 보증하는 월령확인제도 도입과 검역 권한 확보 등을 재차 강조했고 미국은 수출검증 프로그램(EV)보다는 품질시스템평가프로그램(QSA)을 활용할 수 있다고 하면서도 과학적인 정당성에 근거한 교역제한조치가 선행되어야 한다는 말을 반복했다. 양측의 논리가 부딪치고 협상은 공전을 거듭했다. 순간 김 본부장은 자리를 박차고 나갔다. 협상결렬이었다.

6월 15일 김 본부장은 본부와 교감 후 귀국을 결심하고 나와 함께 그레이트 폴스(Great Falls) 부근으로 산책을 나갔다. 때마침 커틀러 대표보가 나에게 전화로 슈왑 대표가 신축성을 보일 수 있다는 메시지를 전해 왔다. 미국은 협상결렬을 원치 않았던 것이다. 우리는 산책을 중단하고 "한국은 월령확인, 검역권한 및 혐오부위 수입불가 입장을 견지하면서도 문서의 형식에는 신축성을 보일 수 있다"는 대응 메시지를 통보했다. 나와 커틀러 대표보를 통한 접촉채널이 가동되면서 협상재개의 빌미가 만들어지고 있었다.

그러나 김 본부장은 내친 김에 케네디 공항을 통해 귀국하기 위해 뉴욕행 암트랙(Amtrak)에 올랐다. 미국 측은 여러 채널을 통해 김 본부장의 귀국을 만류했다. 결국 김 본부장은 귀국 보류 조건으로 "협상재개를 위해서는 미국의 구체적인 서명제안과 전향적 자세가 선행돼야 한다"는 메시지를 전했고 미 측은 이를 수락했다. 이날 오후 나는 특파원과 기자들 그리고 양측 정치권 인사들로부터 300여 통의 전화와 문자 폭탄에 응대해야 했다.

미국무역대표의 한국대사관 방문

다음날 김 본부장은 워싱턴으로 귀환하여 다시 미국과 협상 테이블에 앉았다. 협상진전은 느렸다. 미국이 전향적 고려를 하고 있다는 감촉을 받았으나 여전히 강경일변도를 견지하고 있었다. 결국 김 본부장은 다시 광화문을 뒤덮은 촛불사진을 테이블에 올렸다. 순간 회의장에는 날카로운 긴장감이 엄습했다. 미국은 그 다음날 서면초안을 우리에게 미리 전달하겠다며 정회를 요청했다. 그러나 약속과 달리 미국이 초안을 전달하지 않아 우리는 회의거부를 통보했다. 새로운 교착국면이었다.

댄 프라이스(Dan Price) 백악관 부보좌관이 긴급히 이태식 대사에게 전화하여 슈왑 대표로 하여금 한국대사관을 찾아가서 협의하도록 하겠다고 했다. USTR 역사상 대표가 외국 대사관을 찾아와서 협상하는 것은 처음 있는 일이라 했다. 대사관 접견실에 2＋2회의를 세팅했다. 김종훈 본부장과 슈왑 대표는 나와 커틀러 대표보의 동석하에 현안 이슈들을 하나하나 정리해 나갔다. 결국 한국대사관에서의 협의를 기반으로 6월 19일 최종 타결함으로써 미비점이 대폭 보완됐다. 한국 QSA 프로그램 도입으로 월령문제를 해소했고, 불시점검권한과 미국의 수출작업장을 해제할 수 있는 권한을 확보함으로써 검역주권 문제도 해소했다.

설거지론과 조공론의 정치

6월 개원한 제18대 국회는 벽두부터 여야 대립이 격화됐다. 거대 여당인 한나라당은 국정을 장악하지 못하고 야당은 촛불민심에 기대어 정부 비판을 이어갔다. 결국 여야 간 타협책으로 여당이 '쇠고기 수입 협상 국정조사 특위(쇠고기특위)'를 맡고 야당이 '가축방역법 개정특위(가축법특위)'를 맡는 것으로 타협했다. 여야가 정부에 요구한 자료는 대조적이었다. 여당은 '설거지론'을 들고 나왔다. 참여정부 때 이미 원론적 합의가 있었고 이명박 정부는 단지 이행만 했고 추가협상을 통해 우려를 해소했다고 주장했다. 반면 야당은 '조공론' 또는 '선물론'을 제기했다. 즉, 참여정부는 쇠고기시장 개방을 방어했는데 이명박 정부가 4월 정상회담의 선물로 쇠고기협상을 졸속으로 했다는 것이다.

소위 촛불세력들은 더욱 세차게 정부와 국회를 몰아세웠고 언론은 수개월 지속된 쇠고기 논쟁을 사실 확인도 없이 자극적인 보도로 일관했다. SNS와 인터넷을 통해 전달되는 가짜 뉴스들이 국민들을 광우병 공포 속으로 몰아넣었다. 정치권도 이런 민심에 편승하고 이용하면서 자신들의 세력 확장에만 혈안이 됐다. 쇠고기 문제의 책임론이 제기되어 청와대 참모진과 내각이 사퇴했다. 대통령이 청와대 뒷산에 올라 울먹였다는 보도는 감동보다는 지도자의 유약함을 드러낼 뿐이었다. 대한민국 전체가 집단적인 광기와 거짓에 매몰되어 있다는 느낌을 받았다. 내가 만난 많은 미국인 지인들은 쇠고기 문제를 둘러싼 한국의 정치 상황과 국민적 갈등을 의아해 했다.

MBC의 광우병 보도와 아레사 빈슨

앞서 언급했던 MBC 피디수첩의 홀마크 웨스트랜드 도축장 보도 이후 피디수첩 제작진들을 대상으로 허위 보도에 관한 소송이 진행되면서 검찰조사도 이어졌다. 한편 미국에서는 아레사 빈슨의 사망 원인을 둘러싸고 소송이 진행 중이었다. 소송의 실체는 빈슨의 사망원인이 인간광우병(vCJD)인지 여부가 아니라 의료사고인지 여부였다.

쇠고기 광풍도 사위어가는 2008년 늦여름 비가 추적거리는 저녁이었다. 나는 사망한 아레사의 모친 로빈 빈슨(Robin Vinson)과 어렵게 통화를 하게 됐다. 통화는 30여 분 이어졌다. 빈슨의 모친은 딸의 사망으로 인한 슬픔으로 소송을 힘들어 했다. 그러나 그녀는 크로이츠펠트-야콥병(CJD)과 인간광우병(vCJD)의 차이를 확실히 알고 있었고 인터뷰했던 한국기자들에게도 그 차이를 설명을 했다고 했다.

필자: 저녁 늦게 전화드려 죄송합니다. 워싱턴의 한국대사관 경제공사입니다. 따님 일로 상심이 크시겠습니다. 심심한 조의를 표합니다.

빈슨: 아이구, 제발 전화하지 마세요. 어찌된 영문인지 한국에서 기자라는 분들이 찾아오고 전화가 빗발치듯 하여 생활에 방해가 많습니다.

필자: 저는 기자가 아닙니다. 다만, 따님의 사망 원인과 관련해서 지구 반대쪽에 있는 한국에서 정권이 흔들리는 큰 문제가 발생하여 사실관계만 확인하고자 전화를 드렸습니다.

빈슨: 제 딸의 죽음과 한국이 무슨 상관입니까?

필자: 한국의 MBC 방송이 로빈 빈슨 씨와 인터뷰를 한 뒤 아레사 빈슨의 사인이 인간광우병(vCJD)이라고 보도했습니다. 그 이후 미국 쇠고기를 먹으면 빈슨과 같이 인간광우병에 걸릴 위험이 있으니 미국 쇠고기 수입을 금지해야 된다는 주장입니다. 아레사 빈슨의 사인이 인간광우병이 맞습니까?

빈슨: 제 딸은 인간광우병으로 사망한 것이 아닙니다. MBC 팀이 와서 인터뷰를 요청했을 때에도 분명히 CJD로 사망했다고 언급했습니다. 제 딸은 오랫동안 앓던 고도비만을 치료하기 위해 위장절제수술을 받았는데 예후가 좋지 않다가 사망에 이른 것입니다. 사인은 CJD로 판명됐고요. 이와 관련하여 병원을 상대로 의료과실로 인한 배상을 청구하는 소송을 진행중입니다.

필자: 아, 그렇습니까? 심려를 끼쳐드려 죄송합니다. 다시 한 번 심심한 조의를 표합니다. 감사합니다.

2. 자동차 협상: 빅쓰리의 몰락과 미국의 끝없는 요구

한·미 간 자동차 문제의 본질

자동차를 둘러싼 한·미 양국의 갈등은 오랜 기간 내연했고 쇠고기 문제와 함께 한·미 FTA 협상과 비준과정에서 핵심 쟁점으로 작용했다. 나는 주미대사관 경제공사로 한·미 FTA 자동차 협상을 지켜봤고 서명 후 비준을 위해 미국 의회, 업계, 노조 및 학계 등에 대한 아웃리치 활동을 담당했다. 그 후 서울에서 FTA 교섭대표 자격으로 한·미 FTA 추가협상을 하면서 자동차분야 규정을 다시 들여다보았다.

미국의 자동차 산업은 기술혁신을 거듭하면서 미국 문화의 아이돌로 발전했으나, 1970년대 빅쓰리(Big Three)와 노조가 30년 이상 근무한 근로자에게 최대한의 연금과 종신의료보험 혜택을 부여함으로써 고비용의 족쇄를 찬 것이 화근이 됐다. 제1차 오일쇼크 이후 자동차 수요가 급감했을 때도 에너지 효율향상을 위한 기술혁신과 경영쇄신 없이 오히려 자동차 수출국가에 칼날을 들이댔다. 1980~1990년대 미국의 대 아시아 통상압력은 공격적 상호주의, 공정무역, 전략무역 및 신중상주의라는 기조에 따라 취해졌다. 1988년 통과된 '옴니버스 통상 및 경쟁력 법'이 그 전조였고, 이 법에는 슈퍼 301조, 스페셜 301조 및 스페셜 201조 등 미국이 일방적인 압력을 행사할 수 있는 무시무시한 장치들이 다수 들어 있었다.

한국에도 통상압력을 가중시켰다. 주로 한국의 관세 및 비관세장벽 해소에 중점을 두었고 한국은 자동차 관세율을 1988년 50%, 1995년 8%로 인하했다. 1990년대 후반 미국은 한국의 비관세장벽을 다루기 위해 두 개의 양해각서(MOU)를 체결했다. 1995년 양해각서는 수입 차량의 시장점유율 확대, 한국의 자동차 세제 개편, 자동차 관련 기준의 조화 등 문제를 다룬 반면, 1998년 양해각서는 보다 강도 높은 세제 개편 등 비관세장벽 철폐에 초점을 맞추고 이행 점검장치를 도입하기에 이르렀다. 이 문건들은 당시 외교부와 산업부의 갈등 속에서 미국의 압력에 굴복한 것으로 통상협상의 반면교사로 삼아야 할 사례라 할 수 있다. 나는 한·미 FTA 추가협상을 하면서 이 양해각서를 폐기하거나 종료하고자 했으나 종료조항 자체가 없고 미국의 집요한 반대로 성사시키지 못했다.

공화당의 자동차 협상과 민주당의 반발

한·미 FTA의 자동차규정은 포괄적이고 균형을 이루고 있다. 미국의 자동차 관세철폐 및 원산지의 선택적 사용 등 한국 측 관심이슈와 우리의 안전기준, 환경기준 등 비관세분야에 관한 미국의 관심이슈 간 이익의 균형을 맞춘 상태였다. 관세양허 협상에서 미국이 요구한 3,000cc 이하 자동차는 즉시 철폐, 3,000cc 이상 자동차는 3년 철폐, 타이어는 5년 철폐, 픽업트럭은 10년 철폐 그리고 한국 요구사항인 하이브리드 차의 10년 철폐 이외에는 모두 즉시철폐로 합의했다. 비관세분야에서는 한국의 배기량 기준에 의한 특별소비세와 자동차세를 인하하고 배기량 차이에 따른 세금차이 축소를 합의했다. 또한, 일정대수까지는 배출가스 허용기준, 배출가스 자기진단장치 및 안전기준 적용을 면제해 주는 쿼터를 부여했다.

2006년 11월 중간선거에서 상·하 양원을 장악한 민주당은 막바지에 접어든 한·미 FTA 협상에 사사건건 간여하기 시작했다. 2007년

3월 찰스 랑겔(Charles Bernard Rangel) 하원 세입위원장(민주–뉴욕)과 샌더 레빈(Sander Levin) 무역소위원장(민주–미시간) 등 상·하원 양당 중진의원 15명은 부시 대통령 앞 서한을 통하여 한국의 자동차 시장개방을 위한 엄청난 요구를 했다. 나아가 6월 29일 낸시 펠로시(Nancy Pelosy) 하원의장(민주–캘리포니아) 등 민주당 지도부는 '자동차 분야 무역불균형 문제가 해결되지 않는 한 현재의 한·미 FTA를 지지할 수 없다'는 요지의 성명3을 발표했다. 서명을 하루 앞둔 한·미 FTA에 치명적인 일격을 가한 것이다.

미국 자동차업계의 이해당사자들

빅쓰리(Big Three)는 GM, 포드와 크라이슬러를 지칭한다. 빅쓰리를 대표하는 자동차무역정책이사회(ATPC)는 미국의 자동차 분야 통상정책에 직접적인 영향을 주는 대표적인 단체로서 한·미 FTA는 물론 한국 내 반수입정서, 행정의 불투명성, 환율조작 문제 등을 제기하여 왔고 한국의 비관세장벽에 대하여 강도 높게 비판했다. 그 밖에 자동차 및 부품 생산업체의 이익을 대변하는 다양한 협회와 자유무역을 지지하는 수입자동차 딜러협회도 있었다.

FTA 반대단체로는 최대노조조직인 AFL/CIO가 양대 산맥을 이루고 초강성 자동차노조(UAW)와 화물차노조(Teamsters)가 대표적이다.

---

3 2007년 6월 29일 하원 민주당 지도부 4인의 성명요지: "현재와 같이 협상된 상태의 한·미 FTA는 잃어버린 기회다. 현 상태의 한·미 FTA는 그간 지속된 비관세장벽 문제를 효과적으로 해소하지 못했다. 이러한 비관세장벽 문제는 특히 자동차 분야에서 두드러지며, 작년 한국은 70만 대의 차를 미국에 수출한 반면 미국은 한국에 5,000대도 수출하지 못했다. 이와 같은 수치는 시장접근에 있어 뿌리 깊고 근본적인 문제점과 일방적인 무역관계를 단적으로 보여주는 것이다. 결론적으로 우리는 현재와 같이 협상된 상태의 한·미 FTA를 지지할 수 없다."

패널 토의에서 나와 자주 설전을 벌였던 덕 마이어(Douglas Meyer) UAW 워싱턴 사무소장은 "미국인에게 자동차는 한국인에게 쌀과 같은 존재다.", "한국 자동차의 미국 진출 패턴을 보면 과거 일본의 사례를 쏙 빼 닮았다. 먼저 저가자동차 수출로 소비자의 인지도를 높이고 고급 차량의 대량수출로 전환한다. 또한, 미국 내 현지투자를 확대하면서 노조가 없는 지역을 선택한다." 한편, 2008년 9월 말 열린 하원 자동차 청문회에서 론 게텔핑거(Ron Gettelfinger) UAW 회장도 판박이 입장을 반복했다. "2007년 대한국 자동차수입은 66만 8천대(113억 달러)인 반면, 수출은 6,500대(10억 달러)로 이 차이는 양국 간 교역 불균형의 전부를 차지하고 있다. 한국의 자동차 시장은 폐쇄적이며 매우 복잡한 비관세장벽이 존재한다."

미국의회에 대한 아웃리치 활동

이태식 대사는 랑겔 미 하원 세입위원장과 레빈 무역소위원장을 여러 차례 방문했고 나도 동석했다. 자동차 교역의 사실관계를 바로잡으려 부단히 노력했으나 이들은 미국 노조와 교감된 입장을 앵무새처럼 반복했다. 미국 자동차노조가 안고 있는 문제는 이해가 갔으나 그들의 반복되는 사실왜곡과 과장에는 신물이 났다.

나는 '자동차산업의 신화와 사실'이란 반박자료를 인쇄하여 배포했다. 우선 한국 자동차시장이 폐쇄적이라는 주장에 대하여 "외국차의 한국 시장 점유율은 2007년에 14%이며 미국 차 수입은 약 7,000여 대로 전체 수입차의 14%를 차지한다. EU와 일본이 미국보다 각각 4배 및 2배나 더 많은 차를 판매한 것은 한국 시장이 폐쇄적인 것이 아니라 미국 자동차에 대한 한국 소비자의 선호도가 떨어진다는 것을 시사한다. 더욱이 미국 시장에서 한국 차의 점유율은 4.8%를 기록한 반면, 한국 시장에서 GM 대우를 포함한 미국 차의 판매율은 13.8%를 기록했다"라고 반박했다. 또한 미국의 대 일본, 캐나다, 멕시코 및 독일과의 무역적자는 대 한국 무역적자보다 훨씬 크다고 강조했다. 미국 자동차의 적자요인은 과도한 국내시장 의존, 25%의 고관세로 보호를 받고 있는 경트럭 부문의 이익의존과 수출보다는 대외투자를 선호하는 구조적인 문제에 기인한다는 미 상무부의 분석자료도 인용했다.

디트로이트의 심각한 고질병

한때 미국 국력의 상징이었던 자동차산업은 고질병을 앓고 있었다. 2005년 1,700만대를 정점으로 내수실적은 지속적으로 감소하여 2008년도에는 사상 처음으로 빅쓰리의 시장 점유율이 50% 이하로 추락했다. 빅쓰리의 퇴직 근로자 대부분은 자동차노조에 가입되어 있고 노동자의 고령화, 퇴직자의 증가 등 고비용 구조였다. 실직 노조원에게 4년 동안 95% 정도에 해당하는 보수를 보장하는 직업은행 (Job Bank) 프로그램과 차량 1대당 1,500~2,000달러에 이르는 퇴직자에 대한 의료보험과 연금지원비용 등 소위 과도한 상속비용이 문제였다.

2008년 9월부터 빅쓰리는 정부지원이 없을 경우 연내 파산이 불가피하다는 점을 강조하면서 경영정상화를 위한 정부지원을 요청했다. 2009년 3월 말 오바마 대통령은 자동차 업계의 강도 높은 구조조정과 전략적 제휴를 통한 회생추진을 주문했다. 6월 1일 오바마 대통령은 대 국민연설을 통하여 GM 회생을 위한 강력한 구조조정의 필요성을 역설했고 같은 날 GM은 미국 및 캐나다 정부와 파산보호 신청에 합의

한·미 FTA 추가협상 관련 중간 기자 브리핑하는 모습(2010년 11월 9일)

했다. 또한, 시보레, 캐딜락, 뷰익, GMC 등 4대 핵심 브랜드에 집중하고 노동비용 감축과 생산능력의 효율적 활용 등 구조조정 계획을 추진하기로 했다. 메이나드는 '디트로이트의 종말'에서 빅쓰리의 성공과 실패의 원인을 자세히 분석하고 외국계 자동차 회사의 성공과 그 배경을 담았다.[4] 그는 미국 자동차 업계의 실패 원인으로 소비자 신뢰의 상실, 품질관리 실패 및 친환경차의 중요성을 간과한 경영진의 오판을 지적했다.

2010년 한·미 FTA 자동차 추가협상

미국에서 자동차 문제는 2008년 경제위기 후 심각한 정치문제가 되었다. 미 행정부가 자동차 분야에 국한된 재협상을 제의한 것도 이런 절박한 사정 때문이었다. 그러나 한국은 "이미 타결된 협정의 수정은 불가능하다"는 입장을 취했다. 그러나 미국 정치권은 업계 및 노조의 요구에 부응할 정치적 명분이 필요했다. 우리로서도 미국에 일정한 정치적 명분을 제공하더라도 협정을 조기발효시키는 것이 현명하다고 판단했다. 만약 미국이 당면한 정치 현실의 변화를 무시한다면 협정비준은 요원할 것이기 때문이다.

2010년 12월 타결된 한·미 추가협상은 한·미 FTA의 발효를 위해 양국이 상징적인 양보로 절충했다. 한국이 자동차 분야에 대한 미국의

---

4 The End of Detroit, Micheline Maynard, 2004.11, pp. 314-329.

요구를 일부 수용하는 대가로 미국은 돼지고기 및 의약품 등의 영역에서 양보를 했다. 관세 분야를 살펴보면, 일반 승용차의 관세인하 연기는 발효효과를 다소 지연하는 것이었다. 전기자동차의 관세인하 시기를 앞당긴 것은 오히려 우리 자동차 산업에 기회가 될 수 있었다. 픽업트럭의 관세철폐 방식을 기존의 비선형 방식으로 변경한 것도 상업적인 영향이 없었다.

미국 안전기준을 인정하는 허용상한의 확대도 단기적으로 큰 영향이 없었다. 자동차 세이프가드 규정을 다소 고친 것은 한·EU FTA와 일치시키는 것으로 실제 차이는 없었다. 더욱이 미국은 2007년 협정에서 한국의 세이프가드 발동이 어렵도록 공세적 입장을 취한 데 반하여 추가협상에서는 규정을 강화하여 수세적인 이익을 챙기고자한 것이 특징적이었다. 마지막으로 한·미 FTA와는 별도로 2009년 기준 4,500대 이하를 판매하는 제작사에 대하여 연비와 온실가스 배출량을 19% 완화된 기준을 적용하기로 합의했다. 재협상 내용을 살펴보면 미국의 요구가 한국에 대한 시장접근 강화보다는 국내 정치적 명분쌓기가 더 강했다고 판단한다. 결과적으로 자동차 추가협상 종결로 한·미 FTA 인준 추진에 있어 마지막 정치적 걸림돌이 제거되었다.

3. 언터쳐블 쌀문제: 거래 불가능한 한국의 문화유산

가난과 궁핍의 역사를 살아온 한국인에게 쌀은 생존이자 정신 그 자체였다. 당연히 외국과 무역협상에서 쌀은 흥정이나 양보의 대상이 될 수 없었다. 그러나 '예외 없는 관세화'의 원칙하에 추진된 우루과이

라운드 협상을 피할 수는 없었다. 협상 결과 한국은 일정한 조건하에 2004년까지 10년간 쌀 관세화 유예를 받고, 그 후 10년 추가연장을 받았다. 한·미 FTA 협상과정에서 미국은 WTO의 합의보다 진전된 쌀 관세화를 집요하게 요구했다. 동시에 쌀의 양허제외를 최종합의하기 전까지 쌀을 지렛대로 삼아 다른 분야에서 한국의 양보를 얻으려고 했다. 이 챕터에서는 직·간접적으로 관여한 쌀 문제를 반추한다.

한국의 협상 파트너들은 쌀에 대한 한국과 한국인의 민감성을 이해하면서도 무조건 쌀 시장을 보호하는 것에 대해 비판적인 시각도 있었다. 칠레와 FTA 협상에서 칠레 측은 "칠레는 쌀 수입국으로 수출 여력이 없음에도 불구하고 쌀의 양허제외를 요구하는 한국 입장을 이해하기 어렵다"고 했다. 미국은 한·미 FTA 협상기간 중 예외 없는 관세화를 주장하면서 쌀 개방도 요구했다. 미국은 한국인이 먹는 중립종 (short grain) 쌀을 캘리포니아와 아칸소 지역에서 생산하고 있어 상업적 이해가 컸기 때문이다.

그러나 한·미 FTA도 쌀에 대한 양허는 완전히 제외했다. 한·미 FTA 규정은 WTO 차원에서 합의된 관세화 유예조치의 이행에 관한 한국의 권리와 의무에 영향을 미치지 않는다고 규정하고 있다. 미국이 쌀에 대한 한국의 민감성을 곱게 봐줘서 양보한 것이 아니었다. 한국의 협상대표들은 쌀에 대한 미국의 개방요구에 대비하여 미국이 금과옥조로 지켜오고 있는 미국 연안의 해상운송은 미국 선박으로만 하도록 하는 '존스 액트(Jones Act)'의 수정을 요구했다. 우리도 미국이 도저히 수용할 수 없는 요구로 맞불을 질렀고, 결국 양측은 상대의 역린을 건들지 않기로 타협하기에 이르렀다.

위키리크스의 폭로와 쌀 합의 밀약설

문제는 엉뚱한 곳에서 터졌다. 미국의 외교 통신 내용을 공개한 위키리크스(WikiLeaks) 때문이었다. 호주 출신 해커인 줄리안 어산지 (Julian Assange)가 설립한 위키리크스는 2006~2010년 미 국무부와 미 대사관 간 교신한 전문 25만 건을 공개했다. 이 기간 중 주한 미 대사관에서 발송한 전문은 한·미 FTA 협상, 쇠고기 협상, 북한관계 및 한·미 양자 현안이슈를 포함하여 거의 2천 건에 달했다. 가공할 만한 보안사고였다. 미국 정부는 동맹국에 대해 유감표명과 이해를 요청하면서 노코멘트 입장을 유지했다. 위키리크스는 한국 언론에 잘못 인용되거나 왜곡되기도 했다.

2010년 9월 15일 한겨레신문은 "김종훈 통상교섭본부장이 한·미 FTA 공식 서명 직후 미국에 쌀 관세화 유예종료 이후 미국과 별도로 쌀 시장 개방 확대를 협상할 수 있다고 말했다"고 보도하고 같은 날 "김종훈 본부장의 쌀 개방 '밀약', 진상 밝혀야" 제하의 사설을 게재했다. 한겨레신문은 보도 근거로 위키리크스에 포함된 주한 미 대사관의 전문내용을 밝혔다. 전형적인 치고빠지기 식의 보도행태였다. 한겨레 보도는 주한미대사관의 전문 내용을 왜곡한 명백한 오보였기 때문이다. 그 후 언론중재위원회는 외교부의 조정요청에 대하여 한겨레신문이 정정보도문을 게재하도록 결정했다. 한겨레 측이 이 결정을 제대로 이행하지 않음으로써 강제이행을 위해 법원으로 이첩되어 소송절차가 시작됐다. 한겨레는 1심에서 패소했다.

쌀 문제의 연원을 거슬러 올라가 본다. 우루과이 라운드(UR) 협상은 '예외 없는 관세화'를 기치로 내걸었고 자연히 쌀도 논란의 중심에 있었다. 결국 1993년 말 최종적으로 UR 협상 결과 쌀 관세화 유예에 합의했다. 합의 결과는 WTO 농업협정 제4조 제2항의 특별규정인 제5부속서에 반영되어 있다. 즉, 2004년까지 최소 접근물량 20만 톤까지 단계적으로 증량하는 대가를 지불하고 10년간 관세화를 유예할 수 있었다. 우리나라의 합의 결과는 일본에 비해 파격적으로 유리했다. 관세화의 예외를 두지 않는 UR 협상에서 특별규정을 통해 10년간 관세화 유예를 지켜내고 최소시장접근 물량도 상대적으로 적게 합의한 것은 통상외교의 쾌거였다. 당시 이 협상을 주도했던 선준영 외교부 경제차관보와 실무직원들의 노고가 결정적이었다. 그럼에도 불구하고 국내 정치권은 이런 외교적 성과를 평가하는 데 극도로 인색했다. 오히려 협상을 지휘하고 직접 협상에 참여했던 정부 고위관리를 정치적 희생양으로 삼기도 했다. 불행한 일이었다.

관세화 추가유예와 늘어나는 최소수입물량

2004년 관세화 유예 10년 기한이 도래하면서 연장 여부를 둘러싸고 논란이 증폭되었다. 관세화 유예 유보론자들은 생산증대와 소비감소로 재고가 쌓이는데도 최소수입물량을 증량하면 누적적 공급과잉이 발생한다고 주장했다. 반면, 찬성론자들은 일단 관세화를 하면 후속협상에서 지속적인 관세인하 압력을 받아야 하므로 관세화 유예를 고수해야 한다고 주장했다. 찬성론자들은 추가유예를 위해 지불해야 할 대가에 대해서는 침묵했다.

결국 2004년 추가협상 결과 2014년 말까지 10년간 관세화를 추가 유예 하기로 합의했다. 그러나 희생을 감수해야 했다. 기존 최소시장접근(MMA) 20만 톤에 증량분 20만 톤을 추가하여 연간 40만 톤을 의무적으로 수입해야 한다는 것이었다. 이런 대가를 지불한 추가유예가 과

연 옳은 결정이었을까? 나는 일본이나 대만처럼 과감한 조기관세화를 했어야 한다고 믿는다. 최소 수입물량을 20만 톤으로 동결함으로써 재고과잉을 피할 수 있기 때문이다. 결국 어렵지만 옳은 결정을 해야 할 때 결단을 내리지 못하고 포퓰리즘에 휘둘려 쌀 추가수입 부담과 문제 해결을 다음 세대로 떠넘긴 것이다.

2010년을 전후하여 우리나라는 쌀 재고량이 쌓이고 수입 쌀 처리가 어려워지자 조기 쌀관세화 문제가 제기됐다. 뒤늦은 자각이었지만 바른 생각이었다. 정부는 농어업 선진화 위원회 쌀 특별 분과위를 중심으로 회의와 토론회 개최로 공론화를 진행했다. 나는 다양한 계기에 쌀 조기관세화에 대해 적극적인 입장을 개진했다. 당시 커틀러 USTR 대표보도 이러한 한국 내의 움직임을 주시하면서 미국의 이해를 표시했다. 그러나 국내정치의 민감성을 돌파하지 못하여 찻잔 속 태풍으로 끝나버렸다. 돌이켜보면 안타까운 일이었다. 미국산 쇠고기 수입문제로 농업계의 거센 반발에 직면했던 이명박 정부가 정치적인 리더십을 발휘하지 못했던 것이다.

WTO 사무총장까지 호출한 가짜뉴스의 위력

2014년 추가관세화 유예시한이 다가오자 일각에서는 추가유예를 받고 싶은 유혹에 사로잡혀 혹세무민하는 이야기를 흘렸다. 즉 "DDA 협상이 타결되지 않았기 때문에 한국은 추가보상 없이 현재의 관세화 유예 특별조치를 계속 적용받을 수 있다"는 소위 현상동결(standstill)이라는 개념이었다. 전혀 근거 없는 주장이었다. 쌀 관세화 문제는 WTO 협정상 의무이지 DDA 협상과는 전혀 연관성이 없다. 지금도 별반 다르지 않지만 국제협정의 내용을 제멋대로 해석하여 정부를 매도하는

방한한 아제베도(Azevedo) WTO사무총장이 윤병세 외교부장관을 예방하여 환담하는 모습(2014년 5월 16일)

행태가 비일비재했다. 정부 당국이 이를 반박하고 잘못을 지적해도 "정부가 진실을 호도한다"는 식으로 몰아붙이기 일쑤였다.

서울에서는 WTO에서 권위있는 해석을 내주면 사태가 진정될 수 있을 것이라고 했다. 나는 팀 인드(Tim Yeend) 비서실장과 아제베도 사무총장을 면담하고 한국 내 논란에 대해 권위 있는 입장표명을 요청했다. 아제베도는 한국 정부의 곤란한 처지를 이해하면서도 "협정의 해석은 회원국의 고유권한이고 사무국은 특정회원국의 국내문제에 개입하는 것에 조심스럽다"면서 뒤로 빠졌다.

결국 이 문제는 아제베도가 방한 후에도 논란에 휩싸였다. 그만큼 쌀 문제는 휘발성이 강했다. 서울에서 WTO를 다시금 움직여달라는 요청이 잇따랐다. 나는 재차 아제베도 사무총장을 만나 설득했다. "사무총장이 회원국의 국내문제에 관해 입장을 표명하는 것이 조심스럽다는 점은 이해하지만 이 문제는 WTO 협정과 시스템을 왜곡하는 것이기 때문에 사무총장이 바른 언급을 할 의무가 있다"고 밀어붙였다. 아제베도는 취지를 이해하겠다고 하면서도 사무국이 발표하는 형식은 적절치 않다고 물러섰다. 결국 메시지는 전달하되 특파원과의 인터뷰 형식을 취하기로 합의했다.

2014년 6월 말 류현성 연합뉴스 제네바 특파원이 아제베도 사무총장과의 인터뷰 내용을 보도했다. 물론 답변은 몇 차례 수정을 거치면서 사전에 조율된 것이었다. "한국의 쌀 관세화 의무는 DDA 협상과 무관하며 농업협정 부속서에 관세화 유예를 더 연장할 수 있다는 규정은 없다. 한국이 관세화를 미룰 경우 이해당사국에 보상해야 한다." 이 인터뷰 기사가 도하 각 언론에 크게 보도되면서 "보상없이 관세화유예가 연장될 수 있다"는 주장은 퇴색했다. 사필귀정이었다. 그러나 당연한 사실이 외부 인사를 통해 확인되어야만 납득하는 현실이 안타까웠다.

2014년 7월 중순 한국 정부는 전격적으로 쌀 관세화를 결정했다. 늦었지만 옳은 결정이었다. 구체적인 관세 상당치는 산정공식에 적용할 국내가격과 수입가격을 확정하는 절차가 지연되어 발표가 미루어졌다. 9월 17일 열린 대외경제장관회의는 관세 상당치를 513%로 결정하고 국회에 보고했다. 우리나라는 9월 30일자로 관세화 방침을 WTO에 통보했고 당일자로 회원국들에게 회람됐다. 관세화 유예기간 중 수출실적이 있는 국가들은 관세화 이후에도 자국 쌀의 수출량이 유지되기를 희망하면서 우리가 통보한 관세 상당치 수치에 이의를 제기했다. 과거 외국의 사례에서 보듯 길게는 수년간 이들 국가들과 협의진행이 필요했다.

2021년 1월 12일 WTO는 한국의 쌀 관세율이 513%임을 알리는 문서를 회람했다. 이로써 쌀 관세화를 위한 절차가 완료됐다. 그러나 연간 5%의 저율관세로 매년 영원히 40여만 톤을 의무수입을 해야 하는 부담은 고스란히 남게 됐다. 눈앞의 정치적 부담을 모면하기 위해 의무수입물량을 확대하면서 관세화 유예를 연장한 것이다. 한국의 정치 지도자들은 자신의 임기 중에 어려운 결정을 회피함으로써 정치적 부담을 고스란히 미래세대로 이첩했다. 이런 정책적 실패를 응징하거나 재발을 방지하는 국정 시스템은 존재하지 않았다.

4. 전문직 비자쿼터 문제: 많은 투자와 미완의 숙제

한·미 FTA 협정문에서 제외되다

나는 주미 대사관 경제공사로 근무하면서 전문직 비자쿼터 확보를 위한 기초작업에 열정을 쏟았다. 미 의회 상·하원 법사위 소속 의원들과 보좌관들을 수없이 접촉하면서 한국인을 위한 전문직 비자쿼터(PVQ: Professional Visa Quota) 법안을 만들고 미 의회에 설득 작업을 했다. 비록 2%의 가능성에 대한 도전이었으나 미국 정치 속에서 우리의 한계와 가능성을 배운 좋은 기회였다.

사람의 국경 간 이동은 통상협상의 불가분의 일부다. 특히, 서비스 분야의 협정은 서비스 자체만이 아니라 서비스 제공자의 국경 간 이동을 규정하기 때문이다. 서비스 공급자가 국경 간 이동을 하기 위해서는 상대국에 입국하고 체류해야 하며 이 경우 상대국 입국비자를 받아야 한다. 이런 유형을 보다 세분하면 투자자와 서비스 판매자가 이동하는 사업상 방문자, 기업 내 전근자, 계약 서비스 공급자 그리고 독립 전문직으로 대별되며 입국 시 일정한 요건이 요구된다. 미국은 전문직에 대해서는 연간 입국쿼터 제도를 운영하고 있다.

우리나라는 한·미 FTA 협정의 우리 측 초안에 전문직 비자쿼터 및 일시입국과 출입국절차 간소화에 관한 규정을 포함시켰으나 미국 협상 팀은 손사래를 쳤다. 전문직 비자쿼터를 포함한 이민법 관련 사안은 의회의 권한으로 행정부는 협상권한이 없기 때문이다. 서비스의 개방을 논하면서 서비스 공급자의 이동을 논의하지 않는다는 것은 불합리했으나 문제는 미국의 시스템에 있었다. 미국은 비자와 이민 관련 정책과 입법에 관하여 의회가 전권을 가진다. 그럼에도 불구하고, 미국은 2000년대 초까지는 FTA 상대국에 대하여 별도의 전문직 비자쿼터를 허용해 왔다.[5] 그러나 제임스 센센브레너(James Sensenbrenner) 하원 법사위원장(공화-위스콘신)이 강력하게 제동을 건 이후 체결된 미·호주 FTA에는 일시입국 챕터가 없었다. 한·미 FTA도 그 이후에 협상을 했기 때문에 협정문에 인력이동과 비자문제를 포함시킬 수 없었다. 결국 한·미 FTA 협상에서는 협상타결 후에도 계속 협의를 해 나간다는 각주(脚註)를 합의하는 데 그쳤다.

---

5 미국의 FTA 파트너와 전문직 비자쿼터(미상무부 경제분석국: 2005년)

국가명	쿼터수(개)	교역규모(10억 달러)
캐나다	무제한	500
멕시코	무제한	290
한국	–	71
싱가포르	5,400	36
호주	10,500	23
칠레	1,400	12

비자면제협정과 전문직 비자쿼터

주미 대사관은 직접 미 의회를 통한 입법추진 방안을 모색했다. 두 가지 접근을 병행 추진했다. 첫째는 미국을 방문하는 한국인이 90일 간 무비자로 체류할 수 있도록 하는 비자면제프로그램(VWP) 도입이었다. 이태식 대사와 실무를 맡은 김은석 공사참사관이 열정적으로 일을 했다. 비자면제프로그램의 적용을 받으려면 연간 3% 이하의 비자거부율과 생체정보인식여권 도입 등의 요건을 충족시켜야 했다. 그 후 폴란드 이민 후예인 조지 보이노비치(George Voinovich) 상원의원(공화 ─오하이오)의 발의로 기존의 3%의 엄격한 비자거부율의 요건을 10%로 완화하는 비자면제프로그램이 도입됐고, 2007년 6월 말 한·미 FTA 서명을 계기로 부시 미 대통령은 비자면제프로그램 적용대상에 한국과 폴란드를 포함한다는 성명을 발표했다.

둘째는 전문직 비자쿼터 확보였다. 나는 이 문제를 담당했다. 외국인은 취업허가가 나와도 비자를 받지 못하면 취업이 불가했다. 미국은 외국인 전문직 종사자에 대한 연간 비자발급 건수를 제한하고 있다. 일반적으로 미 의회가 허용하는 연간 전문직 비자(H-1B) 쿼터는 65,000개였다. 미 업계 일각에서도 전문직 비자쿼터의 확대를 요구했고 때마침 2006년 5월 알렌 스펙터(Arlen Specter) 상원 법사위원장(민주─펜실베니아)은 'H-1B 연간 쿼터를 115,000명으로 확대하는 법안을 발의했으나 회기 말에 폐기되었다. 미국은 FTA 체결상대국에게 별도로 전문직 비자쿼터를 허용해 왔었다. NAFTA 당사국인 캐나다와 멕시코는 전문직 쿼터 없이 미국 입국이 가능했다. 싱가포르와 칠레는 FTA 협정을 통하여 H-1B 쿼터 안에서 5,400개와 1,400개의 별도 쿼터를 확보했다. 호주는 미 의회의 별도 입법을 통하여 연간 10,500개의 전문직 비자쿼터를 향유했다.

　나는 미국의 FTA 협정상대국이 확보한 전문직 비자쿼터의 실체적 내용과 협상과정을 면밀히 분석했다. 특히, 우리가 벤치마킹을 할 수 있는 유일한 성공사례였던 호주 케이스 분석에 많은 시간을 할애했다. 호주는 2004년 7월 미·호주 FTA 협정이 미 의회를 통과한 후 전문직 서비스를 제공하려는 비이민 목적의 호주인에게만 발급되는 비자(E-3) 특례법을 통과시켰다. E-3 비자는 H-1B 비자보다 취득이 쉽고, 제한 없이 갱신이 가능하며, 배우자의 취업도 가능하다. 또한 연간 쿼터 10,500개를 소진하지 못할 경우 잔여 쿼터를 이듬해에 사용할 수 있어 여러모로 파격적이었다.

호주의 수준높은 외교력과 빛나는 성과

　호주도 미국과의 FTA 협정에 일시입국 챕터를 포함하고자 노력했으나 미 의회의 강력한 반대로 무산되었다. 호주는 미 의회를 통해 직접 입법하는 방안을 모색했다. 반(反)이민 정서가 팽배한 미 의회에서 호주인에 국한된 비자법안 통과는 기적 같은 일이었다. 더욱이 정상적인 법안심의 절차를 모두 생략한 채 빌 프리스트(Bill Frist) 법사위원장(공화-테네시)의 막강한 재량과 영향력으로 처리되었기 때문이다.

　나는 미 의회의 회의록을 열람하고 당시 호주 케이스를 다루었던 상·하원 법사위 보좌관들도 두루 접촉했다. 워싱턴 소재 호주 대사관 경제공사와도 수차례 접촉하여 그들의 경험도 들었다. 호주는 미·호주 FTA 통과 후 1년 이상 상원 법사위를 중심으로 집요하고도 끈질긴 캠페인을 전개했고, 존 하워드 호주 총리는 부시 대통령 및 프리스트 상원 법사위원장과의 개인적인 친분을 십분 활용했다. 주미 호주대사는 상·하원 중진의원들과 인맥을 쌓고 대사관 담당관들은 미 의회 보좌관들과 긴밀히 실무협의를 가동했다. 호주 경제공사는 양측 고위층의 깊은 신뢰를 바탕으로 조용하지만 효과적으로 입법을 추진할 수 있었다고 술회했다. 호주의 사례는 파면 팔수록 경이로웠고 호주 외교의 빛나는 업적이었다. 호주인을 위한 E-3 비자는 이라크와 아프간에 파병하고 미국의 대외정책을 절대 지지해 온 우방국 호주에게 준 부시 정부와 미 의회의 값진 선물이라는 워싱턴 정가의 평가도 귀담아 들을 필요가 있다.

E-3비자와 H-1B 비자 비교

	E-3 비자	H-1B 비자
대상	특정직업 종사예정인 호주인	특정직업 종사예정인 비이민 외국인
필요서류	노동증명테스트(LCA), 고용주의 청원에 대한 심사면제	노동증명테스트(LCA), 고용주의 청원에 대한 심사
기간연장	최초 2년, 무제한 연장	최초 3년, 1회 연장
비자수수료	없음	실비 및 수수료
연간 쿼터	10,500개(호주인에 국한)	65,000개(글로벌 쿼터)
미소진 쿼터	익년도로 이월 가능	이월 불가
배우자 취업	배우자 E-3 비자취득/취업 가능	취업 불가
자녀	21세 이하 미혼자녀도 E-3 비자 부여	별도 비자 필요

한국인을 위한 비자쿼터 법안과 뼈아픈 교훈

2006년 12월 초 나는 호주 사례를 참고하여 전문직 비자쿼터 확보를 위한 기본 추진전략을 마련했다. 쿼터의 수량은 2~3만 개로 설정하되 한·미 FTA 협정이 미 의회에 통과되는 시점과 연계하여 전문직 비자쿼터 법안 상정을 추진한다는 방향을 세웠다. 대 의회 접촉은 조용하게 추진하기로 했다. 일단 미 의회의 접촉 대상 의원과 보좌관들을 선정했다. 의원들은 주로 이태식 대사가 접촉했다. 나는 상원 법사위 수석보좌관들과 접촉하고 매튜 벅스티스(Matthew Virkstis) 상원 법사위 법률고문과 수시로 만났다. 작은 자문회사와 계약을 했다. 또한 우리의 입장을 일목요연하게 정리한 홍보자료도 만들었다. 미 의원과 의회보좌관을 만날 때는 한 장으로 압축된 자료를 전달했다. '한국 내에서 활동하는 미국의 전문인은 연간 1만 명이 넘으며 이들에 대하여 별도의 쿼터를 적용하지 않는다. 전문직 쿼터 확대를 통하여 한국의 전문인력이 미국 기업의 경쟁력 강화에 도움을 줄 수 있다'는 논리를 내세웠다.

동시에 법률전문가들과 한국인에 대한 별도의 특혜를 주는 법안의 초안작업을 했다. 2007년 하반기에 초안을 마무리하고 미 의회 내 법률전문가의 검토도 마쳤다. 그러나 이것은 시작에 불과했고 가장 중요한 현안은 법안을 제출하고 법사위원회와 본회의를 통과하는 일이었다. 상·하원 법사위원들을 상대로 맨투맨 로비활동을 전개하면서 광범위한 접촉을 했으나, 반이민정서가 팽배한 미 의회에서 선뜻 총대를 메고 법안을 추진해 나갈 챔피언을 찾기 어려웠다. 이태식 대사를 비롯하여 대사관 경제과는 광범위한 아웃리치 활동을 전개했다. 비자면제협정과 미하원의 군대위안부 결의안 채택을 주도하면서 미주 한인유권자들의 단합된 힘을 배경으로 미 의회를 접촉했던 한인유권자센터(KAVC) 측과도 접촉했다. 그럼에도 불구하고 2007년에는 법안 제출 기회조차 만들 수 없었다.

2008년 4월 미 하원 아·태 소위원장 에니 팔레오마베가(Eni Faleomavaega) 의원(민주-사모아)이 한국인에게 연 2만 개의 전문직 비자쿼터를 별도 할당하는 법안(HR 5817)을 제출했다. 뜬금없는 일이었다. 법사위 이민소위를 거치지 않은 비자법안이 제대로 심의될 리 없었다. 결국 제110대 의회 회기만료와 함께 자동 폐기되었다. 팔레오마벵가 의원이 전문직 비자쿼터 관련 주미대사관이 작업한 법안초안을 참고만 하겠다고 하여 보낸 적이 있었다. 그러나 사실은 한국 대통령의 방미 기회에 일방적으로 법안을 제출하면서 정치 쇼를 했던 것이다.

미 의회를 통한 별도의 입법과정은 매우 어렵다는 점을 명심하고, 고도로 정교한 전략과 아울러 양국 정치인과 정부가 깊은 신뢰를 쌓고 집요한 노력을 해야 한다는 점을 재삼 강조하고 싶다. 호주의 성과는 우리에게 값진 교훈을 준다. 그렇다면 한국은 전문직 비자쿼터 이슈를 잘 처리하고 있을까. 그렇지 않은 것 같다. 방미하는 한국 정치인들과 고위관료들이 전문직 비자쿼터 관련 한국의 관심 사항을 미 측에 전달했다고 언론에 공개하면서 과시하는 것을 볼 때마다 그 경박함에 씁쓸하다. 조용하고 철저하게 추진하면서 소기의 목적을 달성하는 데 목적이 있는 것이 아니라 자신들의 명분확보에만 급급하는 것이다.

5. 역외가공지역으로서 개성공단 문제: 트로이의 목마

자유무역협정과 평화 증진의 넥서스(nexus)

나는 한·미 FTA 협상 마무리 단계에서 개성공단 조항 관련 문안 협상을 담당했다. 한국 정부는 개성공단에서 만든 제품이 일정한 요건을 갖추어 미국으로 수출될 경우 한국산 제품으로 인정하는 소위 역외가공[6] 조항을 한·미 FTA 협정에 포함시킬 것을 요구했다. 한국은 개

---

6 6장 각주 5 참조.

성공단을 통해 북한의 개방과 화해를 유도할 수 있다는 소위 '트로이 목마론'을 내세웠다. 미국은 개성공단 이슈에 대한 한국의 요구에 원론적으로 부응하면서도 그 대가로 쌀 문제 등을 연계시키려 했다. 이런 동상이몽으로 이 문제는 FTA 협상 최종단계까지 미루어졌다.

역외가공지역이 적대관계에 있는 나라에 설치되어 경제협력과 평화증진에 기여한 전례는 미국·이스라엘 FTA(1985)에서 찾을 수 있다. 미국과 이스라엘은 1996년 이 협정을 개정하여 QIZ(qualifying industrial zones)7를 설치할 수 있는 근거규정을 도입했다. 미국의 아랍연맹의 대이스라엘 보이콧에 대항하여 미·이스라엘 FTA의 특혜를 중동평화협정을 체결한 요르단과 이집트에게로 확대하고자 한 것이다. 우리는 QIZ의 선례를 들어 미국 측에 개성공단 조항의 수용을 촉구했다.

한·미 FTA와 개성공단

2017년 3월 하순 양국 협상대표는 서울 하이야트 호텔에서 FTA 협정문에 대한 최종 줄다리기 협상을 하고 있었다. 개성공단 이슈에 관해서는 '위원회 방식'의 접근에 공감대를 가지고 있었으나 북한문제가 개재되어 외교·안보적 고려를 할 수밖에 없어 세부문안은 협의조차 못하고 있었다. 나는 2006년 3월 말 미국 측 협상파트너인 티모시 통(Timothy Tong) 백악관 국가안보실 보좌관보와 하이야트 호텔 식당에 마주 앉았다. 통 보좌관보는 주한미국대사관에서 근무하여 나와는 오

---

7 QIZ는 요르단, 이집트 및 팔레스타인 영토에 지정된 공장지역으로서 이곳에서 생산된 물품은 일정한 요건을 충족하면 미국 시장에 무관세로 수출할 수 있다. 2015년 8월 말까지 요르단과 이집트에 각각 28개 지역이 QIZ로 지정됐고 이 지역에서 생산되어 미국에 수출된 물량은 10억 달러에 달했다. QIZ 내 노동자의 저급한 인권, 노동 및 급료 문제가 제기되어 비판을 받은 바 있다.

랜 인연이 있었다.

미국은 개성공단이 갖는 전략적 함의를 이해하면서도 참여정부의 대북 유화책에 반대하는 미 의회 내 중량급 의원들의 입장과 개성공단 내 노동조건 문제를 제기하는 미국 강성노조의 입장을 의식하고 있었다. 특히 친한 의원이었던 에드 로이스(Ed Royce) 하원의원(공화－캘리포니아)은 참여정부의 대북정책에 비판적이었고 개성공단 문제에 반대 입장을 견지했다. 개성공단이 북한에 대한 현금지원 통로로 악용될 가능성을 우려했기 때문이다.

나는 통 보좌관보와 문서 없이 개성공단 조항의 형태와 골격에 대해 대화했다. 일종의 비대화(non-conversation)였다. 나는 개성공단이 갖는 전략적 함의가 미국과 한국에 동시에 유익할 것이라는 점을 강조했다. 통 보좌관보는 개성공단 문제는 해들리 백악관 국가안보보좌관의 각별한 관심사항이라고 밝혔다. 다만, 미국 정치권 내의 다양한 시각과 민감성을 감안하여, 한국 정부가 가급적 저강도로 대응해 줄 것을 요청했다. 사실 미국 내 대북 강경파들은 개성공단을 통해 북측으로 현금이 유출되고 있다고 의심하고 있었다.

개성공단 문안협상과 합의

양측의 기본입장을 재확인한 후 문안작업을 하기로 했다. 통 보좌관보는 개성공단문제에 신축성을 보이는 대가로 쌀 등 농산물 관련 미국의 요구를 들어 줄 수 있는지 타진했다. 미국 내 이해당사자들을 설득시킬 실탄을 달라는 이야기였다. 나는 일언지하에 거절했다. "쌀 문제는 언터쳐블(untouchable) 이슈인 줄 알고 있지 않습니까? 또한 개성공단 이슈는 외교안보적 고려가 우선인데 다른 통상이슈와 연계하면 한국 내 설득이 불가능합니다"라고 잘라 말했다. 통 보좌관보도 처음부터 교환 내지는 연계할 의도는 아니었으나 한 번 잽을 날려본 것이었다. 기본입장에 공감하고 문안작성의 대원칙을 협의해 나갔다. 경직된 남북관계에 비추어 단도직입적인 합의에는 양측 모두에게 부담이었다. 결국, 한반도에 역외가공지역(OPZ)을 설치한다는 기본 틀에는 합의하고 현재 해결할 수 없는 정치적 민감성을 고려하여 세부사항은 추후 결정하는 방식으로 접근하기로 했다. 흔히, 협상에서 쓰이는 '건설적 모호성(constructive ambiguity)'을 창출하는 데 방점을 두었다.

미국은 북한의 비핵화 요건 포함에 강한 입장을 견지했고 국제적인 노동, 환경기준의 준수와 역내산 비율 설정 등 몇 가지 요건을 요구했다. 비핵화 요건은 퍼주기식 대북지원에 불만을 가진 공화당의 관심사항이었고, 환경·노동 기준은 노조에 기반을 둔 민주당의 요구였다. 역내산 비율 문제는 역외가공지역 설치를 위해 당연히 필요한 조항으로 기술적인 사항이었다. 나는 북한의 비핵화 진전요건을 수용하면서도 노동과 환경에 관하여 절대적 기준을 요구하는 것은 비현실적임을 지적했다. 대안으로 북한 내 여타 지역의 노동 및 환경 여건도 함께 고려하는 상대적 기준을 설정하는 방안을 제시했다. 일단 문안의 골격이 마련됐다. 그 정도의 비대화를 마치고 각자 이 골격에 대한 상부의 지침을 받고 다시 만나기로 했다.

나는 문안 초안을 작성하고 법률적인 검토 후 상부의 재가를 받았다. 다음날 통 보좌관보를 만났다. 당초 미국은 '한반도 경제개발에 관한 위원회'라는 제목을 제시했으나, 나는 역외가공지역이란 명칭을 제목에 직접 기술할 것을 제안하여 '한반도 역외가공지역에 관한 위원회'로 합의했다. 그리고 우리 초안을 기반으로 축조심의를 해 나갔다. 북한 내에 복수의 가공지역 설치 가능성을 상정하기로 하고, 공단 내 환경·노동 기준을 북한 여타 지역 상황과도 비교하여 상대적인 평가를 할 수 있도록 말미를 두기로 했다. 세부 쟁점은 추후로 이첩하기로 했기 때문에 초안의 내용을 일부 수정한 잠정합의문을 작성했다. 그날 늦은 오후 양측 상부의 승인이 떨어졌다. 사흘여 동안의 집중 협의로 큰 쟁점 하나가 풀린 셈이었다.

한국이 체결한 FTA의 개성공단 처리 방식

한국이 체결한 FTA의 개성공단 규정은 크게 위원회 방식과 역외가공(OP) 방식으로 분류된다. 위원회 방식은 한·미 FTA와 같이 역외가공지역의 지정과 역외가공의 인정 기준을 논의하는 '위원회'를 설립하여 추후 결정하는 것으로 EU, 터키, 호주, 뉴질랜드 및 캐나다와 체결한 FTA의 선례로 적용됐다. 다만 한·미 FTA에는 개성공단 처리방식이 협정문 부속서로 포함되어 있으나 한·EU FTA에서는 유럽이사회 결정의 형태로 규정됐다. 물론 역외가공방식을 개성공단에 적용한다는 내용은 거의 동일하다.

OP 방식은 FTA 체결 당사국 내에서 생산한 반제품을 역외가공지역에서 가공한 후 재반입한 최종제품을 FTA 상대국에 수출하는 방식이다. 싱가포르, EFTA, ASEAN, 인도, 페루, 콜롬비아, 베트남 및 중국과 체결한 FTA에는 이런 방식의 역외가공 조항이 포함되어 있다. 적용대상 품목은 HS 6단위 기준으로 싱가포르는 134개, EFTA는 267개, 아세안은 국가별 100개, 인도는 108개, 페루·베트남·콜롬비아는 각 100개, 그리고 중국은 개성공단에 입주한 기업의 의사를 반영해 310개 품목에 대해 역외가공을 허용하고 있다. 한·싱가포르 FTA만 유일하게 역외가공방식과 함께 도입한 통합인정(ISI)방식으로서 당사국이 합의한 일정 품목을 수출하는 경우 역내산으로 인정하는 가장 느슨하고 활용도가 높은 방식이다.

PART

03

국제기구 활동과
특수 상황타개를 위한
협상 현장

UNHCR 집행위원회(EXCOM) 고위급 회의를 주재하는 필자(2014년 10월 1일)

08
주제네바 국제기구 상주대표로 활동과 소회

2012년 9월 중순 나는 주제네바 대사로 부임했다. 정식 명칭은 '주제네바 대한민국 특명전권 대사 겸 국제연합 및 기타 기구 상주대표'다. 제네바는 두 번째라 감회가 새로웠다. 신임장 제정절차는 간소했다. 외교구상서 형식으로 작성된 약식 신임장을 카심-조마르트 토카예프(Kassim-Jomart Tokayev) 제네바 유엔사무소장과 빠스깔 라미(Pascal Lamy) WTO 사무총장에게 제출하고 간단한 다과를 했다.

제네바는 뉴욕과 함께 국제기구의 본산이다. 당시 유엔의 관심은 전통적인 평화 · 안보 · 군축 이슈를 비롯해 지속가능한 개발목표 합의에 집중돼 있었다. 또한, 여성인권, 북한인권, 시리아 난민의 유럽유입에 따른 인도적 지원문제 등이 현안 문제로 대두되던 시기였다. 뉴욕 소재 유엔총회는 분야별 결정을 채택하고 안전보장이사회에서 국제분쟁, 안전보장과 평화유지 이슈를 담당하는 반면, 제네바에서는 전문분야별 활동을 기획하고 이행하는 역할을 한다. 소관분야를 살피면 인권, 군축, 인도지원, 노동, 보건, 특허, 통신, 환경, 통상, 개발 등 광범위하다. 인권이사회는 연간 석 달간 열리고 유일한 다자 군축협상포럼인 '제네바 군축회의'는 6개월간 열렸다.

제네바는 우리 현대사와 밀접한 연관이 있다. 1933년 이승만 박사는 임시정부 대표로 독립을 호소하기 위해 국제연맹 총회 참석차 제네바를 방문했고, 거기서 프란체스카 여사를 만났다. 한국전행 후 한국문제를 토의하기 위한 정치회담이 열렸고,

북한 핵 문제를 논의하는 6자회담을 출범시킨 1994년 합의도 제네바에서 이뤄졌다. 6070세대에 친숙한 영화 '레만호에 지다'의 배경도 제네바다. 정애리와 이영하가 열연한 이 영화는 한국전쟁 중 헤어졌던 남녀가 전후에 남한과 북한의 외교관으로 제네바에서 재회하는 스토리다. '마리'로 분한 정애리는 죽음으로 비극적 결말을 맞지만 사랑과 인간성은 사상과 분단의 벽을 넘는다는 짠한 감동을 남긴 영화였다.

다시 근무하는 제네바는 많은 변화를 겪고 있었다. 맑은 레만 호수와 주변의 아름다운 산세는 그대로였다. 길거리에서나 식당에서 영어가 쉽게 통용되어 냉정하면서도 폐쇄적이라는 스위스도 세계화의 확산을 받아들일 수밖에 없는 것처럼 보였다. 또 하나는 다자주의의 위기 속에서도 중국의 약진과 인도와 브라질의 영향력 확대가 돋보였다. 제네바 소재 국제기구에는 하나같이 사무차장급 중국인이 포진했고 인도와 브라질 등 신흥개도국은 경제성장을 통한 국력신장으로 국제적 위상이 한층 제고되었다. 한편 여전히 강국이지만 유럽과 일본의 상대적 세력 감퇴도 피부로 느낄 수 있었다.

나의 제네바 대사근무 기간은 반기문 유엔사무총장의 두 번째 임기 중이었고 2013~2014년은 한국이 안보리 비상임이사국을 역임하는 시기이기도 했다. 자연스레 유엔기구 활동에서 한국의 입지와 영향력이 강화돼 있었다. 대표부 업무는 굉장히 다양하고 포괄적이라 2명의 대사급 차석대표도 함께 근무한다. 함께 했던 박효성 전 뉴욕총영사, 안영집 전 싱가포르대사, 유연철 전 쿠웨이트 대사를 비롯하여 후배 외교관들과 분야별 전문성을 갖춘 주재관들의 헌신과 기여에 진심으로 감사드린다. 분에 넘치는 인복을 누린 셈이다.

1. 주제네바 대사 겸 국제기구 상주대표로 부임

주요 관심사항과 짧은 소회

대사로서 많은 시간을 할애했던 분야는 인권, 인도적 지원과 WTO

주제네바 대사 임명을 받고
이명박 대통령으로부터 신임장을
전수 받는 필자
(2012년 8월 23일)

카심-조마르트 토카예프
(Kassim-Jomart Tokayev)
제네바 유엔사무소장(왼쪽)에게
신임장을 제정하는 필자
(2012년 9월)

파스칼 라미(Pascal Lamy)
WTO 사무총장(왼쪽)에게 신임장을
제정한 뒤 포즈를 취한 필자
(2012년 9월)

업무였다. 특히 유엔인권이사회 결의로 북한인권사실조사위원회(COI)
가 설치됐고 1년 만에 북한의 인권유린 실상을 포괄적으로 분석한 역
사적인 보고서를 제출함으로써 북한인권 이슈는 커다란 현안으로 부상
했다. 북한인권 문제는 북한 내 주민에 대한 인권유린뿐만 아니라 이산
가족이 된 피해자들의 고통도 고스란히 안고 있었다. 일본군 위안부의
인권문제도 유엔인권이사회의 상설의제로 논의됐고 일본과 여러 차례
의 공방도 있었다. 당시 일본은 고노담화 재검토를 하면서 과거를 뭉개
려 했고 서울과 동경은 문제를 더 키우게 될 졸속합의를 추진하고 있
었다. 그 외에도 국제 인권문제 전반에 관심을 가졌지만 특히 스리랑카
및 미얀마 등 역내의 인권문제는 우리나라와 연관이 깊었다.

인도적 지원 업무는 유엔인도지원조정실에서 총괄·조정하고
UNHCR, WHO, FAO를 비롯하여 IOM과 ICRC 등 기구에서 소관분야
를 담당하는 구조였다. 당시는 중동지역 분쟁 격화, 유럽행 난민 급증,
아프간 난민 유출로 난민문제가 유엔의 핵심 아젠다로 부상할 때였다.
한편 2001년 개시된 DDA 협상이 소강상태에 빠지면서 WTO의 비중
이 약화되었다. 그러나 WTO의 분쟁해결체제는 여전히 작동했고 무역
원활화협정(TFA) 및 정보통신기술협정(ITA)도 타결됨으로써 재활성화의
모멘텀을 모색하던 시기였다. 자연스럽게 대사급 회의도 많았다.

제네바 군축회의(CD)는 다자간 군축협상포럼으로 연간 24주 이상
회의가 열린다. CD는 비확산조약(NPT), 생물무기협약(BWC), 화학무기
협약(CWC), 포괄적핵실험금지협약(CTBT) 등 주요 군축조약을 성안하
기도 했다. 주요 의제는 핵군축, 핵분열물질생산금지조약(FMCT), 외기
권군비경쟁방지(PAROS) 및 소극적 안전보장(NSA) 등 4대 핵심의제로
구성돼 있다. 그러나 핵보유국과 비동맹국가 간 의견대립으로 한 치의

진전도 보지 못하는 형국이었다. 제네바 대표부에서는 정무 차석대사가 CD 수석대표로 회의를 전담하여 내 역할은 제한적이었다. 한편 NPT는 핵보유국과 비핵보유국의 핵비확산, 핵군축협상, 원자력의 평화적 이용과 IAEA와 안전조치협정 체결 등 의무를 규정하고 있다. 매 5년마다 평가회의가 열리고 2015년 4월 뉴욕에서 평가회의가 개최됐으나 '중동 非WMD 지대(地帶)' 문제를 둘러싼 이견으로 최종 결과문서 채택에 실패했다.

국제기구 활동참여와 한국인의 유엔기구진출 지원

나는 WTO 서비스이사회 의장직, UNHCR 집행이사회 의장직과 우즈베키스탄의 WTO 가입작업반 의장직을 수임했다. 대사 임기는 대체로 3년이기 때문에 부임 직후부터 활동을 인정받지 못하면 임기 내 의장직을 수임할 수 있는 시간이 부족하기 십상이다. 국제기구 의장직 수임으로 당해 국제기구의 전반적인 활동을 상세하게 모니터링 할 수 있고 이를 기반으로 다른 영역에서의 활동에도 도움을 받았다. 예를 들어 WTO 서비스이사회 의장은 이사회도 주재하지만 상소기구 재판관 선출을 위한 당연직 면접관으로 참여하고 다른 이사회의 현안에 대해서도 깊은 정보교류를 할 수 있었다.

국제기구에 많은 한국인 전문가들이 진출한 것도 작지 않은 성과였다. 이양희 교수, 홍성필 교수, 신혜수 교수, 김형식 교수, 백태웅 교수와 서창록 교수 등이 다양한 유엔인권기구에 선임되거나 재선됐다. 전문가 개인의 탁월한 능력이 우선이지만 공관도 노력을 아끼지 않았다. 또한, 이회성 박사가 IPCC 의장으로 피선될 때 제네바를 중심으로 캠페인을 전개했고 녹색기후기금(GCF)의 인천 송도 유치에도 힘을 보됐다. 당시 스위스도 GCF를 제네바에 유치하기 위해 많은 에너지를 쏟았으나 1차 표결에서 탈락하면서 심각한 내홍을 겪었다.

유엔사무총장의 막강한 영향력

반기문 유엔사무총장 예방 후 집무실에서(2016년)

반기문을 모르는 사람은 없지만 유엔사무총장이 얼마나 막강한 권한을 행사하는지 아는 사람은 많지 않을 것이다. "낙양 호수가의 수양버들 그림자가 해질녘에는 30리나 뻗친다"는 중국 속담이 있다. 세계적인 이슈를 다루는 유엔사무총장의 영향력이 제네바까지 가감 없이 미쳤다. 나는 제네바대사로 유엔과 WTO 업무를 수행하면서 반기문 사무총장의 배려와 음덕을 톡톡히 봤다. 국제기구 업무는 대단히 복잡하고 끊임없이 변화할 뿐더러 물밑에서 국가 간 알력과 협조가 이루어지기 때문에 유엔사무총장이 한국인이라는 것은 굉장한 후광이었다.

반 총장께서는 대체로 한 달에 한두 번 유엔사무소가 있는 제네바를 방문하고 그때마다 한국 대사였던 나를 별도로 만나주셨다. 특별한 현안이 있는 경우도 있었지만 안부를 묻고자 하는 반 총장님의 인간적인 배려와 호의가 더 작용했다. 그 소문이 제네바에 퍼지면서 국제기구장들이 내게 과분하게 친절할 때도 많았고 심지어 국제기구에 진출하려는 고위인사들이 나에게 자문을 청하곤 했었다. 매번 "유엔고위직 인사는 사무총장 소관이며 나와는 무관하다"고 말했지만 그들은 "주변에서 한국 대사에게 찾아가 보라고 조언한다"고 둘러 댔다.

반기문 사무총장이 재임 중 이룬 업적과 한국인으로서 국가의 위상제고에 기여한 것이 막대함에도 불구하고 한국 내에서 그에 대한 평가가 미약하고 인색한 것은 안타까운 현실이다.

구테레즈(Guterres) 전 UNHCR 임기연장

이번에는 안토니오 구테레즈(Antonio Guterres) 전 UNHCR 최고대표의 임기연장 사례를 소개한다. 당시 나는 1년 임기의 UNHCR 집행위원회(EXCOM) 의장직에 피선되어 구테레즈 최고대표와 긴밀한 협력을 유지했다. 그는 포르투갈 정치인 출신으로 국제난민문제에 대한 해박한 지식과 데이터를 가지고 있었다. 개인적으로 만날 때면 대항해시대와 서세동점(西勢東漸), 비단길과 북방문화권을 통한 동서양 교류사에 대한 각별한 관심을 보이곤 했다. 2014년 봄부터 유럽국가 대사들이 2015년 6월로 만료되는 Guterres 최고대표의 임기연장을 요청해 왔다. 그의 임기연장은 기술적인 면도 있었지만 현직을 유지하면서 차기 유엔사무총장 캠페인을 하려는 정치적 고려도 있었다. 그는 난민이슈와 인도적 지원 문제에서 공여국은 물론 수혜개도국 대사들의 지원과 신뢰를 받고 있었다. 나는 EXCOM 의장 자격으로 반기문 총장과 존 애쉬(John Ash) 당시 유엔총회의장 앞으로 그의 임기연장을 요청하는 서한을 발송했다.

9월 중순 반 총장의 제네바 방문 계기에 임기 연장을 재차 건의했다. 10월 초 내가 의장으로 회의를 주재하는 EXCOM 고위급 회의에 반기문 총장이 기조연설을 하게 돼 있었다. 그 전날 반 총장께서 Guterres 최고대표와 나를 조찬에 초청했다. 반 총장께서는 조찬장 입구에서 그를 잠시 옆방으로 이끌면서 임기연장 의지를 전달하고 의사를 타진했다. 그는 반 총장이 직접 자신의 임기연장 의지를 전달해 준 것에 대해 사의를 표했다. 포르투갈 정치권의 러브콜이 있으나 조만간 정리되는 대로 회신하겠다고 했다. 그는 연장된 임기를 마친 뒤 1년여 선거운동을 거쳐 차기 유엔사무총장으로 선출되었다.

Likeminded Group 활동

국제기구에서 활동하려면 유사한 입장을 가진 국가들끼리 그룹을 구성하는 것이 유리하다. 소위 'Likeminded Group(LMG)'이다. 개발정도에 따라 선진국, 개도국, 최빈개도국으로 구분되기도 하고 지역 및 소지역 그룹들이 활성화돼 있다. EU, ASEAN, OAU, CARICOM 등 국가그룹들은 상당한 수준의 내부단합을 바탕으로 대외활동에 공동입장을 취한다. 유엔은 선거 등의 활동을 위해 아시아, 아프리카, 중남미, 서구, 동구 등 5개 지역그룹으로 나뉜다.

주 제네바 유엔대사 초청 만찬 후 대사관저 정원에서(2015년 8월)

제네바에는 다자통상체제의 시스템을 지지하는 '시스템의 친구(Friends of System)'란 그룹이 있다. 스위스가 주도하고 한국도 동참하고 있다. 그 밖에도 수많은 회의가 열리고 공동이해를 대변하는 다양한 국가그룹이 있다. UR 협상 막바지에 GATT 건물에 회의실이 부족하여 제네바 시내 호텔에서 회의를 많이 했다. 드라 뻬(De la Paix) 그룹, 샤보떼(Chat Botte) 그룹 등 호텔 이름을 딴 협의체들이 많았다. 특이한 그룹 중에 '조찬그룹(Breakfast Group)'과 '립스틱 그룹(Lipstick Group)'이 있다. 전자는 WTO의 G-6(미국, EU, 일본, 중국, 호주＋WTO 사무총장)의 대사급 비공식 협의그룹으로 정기적으로 모여 핵심이슈에 대해 논의한다. 후자는 제네바 주재 여성 유엔대사들의 모임으로 여성의 권능강화(Empowering the empowered women)를 목적으로 다양한 토론과 활동을 한다. 종종 남자 대사들도 초청하여 위세를 과시하기도 한다.

한국은 아시아 그룹에 속해 있다. 그러나 지리적으로나 경제발전 정도로 보나 동질성을 가진 국가를 찾기 어려운 여건이었다. 한국은 중국과 일본 사이에 위치해 있으나 이들 국가와 동질성보다는 이질성이 더 많은 것이 현실이다. OECD에 가입했지만 아시아지역 회원국은 한국과 일본 밖에 없다. 또한 경제적으로 괄목할 만한 성장을 했지만 기존의 농업분야의 취약성을 가지고 있었다. 그럼에도 WTO 농업과 비농산물(NAMA) 협상에서는 일본과 공동대응을 하고 농산물 수입국 그룹인 G-33과 G-10에 주도적으로 참여하면서 중국, 일본 등과도 공동대응을 해오고 있다. 유엔회의에서는 분야에 따라 다르지만 JUSCANZ 등 다양한 그룹에 참여한다. 한국이 호주, 인니, 터키 및 멕시코 등 국가들과 연대하여 구성한 믹타(MIKTA)는 회원국 간 이질성으로 실효성은 약하지만 좋은 시도로 평가받고 있다.

2. GATT/WTO: 쇠락하는 다자간 통상체제

GATT/WTO의 다자간 협상에 관한 사항은 별도 챕터에서 다루고 여기서는 WTO에 얽힌 소회와 관찰을 적는다. 나는 1990년 중반 제네바 대표부에서 근무하면서 지식재산권(TRIPS) 이사회와 WTO 무역환경위원회 등을 맡았다. 2012년 대사로 다시 제네바에 부임해서는 WTO는 물론 유엔기구 모두를 관장했다. 약 20여 년 사이 다자간 통상체제는 끝없이 추락했다. 물론 2001년 개시한 DDA 협상을 3~4년 내에 마무리하려는 노력이 있었지만 물거품으로 끝난 것은 주지의 사실이다.

WTO 서비스이사회 의장

WTO의 최고결정기관은 일반이사회이고 분쟁해결기구 의장이 이듬해에 자동으로 일반이사회 의장직을 이어받는다. 일반이사회 아래에 상품, 서비스 및 지적재산권 등 3개 이사회(Council)가 있다. 이사회 아래 기술적인 문제를 다루는 위원회와 작업반이 있다. 대사들은 이사회 의장을 맡고 싶어 하여 선거철이 되면 경합이 많았다. 나는 처음부터 국제기구 의장직을 수임해야겠다는 생각을 가지고 있었다. 그러기 위해 국제기구와 대사급 모임에 적극 참여하면서 실력과 인지도를 높였고 몇몇 대사들에게 타진을 했는데 반응이 좋았다.

서비스이사회는 WTO 서비스 협정이행을 모니터링하고 산하 4개 작업반의 활동을 검토했다. 내가 의장직을 수행하는 내내 쟁점으로 부각된 것은 서비스무역협정(TISA) 협상에 관한 것이었다. TISA 협상은 일종의 복수국 간 협정의 형태로 일단은 WTO 외부에서 교섭되고 있

WTO 서비스 이사회(CTS) 고위급회의를 주재하는 필자(2015년 2월 5일)

었다. 그러나 최종 타결된다면 어떤 방식으로 WTO 협정에 포함시킬 수 있는지에 대한 논란이 가중됐다. 서비스 분야의 추가개방을 기피하는 중국, 인도 및 브라질 등 개도국은 WTO 외부에서 진행되는 TISA 협상의 내용을 WTO 서비스이사회에 보고하는 것이 부적절하다는 점을 지적했기 때문이다. 매 회의 때마다 이 문제에 대해 매번 같은 발언을 2~3시간 이상 청취하는 일은 고역이었다. 나는 지난 회의 때 발언한 내용에 부가되는 사항이 있으면 발언해 줄 것을 주문했다. 같은 내용은 회의록에는 기재하되 발언은 자제할 것을 요청했다. 결과적으로 회의록에는 장문의 발언들이 기재되었으나 논의는 짧게 끝났다.

이사회 의장들은 WTO 상소기구 재판관 임면 시 당연직 인사위원이 된다. 나는 상소기구 재판관의 면접심사에 여러 번 참가했다. 당시 미국이 상소기구의 '사법 적극주의(judicial activism)'에 강한 불만을 제기하면서 상소기구 재판관의 임명과 임기연장에 비판적인 시각을 표출하던 때였다.

WTO 우즈베키스탄 가입작업반 의장

우즈베키스탄은 WTO 비회원국이다. 이미 1990년대 후반에 가입 신청을 하고 절차를 추진해 왔으나 대외개방에 소극적인 국내 정치세력의 영향으로 가입절차가 계속 지연됐다. WTO 가입을 위해서는 '가입작업반'을 설치하고 절차에 따른 협상을 추진해야 한다. 우즈베키스탄은 한국에 대해 우호적이라 전통적으로 가입작업반 의장을 꼭 한국 대사가 맡아 주기를 희망했다. 나는 부임과 동시에 의장직을 맡고 가입작업을 지휘하던 우즈베키스탄 경제부 차관 일행을 맞았다. 그는 자국 대통령의 가입 의지는 강하지만 국내적으로 반대여론이 적지 않다고 했다.

내가 제네바에 있는 동안 가입협상은 진전을 보지 못했다. 그 사이 우즈베키스탄은 대외개방에 적극적인 새 대통령이 취임했다. 퇴직 후에도 나는 우즈베키스탄 가입자문위원회 공동의장을 맡고 있다. 2019년 말 타쉬켄트를 방문하여 우즈베키스탄 정부 인사들과 회동하고 가입관련 협의를 했다. 그들은 WTO 가입에 적극적이었으나 내부에는 구조적인 갈등이 상존했다. 러시아가 주도하는 동유럽경제공동체(EAEU)에 옵서버로 참여하는 우즈베키스탄은 이들과 관세동맹을 맺을 가능성이 있어 WTO 가입에 속도를 내지 못하고 있는 것처럼 보였다.

그린룸과 아제베도의 룸W

원래 '그린룸(Green Room)'이란 연기자가 대기실로 사용하는 공간을 의미한다. 대기실 공간이 전통적으로 녹색 페인트칠을 한 데서 유래했다고 한다. WTO에도 그린룸이 있다. 그러나 벽면은 모두 밝은 회색

장승화 WTO 상소기구 재판관초청 만찬 후 관저 정원에서. 왼쪽부터 유연철 차석대사, 장승화 재판관, 필자, 정애경 WTO 변호사, 홍승인 참사관(2014년 3월)

으로 사무총장이 초청하는 비공식 회의가 열리는 공간이다. 관례적으로 30명 이내의 소인수 수석대표(대사급)만 초청된다. GATT/WTO가 컨센서스로 결정하는 특성상 협상 단계마다 비공식 협의를 해야 할 경우가 많기 때문이다.

그린룸 회의는 주요 쟁점을 협의하고 결정하는 데 중요한 역할을 해왔다. 대체로 무역관계에 이해가 많은 국가들이 자주 초청될 수밖에 없었다. 당연히 초청을 받지 못하는 나라들의 불만과 원성이 자자했다. 최종 결정이 이루어지기 전에 자국의 입장을 반영할 기회를 얻지 못하는 경우가 비일비재했기 때문이다. 아제베도 사무총장은 투명성을 제고하고 모든 나라에게 공평한 대우하기 위해 그린룸 회의를 폐지하고 모든 회원국이 참석하는 Room W 회의로 대체하겠다고 공약했고 이를 실천했다. 중소 개도국들은 아제베도의 제안에 환호했으나 효율성을 무시한 인기 영합적 발상이었다. 결과적으로 Room W 회의는 지루한 공방으로 날을 새는 경우가 잦았다. WTO가 유엔화됐다는 비판도 일었다.

유서 깊은 WTO 건물의 명과 암

GATT/WTO 건물은 유서가 깊다. 1919년 국제연맹과 ILO가 창설되면서 스위스 정부가 이 건물을 국제연맹에 제공했고 ILO 본부가 둥지를 틀었다. 그런 연유로 무역활동과는 무관한 대형 그림과 조각상들이 건물 내 벽면과 건물 밖 정원을 장식하고 있는 것을 볼 수 있다. 후일 ILO는 새로운 청사로 이사했지만 원래 있던 예술작품은 그대로 남겨두었기 때문이다.

이 건물과 주변 공원은 국제연맹과 ILO를 제네바에 유치하는 데 기여했던 윌리엄 래퍼드(William Rappard)의 이름을 따서 명명했다. 이 건물은 '스파이 센터'로 불렸던 우중충한 과거도 가지고 있다. 소련 스파이 네트워크인 'Die Rote Drei(세 명의 빨갱이)'가 제네바 소재 ILO 사무국을 중심으로 활동하면서 독일의 동부전선에 관한 군사정보를 수집하여 소련을 승리로 이끄는 데 기여한 것으로 밝혀졌다. 이 사건에 연루된 사람들은 제2차 세계대전 종전을 전후하여 모두 색출되어 처벌을 받았다고 한다.

제네바에서 근무하면서 숱하게 드나들었던 WTO 정문 현관에는 커다란 석상이 있다. 왼쪽은 올리브 가지를 들고 있는 아이를 내려다보는 여성상으로 '평화'를 상징하고 오른쪽 석상은 왼손에 비둘기를, 양발에는 뱀을 감싸는 여성상으로 '정의'를 상징한다. 현관을 들어서면 보이는 벽면마다 다양한 종류의 노동과 노동의 가치를 상징하는 커다란 벽화들이 인상적이다. 건물 외부에도 인상적인 조각상들이 있다. 그 중에서 로댕과 미켈란젤로의 '죽어가는 노예' 조각의 영향을 받아 제작된 '인간의 노고(The Human Effort)'라는 작품이 기억에 남는다. 지친 노무자들이 끄는 쟁기 뒤에 병든 아이를 안은 어머니와 가족들의 무게가

실려 있고 맨 뒤에는 희망의 천사가 손짓을 하는 형상이다.

3. 인도적 위기와 유엔난민기구: 난민문제와 탈북자 문제

제네바와 인도적 위기대응

제네바는 국제적십자사(ICRC)의 산실이고, 유엔난민기구(UNHCR), 세계보건기구(WTO)와 국제이주기구(IOM) 등이 소재하고 있어 각종 인도주의 관련 논의가 집중되는 곳이다. UNHCR은 전 세계에 8천만 이상의 '보호대상자(persons of concerns)'가 있다고 발표했다. 여기서 보호대상자는 국제적 난민, 국내 피난민과 무국적자 등을 포괄하는 개념이다. 난민은 본국으로 송환될 경우 박해를 받거나 받을 위험이 있는 사람을 지칭한다. 인도적 지원이라 함은 인도적 위기 예방단계부터 위기발생 시 긴급구호, 위기 직후 난민과 국내 피난민에 대한 지원과 재건복구사업을 포괄한다.

유엔시스템에서 인도적 지원은 유엔인도조정실(OCHA)의 조율을 거쳐 시행되며 뉴욕과 제네바에 사무소를 두고 정책수립과 다양한 사업을 수행한다. 제네바는 ODSG(OHCA Donors Support Group) 등 인도적 지원 공여국 정책조율을 하는 다양한 협의체가 있고 우리나라도 활발하게 참여하고 있다. 매년 말 OCHA 주도로 인도적 지원의 수요를 조사하여 공동지원을 요청하는 글로벌 인도적 대응(Global Humanitarian Response)을 발표하고, 유엔중앙긴급대응기금(CERF)을 활용하여 신속대응자금을 지원하기도 한다. 국제적십자사와 국제적십자연맹(IFRC)은 독자적인 긴급구호체제를 운영하고 비유엔기관인 국제이주기구도 난민들의 제3국 내 재정착 사업 등 인도지원 관련 유엔기관과 협력한다.

　　UNHCR은 제2차 세계대전으로 터전을 잃은 유럽인들을 도울 목적으로 1950년 12월 출범했다. 이듬해 난민보호의 법적근거가 되는 '난민 지위에 관한 협약'이 성안되고 1967년에 후속 의정서가 채택됐다. UNHCR은 난민보호기능과 현장조직을 확대하면서 유엔시스템 내에서 가장 큰 기구로 발전했다. 그러나 현장에서는 OCHA와 상당한 갈등을 겪고 있었다. 유엔시스템에서는 인도적 지원 활동을 총괄 조정하는 기능이 OCHA에 있으나 난민을 다루는 UNHCR의 권한과 예산이 워낙 방대하기 때문이다. 2014년에는 '복합적 상황에서 공동 가이드라인'을 합의하기도 했지만 미봉책에 불과하다는 것이 중론이었다.

　　난민문제는 우리와도 직결된 이슈다. 한국 전쟁 당시 수많은 한국인들이 국내 피난민이거나 해외 난민이었다. 역사적인 흥남철수는 피난민에 대한 인도적 지원의 전형이었다. 또한 탈북민들이 한국에 입국하기 전 제3국에서 체류하는 현장난민이나 난민지위를 받아야 옳다. 한편 수년 전 예멘 난민들이 제주도에 도착하여 난민신청을 했을 때 우리 국민들이 보였던 폐쇄적인 대응은 숙고해 볼 일이다.

UNHCR 집행이사회 의장 선거 갈등

　　나는 제네바 대사 재직 시 UNHCR 집행이사회 의장직에 관심을 가졌다. 시리아 내전격화로 난민들이 대거 유럽으로 유입되면서 국경봉쇄 등 과격한 대응으로 뜨거운 논쟁을 촉발했다. 전 세계적으로 분쟁이 장기화된 지역의 난민문제는 더욱 복잡한 양상을 띠면서 유엔의 핵심 관심사로 떠오르던 때였다. 더욱이 중국에 거주하거나 경유하여 한국으로 이주하는 탈북민 문제는 인권문제와 함께 인도적 지원의 대상

주제네바 한국대사관 응접실에서 요이치 오타베 주제네바 일본대사와 함께(2015년 9월)

이 되었기 때문이다.

집행이사회 의장직을 두고 경쟁이 붙었다. 의장직은 5개 지역별로 순환하는데 아시아 차례였다. 결국 한국과 파키스탄의 경합으로 압축되었지만 최종 합의는 미뤄지고 있었다. 인도가 중재를 자처했다. 인도는 파키스탄과는 대립하면서도 개도국의 공동이익을 위해서는 협력했다. 아시아 그룹 57개국 중 선진국은 일본과 한국뿐이었기 때문에 내가 수적으로 열세였다. 개도국들은 파키스탄를 지지하면서 내게 사퇴를 권고했다. 반면 베티 킹(Betty King) 미국대사와 요이치 오타베(小田部陽) 일본 대사는 서방국가들과 조율하고 있으니 아시아 그룹 내에서 컨센서스가 안되더라도 전체회의에서 결정되니 버텨 달라고 했다.

어느 날 구테레즈(Guterres) 난민최고대표가 전화를 했다. 의장 선출 지연에 우려를 표하고 조기 결정을 독촉했는데 내게는 완곡한 압박으로 들렸다. 나는 구테레즈에게 파키스탄 대사에게도 같은 취지의 전화를 했는지 물었더니 아니라고 답했다. 나는 "관심은 이해하지만 이런 전화는 오해받을 소지가 있습니다"라고 말했다. 구테레즈는 UNHCR의 구조 상 최고대표가 주인이고 집행이사회 의장은 자문역이라는 점을 부각하려고 했던 것으로 보였다. 결국, 파키스탄 대사가 사퇴하고 내가 의장으로 선출됐다. 난민문제에 대한 공여국의 영향력이 압도적이었던 덕이 컸다.

강제송환금지 원칙과 탈북민 문제

탈북민들이 중국 등 제3국에 일시 체류하는 경우 이들을 난민으로 인정할지 여부가 늘 쟁점이었다. UNHCR은 난민지위 인정 여부와 무관하게 강제송환의 위험으로부터 보호받을 수 있는 비호신청자 인증서를 발부하고 있다. 탈북민은 탈북 당시 난민요건을 갖추지 못했다 하더라도 탈북 이후 '정치적 의견의 차이로 인해 박해받을 우려'가 있기 때문에 난민 요건을 갖춘 '현장난민(refuge *sur place*)'이라 주장할 수 있다. 구테레즈 난민최고대표는 탈북민 보호를 위해 중국 측에 '강제송환금지 원칙(principle of *non-refoulement*)'을 국제관습법으로 준수할 것을 촉구했다.

그럼에도 불구하고 중국과 러시아는 탈북민을 단순한 경제적 이주자로 규정하여 난민에 상응하는 보호조치를 취하지 않고 있다. 탈북민이 인접한 중국에서 보호받지 못하고 태국, 베트남 및 라오스 등의 루트를 이용해야 하는 이유다. 탈북민을 접수하는 이들 국가들은 대부분 1951년 난민협약의 비가입국이었고 중국 및 북한과의 관계를 고려하여 굉장히 조심스러운 입장을 취했다. 2014년 탈북민들이 중국을 거쳐 라오스를 경유하려다 다시 중국을 거쳐 북한으로 송환된 사건이 있었다.

라오스에서 난민으로 정식 등록하기 전에 북한 당국이 빼돌려서 구제하기 어려운 상황이었다. 나는 구테레즈 최고대표를 긴급 접촉했고 그는 강제송환금지원칙을 강조하는 보도자료를 배포했다. 그러나 이미 탈북민들은 상해를 거쳐 입북된 뒤였다. 공식 확인된 바는 없으나 경유국인 중국의 개입이 있었을 것으로 추정한다.

레바논과 요르단 난민촌 단상

2014년 6월 집행위원회(EXCOM) 의장 자격으로 레바논과 요르단을 공식 방문했다. 베이루트 공항에 내려 지중해의 유려한 해안을 따라 시내로 들어왔다. 길가에 레바논 반미·반이스라엘 노선의 시아파 무장단체 헤즈볼라 창설 25주년을 상징하는 노란 깃발이 나부꼈다. 레바논의 국내 정치는 극심한 정파적 갈등 속에서도 절묘하게 공존한다. '적과의 동침'을 연상케 했다. 대통령은 기독교에서, 총리는 이슬람 수니파(Sunni)가, 의회는 시아파(Shia)가 장악하고 있었다. 그럼에도 국내 정치는 안정적이었다. 시리아 내전과 분쟁으로 대거 난민이 발생되는 혼란 속에서도 베이루트-다마스커스 라인은 시리아 아사드(Assad) 정부의 생명선으로 시리아가 확실하게 관리하는 것이 인상적이었다.

레바논의 게브란 바씰(Gebran Bassil) 외교부장관을 비롯해 주요 각료들을 만났다. 나는 레바논과 같은 난민 유치국에 대한 UNHCR의 지원 계획을 설명하고 그들의 희망을 청취했다. 시리아 내전 이전에도 레바논에 유입된 난민은 50만 명 이상이었고 상당수는 레바논으로 넘어오기 전부터 이미 국내 피난민들로 시리아로 귀국을 원치 않았다. 특히 알레포(Aleppo)와 다라(Dara) 지역에서 건너온 사람들은 경제적 난민으로 분류됐다. 난민의 대량유입은 레바논 내정의 불안 요인으로 작

레바논 내 시리아 난민촌 시찰도중 난민 어린이와 함께
(2014년)

용하고 있었고 추가적인 재정부담으로 상당한 곤란을 겪고 있었다. 자연히 국제기구를 통한 간접 지원보다는 직접적인 원조를 받고 싶어 했다. 다음날 장 폴(Jean Paul) UNHCR 레바논 사무소장의 브리핑을 들었다. 이어 나아메(Naameh) 공립학교에서 수업 중인 난민 어린이들의 방과 후 학교를 둘러봤다. 난민들의 체류가 장기화되면서 난민 부모 아래서 태어난 아이들이 교육을 받는 경우도 있었다. 난민들이 밀집돼 있는 곳을 시찰하고 동명부대를 방문하여 자랑스러운 한국 평화유지군(PKO)의 활동상을 체험했다.

요르단의 상황은 레바논과는 대조적이었다. 요르단은 120만여 명의 시리아 난민을 수용했다. 가장 큰 자타리(Zataari) 캠프와 아즈락(Azraq) 캠프를 시찰했다. 2012년에 시리아 접경 지역에 설치된 자타리 캠프는 8만여 명의 시리아 난민을 직접 접수하여 보호하면서 보건, 교육, 생활지원 등을 하고 있었다. 하늘색 UNHCR 텐트가 지평선을 메우면서 거대한 천막 도시를 연상시켰다. 아즈락 캠프는 막 개장되어 텐트보다는 조립식 주택들이 많았고 수용능력이 최대 13만 명이라 했다. 그럼에도 난민 수용 시설은 턱없이 부족했다. 한 난민가정을 방문했다. 아이들의 천진한 웃음과는 대조적으로 부모들의 주름 잡힌 얼굴에는 수심이 가득했다. 난민들은 캠프를 떠나 수도 암만(Amman) 지역으로도 유입되었다. 수용국인 요르단으로서는 엄청난 정치적·재정적 부담이었다.

그날 저녁 최홍기 주요르단 대사가 주요 공여국 대사들을 대사관 저로 초청하여 실무만찬을 했다. 서방 공여국 대사들 중에는 중동지역 전문가들도 있어 시리아 사태와 난민문제에 대한 활발한 토론을 했다. 나는 레바논과 요르단에 흩어진 시리아 난민촌을 방문한 소감과 좌절 감을 공유했다. 저녁 내내 화제가 끊일 줄 몰랐다. 출장 일정을 마치고 요르단의 명승지 페트라(Petra)를 찾았다. 자연의 경이로움 속에 인간의 흔적들이 깊숙이 패여 있는 곳이다.

EXCOM 회의와 두 명의 유엔사무총장

2014년 10월초 EXCOM 총회에 앞서 고위급 회의가 열렸다. 나는 반기문 사무총장께 기조연설을 요청했다. 반 총장은 흔쾌히 수락했다. 반 총장은 기조연설에서 국제난민문제의 심각성을 부각하면서 자신이 한국 전쟁 당시 국내 피난민으로 겪었던 애환을 얘기했다. 분쟁지역에

UNHCR 집행위원회(EXCOM) 고위급 회의에서 기조연설하는 반기문 유엔 사무총장. 왼쪽은 구테레즈(Guterres) 난민최고대표(왼쪽), 필자(오른쪽)(2014년 10월 1일)

서 발생하는 난민문제는 장기화되면서 복잡한 양상을 띤다는 점에 비추어 난민과 난민유치국 지원을 위한 국제사회의 적극적인 참여를 호소했다.

나는 반 총장과 구테레즈 최고대표, 즉 현재 및 미래의 유엔사무총장 두 분을 모시고 EXCOM 회의를 주재하는 영광을 누렸다.

난센 난민상과 전제용 선장

2014년 난센(Nansen) 상 최종 후보로 올랐던 한국인 전제용 선장의 감동적인 이야기를 소개한다. '리틀 사이공(Little Saigon)'으로 알려진 캘리포니아의 베트남 커뮤니티는 침몰 직전의 목선과 사투를 벌이던 보트피플(boat people)을 구한 전제용 선장을 유엔 난센상 후보로 추천했다. 난센상은 1954년 노르웨이 탐험가이자 난민 구호에 열정을 바쳤던 프리트요프 난센을 기리기 위해 제정된 이래 난민 구호에 헌신적 사랑과 특별한 용기를 보인 사람들에게 수여하여 '유엔의 노벨상'으로도 불린다.

전제용 선장은 1985년 11월 14일 운명적인 상황과 마주쳤다. 인도양에서 참치 조업을 끝내고 한국으로 귀항하던 중 남중국 공해상에서 필사적으로 구조를 요청하는 베트남 보트피플을 발견했다. 항해하던 선박들은 이들을 외면했고 전선장도 그냥 지나쳤다가 동료 선원을 설득하여 회항을 지시하고 이들을 구출했다. 어린아이와 임산부를 포함해 96명이었다. 식량과 식수를 공유하면서 어렵게 부산항에 도착했지만 당국에 불려가 혹독한 조사를 받았고 선장 면허까지 정지됐다. 난민의 유입에 극도로 인색했던 국내 여건 때문이었다. 졸지에 실업자 신세가 되면서 생계마저 위협을 받았다. 구조된 난민들은 부산 적십자사

난민보호소에서 대기하다 미국, 캐나다, 호주 등으로 재정착했다.

이 사건은 20여 년간 잊혀졌다. 2004년 8월 해상 난민의 한 사람이었던 피터 응엔(Peter Nguyen)이 전제용 선장을 자신이 정착한 미국 캘리포니아로 초청하면서 세상에 알려졌다. 그는 해상 구조 당시를 소회한 '바다의 온정(The Ocean's Heart)'이란 책도 내면서 생명의 은인과의 재회를 소망했다. 환영 행사장에 운집한 베트남계 미국인들은 전 선장에게 뜨거운 눈물과 함께 박수갈채를 쏟아냈다. 정작 전 선장은 "할 일을 했을 뿐이다"라는 말만 되풀이했다. 나도 그의 난센상 수상을 위해 노력했으나 최종 후보자에는 오르지 못했다. 아쉬운 마음을 전제용 선장에게 전달했을 뿐이다. 몇 년 전 타계했다는 소식을 들었다.

4. 유엔인권기구: 보편성과 절대성의 충돌 현장

보편성과 절대성이 충돌하는 현장

1948년 세계인권선언은 전체주의적 광기로 반인도적 인권유린이 자행됐던 제2차 세계대전의 비극으로부터 탄생했다. 선언 제1조는 준엄하다. '모든 사람은 태어날 때부터 자유롭고 존엄하며 평등하다.' 인권의 천부적 보편성(universality)을 천명한 것이다.

유엔인권이사회는 연간 10주 동안 열리고 인권최고대표(High Commissioner for Human Rights)는 전 세계 인권상황에 대한 보고를 한다. 분쟁지역과 후진국의 인권유린상황과 함께 여성, 난민, 아동의 인권문제 그리고 각종 차별문제 등의 패턴에 대한 보고다. 국제인권문제는 인권의 보편성과 주권의 절대성이 충돌하는 현장에서 발생한다. 보편적 인권존중의 대원칙에도 불구하고 이를 부인하거나 왜곡하려는 국가 권력의 저항이 만만치 않다.

가깝게는 북한인권 문제를 바라보는 서방의 시각과 사회주의 국가의 시선은 완전히 대척점에 있다. 후자에서는 국가 주권이 절대적이고 보편적 인권의 상위개념이다. 전시 성폭력이 인도에 반한 범죄를 구성할 수 있음에도 불구하고 군대위안부 문제를 다루는 일본은 보편적 관점이 아니라 양자적 관점에서 바라본다. 달리 말하면 유엔에서 인권논의는 인권의 보편성과 주권의 절대성이라는 양립할 수 없는 명제의 갈등에서 발전되어 왔다고 해도 과언이 아니다.

'국제평화와 안보, 인권 및 개발'이라는 3대 슬로건을 내건 국제연합은 인권보호와 증진에 눈부신 기여를 해왔다. 시민적 · 정치적 권리규약, 경제 · 사회 · 문화적 권리규약 등 10개 이상의 인권협약을 차례로 성안했고 국가별 및 주제별 특별절차(Special Procedure)를 도입했다. 1993년에는 '유엔인권최고대표'를 설치했다. 코피 아난 사무총장은 유엔개혁의 일환으로 2006년 3월 발표한 '보다 큰 자유 속에서(In larger freedom)' 제하의 보고서에서 '인권 보호와 증진 없이 개발과 안보를 향유할 수 없다'고 갈파했고, 반기문 사무총장은 스리랑카 내전 중 발생한 인권유린 상황을 목도하고 유엔 사무국의 활동에 '인권 최우선(Human Rights Upfront)' 방침을 확산했다.

그러나 국제연합헌장의 조직 편제 자체에 유엔이 추구하는 목표와 괴리가 있음을 알 수 있다. 국제연합헌장은 1945년 안전보장이사회와 경제사회이사회를 설립했지만 인권보호를 위한 조직은 독립적인 이사회(Council)의 지위를 확보하지 못하고 1948년에야 비로소 경제사회이사회 산하에 위원회(Committee) 조직으로 설치되었다. 2006년 유엔총회 결의로 유엔인권이사회(HRC)가 뒤늦게 창설되기는 했지만 헌장 상에 편제된 이사회와는 그 법적 지위가 엄연히 다르다.

문제의 발단은 유엔 헌장의 태생적 한계로 거슬러 올라간다. 헌장 제1조 3항은 인종·성별·언어 또는 종교의 차별 없이 보편적 인권을 증진하도록 규정하는 한편 헌장 제2조 7항은 '특정 국가의 국내 관할권 하에 있는 사안에 대한 간섭 금지'를 규정한다. 인권의 보편성을 천명하면서도 국가 주권의 절대성을 명확히 한다. 헌장 성안에 참여했던 협상가들은 인권의 보편성과 주권의 절대성이라는 상반된 명제의 조화할 수 없는 현실 앞에서 두 개의 가치를 병기하는 고육지책을 택한 것이다. 결과적으로 다른 국가의 관할하에서 또는 국가 간 분쟁 상황에서 발생하는 인권문제를 유엔이 다루는 데 일정한 한계와 갈등의 빌미를 제공한 셈이다.

보편성과 상대성의 단층선

제네바에서 접하는 인권문제의 또 하나의 특징은 인권의 보편성이 문화적 상대성에 도전을 받는다는 것이다. 많은 경우 이슬람 문화권과 기독교권의 문화와 관습이 다른 데서 발생했다. 예를 들어 이슬람권에서 보편적으로 행해졌던 할례의식, 여성에 대한 제반 차별문제는 다른 차원의 갈등을 야기했다. 또한 성소수자 문제(LGBTI)도 문화적 상대성에 녹아든 인권문제로 볼 수 있다.

최근 국제분쟁은 국가 간 분쟁에 국한되지 않고 국경을 초월하는 인종적 및 종교적 갈등이 표출되거나 폭력적 비정부단체 또는 테러리스트에 의한 분쟁이 빈발하고 있다. 특히 시리아 주변을 비롯한 많은 분쟁지역에서 심각한 인권침해가 발생하고 있다. 시리아 알레포(Aleppo)

또는 야무크(Yarmouk) 난민캠프에서의 인권침해와 이라크-레반트이슬람국가(ISIL)의 잔인한 인권유린을 방치한 대가로 중동지역의 분쟁피해가 막대했다는 사실이 이를 반증한다. 엄중한 인권유린에 대한 부당면책(impunity)을 종식하고 정의를 구현하는 것은 반목하는 조직 간 화해 촉진과 분쟁해결에 중요하다.

유엔 창설 70주년 계기로 채택된 2030 유엔의제는 인권원칙에 부합하는 지속가능한 발전목표(SDGs)의 이행을 요구한다. 전후 국제인권 규범은 공동선을 위해 절대적 주권의 일부를 양도하면서 발전해 왔다. 그러나 여전히 국가주권을 보편적 인권의 상위개념으로 두는 국가가 많고, 자국민의 인권보호를 방기한 국가에 대응하기 위한 '보호책임(R2P)'과 같은 개념의 실행에 애로를 겪고 있는 것은 인권의 보편성을 보장하는 길이 멀다는 반증이다. 인권보호의 최후적 강제실현수단으로 국제형사재판소(ICC)와 국제사법재판소(ICJ)의 발전은 괄목할 만하지만 강제적 관할을 행사하지 못하는 한계도 노출하고 있다.

유엔인권기구와 관심현안과 절차

유엔 인권업무와 활동을 총괄하는 최고직책으로 유엔인권최고대표가 있다. 내가 부임했을 당시는 나비 필레이(Navi Pillay) 대표와 강경화 부대표 체제였다. 남아공 출신의 필레이 대표는 루안다국제형사재판소(ICTR) 재판관으로 활동하면서 전시 여성 성폭력을 인도에 반한 범죄로 기소한 전력이 있다. 어느 날 필레이와 환담 중에 "강경화 부대표는 My Deputy가 아니라 The Deputy"라며 강 부대표에 대한 절대적 신임을 표했다. 자신의 부하가 아니라 독립적 권한을 가진 직책이란 의미였다. 강경화 부대표는 유창한 영어로 핵심을 간결하게 전달하고 인간미가 넘쳐 제네바 주재 대사들에게 인기가 많았다.

유엔인권이사회에는 10여 개의 토의의제가 정해져 있다. 인권최고대표는 전세계 인권상황에 대한 연례보고서를 제출하여 토의한다. 인권문제의 광범위한 분포와 절망적인 인권상황을 한눈에 볼 수 있다. 북한과 시리아 등 심각한 인권상황은 의제4(인권이사회의 주의를 요하는 인권상황)로 분류하고 인권보호를 위한 지원이 필요한 상황은 의제10(기술협력 및 역량배양)으로 분류하여 토의한다. 인권이사회의 토의는 앞서 말한 인권의 보편성에 대한 근본적인 도전으로 인해 서방과 비서방 간 대립 등 진영논리로 전락하여 정치적 대립 양상을 보이는 경향이 반복되었다. 예를 들어 북한, 시리아, 이란, 스리랑카 및 미얀마 등 주요 국별 결의안뿐 아니라 여성에 대한 폭력, 테러리즘, 인권과 법치 등 주제별 결의안 채택 과정에서 이런 대립은 적나라하게 나타났다. 2015년 초 의장으로 취임한 요아힘 뤼커(Joachim Ruecker) 당시 독일 대사는 인권이사회의 효율성을 제고하기 위한 다양한 혁신책을 도입했다.

2012년 한국은 제2기 보편적정례인권검토(UPR)를 수검했다. 당시 길태기 법무부 차관이 수석대표로 참석하여 한국의 인권상황에 대해 발표하고 수백 개의 질문에 대해 소상하게 답변하여 훌륭한 심사였다고 평가했다. UPR은 4년 주기로 동료심사(Peer review) 형태로 각국의 인권상황을 검토하고 개선해야 할 분야를 권고하는 제도다.

인권이사회는 특별절차(Special Procedure)라는 제도를 운영하면서 여성, 강제실종, 유해물질 등 41개 특정인권주제나 북한, 시리아, 이란 등 14개 특정 국가의 인권상황을 조사하고 인권이사회에 보고서를 제출한다. 특별절차는 독립적인 개인전문가로서 인권이사회협의그룹(CG)의 추천에 따라 인권이사회가 임명하는 제도다. 특별절차는 특별보고

관(SR), 독립전문가(independent expert), 실무그룹(working group) 등의
명칭으로 활동하며 주제별 특별절차 임기는 3년이고, 국별절차 임기는
1년이나 5회 연임할 수 있어 사실상 최대 6년까지 가능하다.

한국인의 인권기구 진출성과

우리나라는 JUSCANZ 그룹의 일원으로 인권이사회 활동에 참여
했다. 우리의 관심은 인권이사회 전반에 걸쳐 있었으나 북한인권 문제
와 관련된 현안이슈와 일본군 위안부 문제를 둘러싼 논의 그리고 주요
인권기구 진출, 보편적 정례인권검토와 부대행사 등에 직접적인 관심
을 두었다. 수십 개의 특별절차가 운영되고 있는데도 불구하고 능력과
경험을 갖춘 우리 전문가들의 진출이 미약하여 안타까웠다. 결국 우리
의 인권기구 진출을 위해서는 협의그룹(CG) 위원에 피선되는 것이 필
수적이었다. 노력 끝에 2014년 유연철 차석대사가 아시아 지역 대표로
협의그룹 위원으로 피선되어 활발히 활동하여 많은 성과를 거두었다.

그 결과 2014~2015년간 유엔 인권기구에 다수의 한국인 전문가
가 피선됐다. 2014년 한국인 최초의 특별보고관(SR)으로 이양희 교수
가 미얀마 특별보고관으로, 같은 해 홍성필 교수가 자의적 구금 실무그
룹 위원에 피선됐다. 또한 신혜수 교수는 유엔 경제적·사회적·문화적
권리위원으로, 김형식 교수가 장애인 권리위원회 위원으로 각각 재선
했다. 2015년에는 백태웅 교수가 강제실종실무그룹 위원으로 피선됐고
인권이사회 자문위원회에 서울대 정진성 교수에 이어 서창록 교수가
위원으로 선임됐다. 그 과정이 순탄하지는 않았다. 특히 당시 캐나다
대사를 비롯한 몇몇 대사들의 몽니로 우리 전문가의 인선이 난관에 부
딪친 적이 한두 번이 아니었다.

인권이사회 의장직 진출 지원

2016년도 인권이사회 의장직은 아시아 차례였다. 의장직을 수임하려면 이사국 지위를 유지해야 한다. 한국은 2015년 말 이사국 임기가 끝나게 되어 있어 재선임이 필수적이었다. 10월 28일 인권이사회에서 선거가 예정돼 있었다. 의장직 수임문제는 보다 정치적이었다. 인권이사회 규정상 이사국 연임은 1회에 한정했다. 이에 따라 미국과 일본은 2016년부터 3년 간 이사국 지위를 가지는 것이 불가능했다. 아시아 그룹에서 한국과 일본 이외의 국가는 모두 개도국이기 때문에 한국이 의장직을 수임하지 않으면 개도국이 수임할 수밖에 없는 상황이었다.

미국 인권대사가 나를 만나러 우리 대표부로 왔다. 미국으로서는 중국과 러시아가 이사국 자리를 유지하고 미국과 일본이 비이사국이 되는 인권이사회의 구조에서 의장국까지 개도국으로 넘어가는 상황을 막고 싶어 했다. 자연스레 한국의 의장직 수임을 지지하겠다는 취지였다. 나는 3년 임기를 마치고 9월 중순 귀임 발령을 받고 후임도 내정된 상황이었다. 나는 최경림 대사가 조기에 부임하여 회원국들에게 인사하고 선거 캠페인을 하는 것이 옳다고 판단하고 나의 귀국일시를 대폭 앞당겼다. 발령 받은 후 한두 달 귀임을 준비하는 관행에 비추어 선례가 없는 조치이기도 했다. 다행히 한국은 이사국 재선과 의장직 수임에 성공했다.

스리랑카 인권문제와 한국의 대응

스리랑카는 수십 년 간 내전을 겪다가 2008년 현 스리랑카 정부가 타밀 반군들을 장악하는 과정에서 수많은 민간인들이 희생되었다.

스리랑카 정부는 민간인 보호 명목으로 '안전지역(No fire zone)'을 지정하였으나 실제로는 이 지역을 공습 포격함으로써 수천 명의 민간인들이 희생되었다. 그 학살 장면이 고스란히 위성사진으로 찍혔다. 국제 NGO들은 공세적으로 나섰고, 타밀 디아스포라(Tamil Diaspora)가 정착한 미국, 영국, 캐나다 및 인도도 스리랑카에 비판적이었다. 반기문 사무총장은 스리랑카의 인권유린 상황을 계기로 '인권 최우선(human rights upfront)'을 제창했다.

국제사회는 스리랑카 정부의 화해와 책임규명을 요구하였다. 미국 주도로 스리랑카 인권결의안이 제출됐고 서방은 대부분 찬성했다. 그러나 스리랑카 정부는 내정간섭을 이유로 반대 입장을 분명히 하고 대대적인 대외로비 활동을 전개했다. 한국에도 대통령 특사를 파견했다. 중국과 개도국들은 스리랑카를 지지했다. 주제네바 스리랑카 대사는 나에게 기권 또는 반대를 종용했다. 한편 최종문 주 스리랑카 대사도 본부에 기권을 건의했다. 양국 간 협력에 부정적 영향을 미친다는 이유였다.

나는 양자관계를 고려할 필요성은 인정하지만 보편적 인권문제에 대해서는 일관성 있는 원칙에 따라 찬성을 건의했다. 북한인권 문제와 군대위안부 인권을 강조하면서 스리랑카 인권에 침묵한다면 그것은 이중 잣대이기 때문이다. 서울은 좌고우면하다가 기권을 지시했다. 미국은 한국의 기권방침에 불만을 제기하며 강한 외교교섭을 했다. 결의안 통과를 위해 과반인 25표를 확보해야 하는데 당시 미국이 확보한 찬성표는 그 경계선을 오르내리고 있었다. 아시아에서는 인도와 한국의 찬성을 기대했다. 일본은 주초에 스리랑카 대통령이 방일하면서 기권으로 방침이 정해졌다. 최종 표결 직전 서울은 찬성으로 다시 방향을 선회했다. 인권문제가 민감하고 양자 외교관계도 고려해야 하지만 오락 가락하는 입장은 혼란스러웠다.

미얀마 인권문제와 한국의 대응

미얀마 인권문제도 유엔의 오랜 미결의제였다. 1993년 유엔총회는 미얀마의 민주주의 회복을 촉구하며 정치범 석방, 포괄적인 정치참여 촉구, 국경지역의 적대행위 중단, 수월한 인도적 지원환경조성 등을 요구했다. 그 후 유엔과 아세안 등이 미얀마를 지속적으로 압박한 결과 2012년 4월 자유로운 보궐선거가 치러지고 아웅산 수지가 국회에 입성했다. 그럼에도 불구하고 라카인 지역의 로힝야(Rohingya) 무슬림과의 갈등과 카친 지역의 소수민족에 대한 탄압으로 국제사회의 관심이 집중됐다.

유엔인권이사회는 의제4하에서 미얀마 인권결의를 채택하고 인권사무소 설치와 특별절차(SR)의 임명을 연장해 왔다. 인권이사회는 국별 인권문제를 의제2, 의제4 및 의제10으로 분류하여 다룬다. 그 중에서도 의제 4는 심각한 인권침해로 국제사회의 우려가 깊은 나라의 인권상황을 다룬다. 우리나라는 미얀마 인권상황에 대해 서방국가들과 연대하는 입장을 취해 온 반면, 인접국가인 중국과 일본은 양자관계를 고려한 입장을 취했다. 2015년 2월 한국인 미얀마 특별보고관인 이양희 교수가 미얀마 공식 방문 중 피격을 당하는 사태가 발생했다. 나는 Zeid 인권최고대표와 주제네바 미얀마 대사를 접촉하여 심각한 우려를 표명하고 재발방지를 촉구했다.

지방정부와 인권에 관한 결의안 채택

내가 제네바 대사로 부임하자 박경서 전 인권대사가 인권보호와 증진을 위해 애쓴 광주광역시의 역할에 비추어 '인권보호와 지방정부의 역할'에 대한 결의안을 추진할 수 있을지 타진해 왔다. 취지는 이해했지만 확신이 서지 않았고 외교부 내에서도 회의적이었다. 나는 전향적으로 검토하되 단계적으로 접근하는 것이 합리적이라 생각했다. 이런 복안을 가지고 이사회 의장단을 비공식적으로 접촉하며 설득해 나갔다. 2013년 10월 열린 인권이사회에서 짧은 결의안을 채택했다. 인권의 증진과 보호에 있어 지방정부의 역할에 관한 보고서를 작성할 것을 요청하는 요지였다. 일단 비빌 언덕을 마련한 셈이었다.

자료를 축적하면서 인권유린과 지방도시와의 연계성이 다양하고 우리 결의안에 관심을 표하는 국가와 도시들이 증가하고 있다는 사실에 고무됐다. 나는 2015년 인권이사회 정기회의와 병행하여 "인권보호와 지방도시의 역할"에 관한 부대행사를 열었다. 자국 사례를 발표했던 오마르 힐라르(Omar Hilal) 모로코 대사와 공동으로 회의를 주재했다. 2016년 9월에 열린 인권이사회는 '인권 보호증진에 있어 지방정부의 역할에 관한 패널토의를 개최하라는 결의'를 채택했다. 지방도시와 인권보호 이슈가 인권이사회의 상설의제로 자리를 잡았다. 퇴직 후 어느 날 광주광역시에서 내게 공로

광주 5·18 묘역에서 박경서 전 인권 대사와 함께 (2016년)

패를 수여한다고 해서 극구 마다했으나 결국 받게 됐다. 광주 광역시장과 점심식사 후 5·18 묘역을 방문했다. 광주시가 결의안을 제안한 이유가 있는 곳이기에 내가 안내를 청했다. 한 세대가 지났지만 절규하는 묘비명들은 당시의 절박한 현장을 고스란히 담고 있었다.

5. 세계보건기구(WHO): 메르스 사태와 챈 사무총장의 좌절

세계보건기구(WHO)와 보건관련 기구

세계보건기구(WHO)는 1948년 유엔 산하 보건전문기구로 설립됐고 한국은 1949년에 가입했다. 본부는 제네바에 소재하고 아프리카, 미주, 동지중해, 유럽, 동남아, 서태평양 등에 6개 지역사무처가 분산돼 있다. 다른 유엔전문기구와 달리 태생적으로 지역사무처의 영향력이 큰 구조였다. 내가 대사로 재직할 당시 WHO 사무총장은 홍콩 출신 마가레트 챈(Margaret Chan) 박사였고 일본과 함께 한국이 소속된 서태평양 지역사무소는 신영수 박사가 소장직을 맡고 있었다.

WHO의 예산구조는 의무 분담금과 자발적 기여금의 비율이 1:3이었다. 주로 선진국이 사용용도를 한정하는 자발적 기여금에 의존하고 있었다. 자연히 WHO가 판단한 정책의 우선순위에 따라 정책이 입안되고 수행하기 어려운 구조적인 문제를 안고 있었다. 챈 사무총장은 정책조정과 예산운영 효율화를 증진하기 위한 개혁조치를 주문했고, 유사한 기능을 수행하는 국제기구와 중복을 피하고 보완성을 증진하는 데에도 관심을 쏟았다. 우리는 WHO를 통해 북한 산모와 영유아의 보건향상을 위한 지원을 포함한 다양한 사업을 하고 있었다.

제네바에는 에이즈 환자 지원을 위한 유엔에이즈계획(UNAIDS), 에이즈, 말라리아 및 결핵 등 3대 질병을 치료하고 예방하기 위한 국제의약품구매기구(UNITAID)와 글로벌기금(Global Fund)을 비롯하여 최빈국에 백신의 공급과 개발을 지원하는 글로벌백신면역연합(GAVI) 등 핵심 보건기구들이 포진하고 있었다. 우리나라는 출국 탑승객당 1천 원씩 부과하여 조성된 항공연대기금의 50%를 UNITAID에 기여하는 등 지원을 확대해 나가고 있지만 보건 분야에서 우리나라의 기여와 관심은 서방국가에 비해서는 여전히 미약한 수준이었다. 한국은 2012년 11월 서울에서 열린 담배금지협약(FCTC) 제5차 당사국회의에서 '담배제품의 불법거래금지의정서'를 채택했다.

중동호흡기증후군(MERS)과 한국의 서툰 대응

2015년 5월 초 메르스(MERS: 중동호흡기증후군)가 한국에서 발생했다. 초기에 통제되는 듯하다가 삼성의료원을 통해 확산되었다. 나는 WHO 사무총장실과 긴밀한 연락체제를 유지했다. WHO는 한국에 역학조사관을 조기 파견하여 국제공조를 하고자 했으나 한국 정부의 반응이 미온적이었다.

어느 날 챈 사무총장이 내게 전화를 걸어서 "WHO의 역학조사단 파견이 시급합니다. 한국 복지부장관과 긴급 통화를 하고자 하는데 연결이 안 됩니다"라고 협조를 요청했다. 나는 복지부 장관에게 전화로 "바쁘시겠지만 WHO 사무총장의 통화요청에 응대해야 하지 않습니까?"라고 했더니 그는 "지금은 귀가도 못하고 사무실 야전침대에서 버티는 지경입니다. MERS 확산은 내부적으로 통제할 수 있다고 봅니다. 국제기구가 개입하면 불편할 수 있습니다. WHO 사무총장과 바로 통화를 하겠습니다"라고 했다. 외부 개입을 차단하려는 의도라는 느낌을 받았다. 당시 국내 역학조사 결과를 대외적으로 공유하지 않아 중국을 비롯한 주변국들의 지탄도 받았다. 이튿날 챈 총장이 격앙된 목소리로 다시 전화를 했다. "복지부 장관은 전화를 받지도 하지도 않습니다. WHO는 더 이상 수수방관할 수 없습니다. MERS 같은 전염병은 한국에만 국한된 문제가 아닙니다. 발생지의 역학조사결과를 신속하게 인접국 및 관련 국제기구와 공유해야 합니다. 한국 보건복지부가 협조하지 않으면 반기문 유엔사무총장에게 보고하고 청와대를 움직일 수밖에 없습니다"고 했다.

결국 청와대가 나서면서 6월 중순 WHO·한국정부 합동평가단이 현장을 점검하고 기자회견을 했다. 이어 챈 총장이 방한하여 대통령과 관계장관을 만나고 미국 질병관리청과 합동 정책간담회도 열었다. 그 무렵 MERS 확산이 어느 정도 차단되면서 사태는 진정국면에 들어갔다. WHO는 한국 내 MERS 발생이 국제공중보건비상사태가 아니라는 것을 확인했다. 결과적으로 원만하게 수습하는 모양새는 취했으나 과연 한국의 대응이 최선이었을까 하는 여운이 남는 사건이었다.

이종욱 전 WHO 사무총장과의 인연

WHO 본부건물을 지나칠 때면 언제나 이종욱 전 WHO 사무총장이 떠오른다. 그와의 인연은 내가 처음 제네바 대표부 발령을 받았던 1994년 2월로 거슬러 올라간다. 나는 부임 직전 건강검진을 받았다. 소변이 어두운 갈색이었다. 의사는 내가 활동성 간염을 앓고 있다고 진단하고 절대 안정을 권했다. 이미 이삿짐을 부치고 살던 집도 세를 준 뒤라 거처할 곳도 마땅치 않았다. 두 달여 병원 신세를 진 뒤 제네바에 부임했다. 하루에도 여러 회의를 참석하면서 보고서를 쓰는 일상으로 힘든 나날이었다. 당시 WHO 백신국장이었던 이종욱 박사에게 의견을 구했다. 마침 이웃이었던 그는 "WHO 백신 사업의 최대 관심은 중국을 비롯한 아시아의 간염 감염을 낮추는 것이다"고 하면서 WHO와 협업하고 있는 장-마리 삐에르(Jean-Marie Pierre) 박사를 소개했다. 그는 당시 임상실험 말기에 있던 인터페론 치료를 권했다. 위험은 있었으나 치료는 성공적이었다.

이종욱 박사의 인생여정은 드라마틱했다. 의대 졸업 후 경기도 안양에서 나병환자를 돌보다 한국으로 의료봉사를 왔던 카부라키 레이코(Kaburaki Reiko) 여사를 만났다. 두 사람은 결혼 후 남태평양 후진국에서 의료봉사를 이어갔다. 그가 근무하던 WHO 백신국은 중요한 자리이기도 했지만 그가 워낙 성실하고 열정이 넘친 탓에 주변의 인정을 받고 있었다. 그는 우리 집에서 가벼운 칵테일을 하면서 "기회가 되면 WHO 사무총장에 도전해 보겠다"는 의지를 피력하고 주요국들의 동향과 한국 정부의 지원가능성을 조심스럽게 타진했다. 그는 미국, 일본과 중국을 비롯하여 태평양 지역 국가들의 적극적인 지지를 받고 2003년 사무총장에 취임했다. 그러나 3년여 총장직을 수행하다 아깝게 유명을 달리했다. 과로에 의한 뇌출혈이었다. 많은 이들이 안타까워했다. 당시 코피 아난 유엔사무총장은 "오늘 세계는 위대한 사람을 잃었다. 그는 모든 사람의 보건권리증진을 부르짖었고 가난한 자들을 변호했다"고 애도했다.

6. 국제노동기구(ILO): 특수한 노·사·정 지배구조

ILO의 독특한 지배구조

ILO는 열악한 근로조건을 개선하고 사회 정의에 기반을 둔 보편적이고 항구적인 평화를 달성하기 위해 설립된 국제기구다. 제1차 세계대전 후 베르사이유 강화조약 제5장을 설립 근거로 하여 전후 제대군인들이 실업자가 돼 공산혁명에 동조할 조짐이 있다는 급박한 배경 하에서 노사정 삼자주의(tripartisan)라는 독특한 지배구조를 가진 조직으로 탄생했다. 집행이사회(Governing Body)는 정부대표 28, 노조대표 14, 경영자대표 14, 도합 56석으로 구성되며 정부대표 의석 중 10석은 상임으로 운영되는 방식이다. 지난 100년간 서방국가가 사무총장직을 거의 독점했다.

다른 나라와 마찬가지로 한국도 매년 열리는 총회에 양대 노총대표, 경영자대표 및 정부대표가 참석해 왔다. 설립 초기에는 근무 시간 등 근로조건 향상에 주력하다가 결사의 자유, 차별 철폐 등 영역으로 관심 분야가 확대됐다. 국제노동기준 제정 및 준수를 독려하고 글로벌 고용노동정책의 방향을 제시해 오고 있다.

가이 라이더 사무총장의 부임과 활동

내가 제네바에 부임한 후 얼마 안 되어 영국 출신 가이 라이더 (Guy Ryder)가 ILO 사무총장으로 취임했다. 나는 2005년 APEC 정상회의를 준비하는 기자 브리핑에서 그와 논쟁을 한 적이 있었다. 나는 APEC 사무총장이었고 그는 국제자유노조연맹(ICFTU)의 사무총장 자격

으로 방한 중이었다. 그는 APEC이 무역자유화 일변도로 활동하는 것
에 제동을 걸고 노동권의 확대에도 관심을 가져야 한다는 입장을 피력
했다. 그는 뼛속까지 노조활동가였고 국제관계에도 밝았다.

당시 ILO는 핵심협약의 비준과 이행감시 등 통상적인 업무 이외
에 4차 산업혁명이 노동에 미치는 영향에 관심을 집중했다. 4차 산업
혁명으로 근로환경이 급격히 변하고 기계가 사람의 노동을 대체하는
추세 속에서 '인간적인 품위를 지키는 일(decent work)'을 어떻게 확대
해 나갈지에 초점을 맞췄다. 라이더 사무총장의 화두도 당연히 '일의
미래(The Future of Work)'였다. 그는 정기적으로 한국을 포함한 주요국
대사들을 브라운 백(brown bag) 오찬에 초청해서 현안에 대한 브리핑
을 하고 일의 미래를 준비하기 위해 회원국들의 협조를 요청했다.

다언어주의와 엄격한 언어요건

라이더 총장은 늘 진지했다. 나는 한국 전문가의 ILO 진출 확대에
관심을 가졌다. ILO 사무국에 근무하는 한국 직원은 9명에 불과했다.
한국의 분담금에 비추어 턱없이 부족한 인원이었다. 여러 애로 중에서
도 역시 언어장벽이 높았다. 사실 ILO는 다언어주의(Multilingualism)
를 엄격하게 적용해 왔다. 영어, 불어 및 스페인어를 공식 언어로 지정
하고 아랍어, 중국어, 러시아어 및 독일어를 실무언어로 규정했다. 제
네바에 소재하는 유엔기구들은 전문성과 함께 영어와 불어 능력을 동
시에 요구했다. 불어 문화권인 제네바의 영향이 컸다. 그러나 제네바
이외의 지역에 근무하는 자리에도 불어를 요구하는 경우가 있었다. 나
는 이를 부당하다고 생각했다. 나는 라이더 총장에게 "영어와 불어를
동시에 요구하는 것은 유럽 출신 전문가에게 절대 유리합니다. 전문성

을 갖추고 영어를 제대로 구사하면 근무에 전혀 문제가 없지 않습니까? 영어와 불어를 동시에 요구하는 현행 언어 요건을 영어 또는 불어로 변경하는 방안을 검토해 주십시오."

라이더 총장은 짐짓 놀라는 눈치였다. 그는 "불어가 꼭 필요한 직군을 제외하고 언어요건을 완화하는 방안을 검토해 보겠습니다"고 말했다. ILO의 채용조건에 언어요건을 얼마나 완화했는지 확인할 길은 없다. 만일 조금이라도 완화됐다면 한국과 같은 동양 출신 지원자에게는 희소식일 것이다. 실제로 국제기구 공석의 경쟁률은 수십 대 일인 경우가 허다하여 채용하고자 하는 국제기구가 후보자를 압축하는 작업을 용역회사에 맡기는 것이 관례여서 언어요건이 충족되지 않으면 아예 다음 단계로 갈 수 없는 채용구조다.

결사의 자유위원회 진정사건

결사의 자유위원회(CFA)는 결사의 자유협약(87호, 98호)의 비준여부와 무관하게 회원국 정부가 노사단체의 활동을 제약하고 있다는 이의 제기가 있는 경우 이를 심사하는 강력한 권한을 가지고 있다. 노사정 대표가 각 3명씩 선임되고 의장 포함 10명으로 구성된 감독기관이다. 1951년 위원회가 구성된 이래 무려 3천여 건에 달하는 케이스를 심사하여 노사단체의 자율적·협력적 관계 증진에 기여해 왔다.

민주노총 등 한국 노동단체가 제출한 진정은 1995년 이래 총 11건으로 이 중 5건은 종결됐다. 그 외 삼성전자 서비스, 외국인 근로자, 공공기관 노사관계, 단협 시정지도 등 4건은 심사 중이었고 전국공무원노조(전공노)와 전교조 건, 사내하도급 건 등 후속 검토 사건들이 있었다. 국내 노동단체가 국제기구의 진정 메커니즘을 활용하여 적극적으로 노동권 개선을 추진하는 것은 당연한 권리행사다. 그러나 정부가 노조활동을 부당하게 제약하고 있다는 일방적인 주장을 반복하면서 정부를 비난하는 것은 유감스러운 일이다.

ILO 협약 이행감독과 핵심협약 비준

ILO 협약의 이행감독 메커니즘은 매우 엄격하다. 정기보고서를 제출하면 저명한 노동법학자로 구성된 기준적용 전문가 위원회(CEACR)가 검토하는 정기감독 메커니즘과 정부나 노사단체가 이의를 제기하는 경우에 별도 위원회를 구성하여 심사하는 특별감독 메커니즘이 있다. 2014년 6월 총회에서 서방국가의 근로자 대표들이 카타르의 외국 노동자 관리체계(Kafala system)가 강제노동협약 및 근로감독협약을 위반했다고 진정을 제기했다. 카타르에서 외화벌이 활동을 하고 있던 북한 노동자들과 이들 노동자를 송출한 북한도 비판을 받았다.

우리나라는 아동노동 및 차별철폐 등 핵심협약은 비준했으나 강제노동(29호, 105호) 및 결사의 자유(87호, 98호) 분야 4개 협약은 비준하지 않은 상태였다. 결사의 자유협약에 가입하지 못한 이유는 공무원의 노조가입범위와 단체행동권을 제한하고 해고자의 노조가입을 제한할 수밖에 없는 사정에 기인했다. 강제노동협약 미가입 사유는 양심적 병역기피자에 대한 대체복무제도가 존재하고 재소자에 대한 근로 등이 제약요인이었다. 모두 국내의 정치적 갈등에 기인하고 있었다. 나는 결사의 자유협약의 비준 불가 사유를 해소하기는 어렵다고 판단한 반면 강제노동협약의 비준은 일정한 요건하에 긍정적으로 검토해 줄 것을 건의했다.

ILO 총회장에서의 게릴라 시위

2014년 10월 ILO 총회가 열렸다. 서울에서는 이기권 노동부 장관이 고위급 회의 참석차 출장을 왔다. 이 장관이 순서에 따라 연단에 올라 기조연설을 하던 참이었다. 갑자기 회의장 전면 양측 문으로 민노총 소속 시위대들이 들이닥쳤다. 그리고 연단 바로 앞에서 구호를 외치면서 한국의 열악한 노동환경개선을 촉구하는 퍼포먼스를 했다. 물론 불법행위였다. 유엔 경위들에 의해 강제로 끌려 나가며 고함을 질렀다. 한국에서는 자주 보던 모습이었으나 회의장에 운집했던 각국 대표단들은 눈살을 찌푸렸다.

ILO 총회는 노사정이 같은 자격을 가지고 기조연설을 한다. 한국의 노조도 기조연설을 할 권리가 있다. 자신들의 차례가 왔을 때 연설이나 보충자료 배포를 통해 입장을 표명할 기회가 충분히 보장되어 있다. 국제회의장에서 한국의 장관이 기조연설을 하는 자리에서 그런 행위를 보는 심정은 착잡했다.

7. 세계경제포럼(WEF): 다보스 포럼과 김정은 초청 구상

다보스 포럼을 주관하는 세계경제포럼(WEF)

매년 1월 셋째 주 스위스에서 열리는 다보스 포럼은 잘 알려져 있다. 세계적 석학, 국가 정상 등 정치지도자, 기업 총수와 스타트업 대표들이 비싼 참가비를 지불하면서 이 두메산골로 모여든다. 다양한 회의 참석과 정보교류 및 네트워킹을 할 수 있는 절호의 기회이기 때문이다.

다보스 포럼을 주관하는 세계경제포럼(WEF)은 제네바에 소재하고 있다. 제네바 대사가 정부를 대신하여 다보스 포럼을 준비하는 이유이기도 하다. 한편 기업인들의 참석과 활동은 전국경제인연합회에서 담당했다. 2013년 다보스 행사의 주제는 '복원력(resilience) 회복'이었다.

2012년 말 대선에서 당선된 박근혜 대통령이 당선자 자격으로 이듬해 다보스 회의에 이인제 특사를 보냈다. 평소 다보스 행사에 무관심하던 유럽 주재 한국 특파원들이 대거 다보스로 몰려왔다. 이 특사가 새 정부의 초대 국무총리로 유력하다는 소문이 파다했기 때문이었다. 결국 없던 일로 됐지만 예정에 없이 다보스를 찾은 기자들은 공관직원의 방이나 특사의 객실에서 새우잠을 자야 했다.

남북 정상의 동시초청에 관한 슈왑 회장의 구상

2013년 봄 슈왑 회장은 우리 내외를 만찬에 초대했다. 식탁 뒷벽에 이두식 화백이 그린 미술작품이 걸려있었다. 슈왑 회장 부부는 청와대를 방문했을 때 이 그림을 보고 깊은 인상을 받아 구입했다고 했다. 슈왑은 대뜸 내게 "WEF의 강점이 무엇이라고 생각합니까?"라고 물었다. 나는 "소집능력(convening power)과 네트워킹 능력(networking power)"이 아니겠냐고 응답하자 그는 "지식(knowledge power)"이 추가된다고 자신감을 피력했다.

그는 "다음해 DAVOS 포럼에 박근혜 대통령과 김정은 위원장을 동시 초청하는 구상을 가지고 있습니다. 남북한 지도자의 다보스 회동이 성사되면 남북관계개선은 물론 세계평화에도 기여하지 않겠습니까?"라고 하고 "성사만 되면 두 지도자를 위한 특별한 행사를 준비할 용의가 있습니다"라고 덧붙이면서 내 의견을 물었다. 나는 "성사되면 좋겠지만 국가 정상이 움직이는 민감한 이슈라 충분한 준비 없이 깜짝쇼를 하기는 어려울 것입니다. 더욱이 김정은은 작년 3차 핵실험을 감행하면서 국제사회에 부정적인 이미지를 각인시키고 있지 않습니까?"라고 답변했다. 그리고 일단 그의 구상을 본부에 방침을 타진하겠다고 말했다.

클라우스 슈왑(Klaus Schwab) WEF 회장 내외(왼쪽) 초청 대사관저 만찬 계기 환담하는 필자(맨 오른쪽). 유연철 차석대사(가운데)(2013년 8월)

일단 상부에 보고했다. 그런데 상당한 시간이 지나도 회신이 없었다. 돌이켜 보면 청와대와 각 부처의 소통부족이 이미 정권 초기부터 시작되지 않았나 생각이 든다. 결국 슈왑 회장의 제안은 물 건너갔고 박근혜 대통령 단독 초청으로 확정했다.

여성 대통령의 데뷔에 대한 기대와 실망

2014년 다보스 회의의 대 주제는 '세계의 재편(Reshaping the World)'이었다. 나는 우리 정상이 다보스에서 존재감을 과시할 수 있도록 슈왑 회장과의 특별대화를 비롯하여 각국 정상 및 CEO와의 회동을 포함한 다양한 행사계획을 작성해서 보고했다. 슈왑 회장도 한국 사정을 이해하고 동양의 첫 여성 지도자의 이미지를 부각시키는 데 최선을 다하겠다고 하면서 한국이 희망하는 일정을 미리 제안해 줄 것을 요청했다. 그런데 최종적으로 확정하라는 일정은 몇 건에 불과했다. 정상행사를 여러 차례 경험하고 직접 참여도 했지만 이해하기 어려웠다. 결국 스위스 베른에서 3박 4일 국빈방문을 하고 다보스에는 1박만 하는 그로테스크한 일정이 만들어졌다.

베른에서 공식 일정을 마치고 다보스로 이동했다. 폭설을 대비하여 객차 3량을 빌렸다. 베른에서 다보스까지 무려 5~6시간이 소요되는데 이동 중이나 도착 후에도 대책협의 같은 것이 한 번도 없었다. 이동하는 비행기나 도착 후 호텔에서 구수회의를 하는 상례에 비추어 이례적이었다. 다음날 박대통령의 기조연설에 이어 슈왑 회장과의 짧은 대담 행사가 다보스 행사의 거의 전부였다.

한·일 정상의 조우 불발과 일본 극우 정치인의 만용

나는 다보스 포럼의 본 회의장(Congress Hall)의 맨 앞줄에 앉았다. 박 대통령의 연설이 끝날 무렵 아베 일본 총리가 허겁지겁 회의장에 입장하여 내 옆쪽에 자리를 잡았다. 아베는 헬기로 도착하여 첫 행사로 박 대통령 행사장을 찾았다. 행사 전에 아베의 방문 가능성이 나돌았지만 청와대는 아베가 박대통령 행사장에 온다면 만나지 않겠다는 쪽으로 방향을 잡았다. 아베 총리는 박 대통령 행사 종료 후 연단에서 내려오면 자연스럽게 조우할 요량이었다. 그런데 박 대통령은 행사 후 객석을 피해 연단 뒤쪽을 통해 행사장을 빠져나갔다. 결국 아베 총리와의 조우는 무산되었다. 사전 조율을 생략한 아베의 저돌성도 문제였지만 자연스럽게 만날 수 있는 기회마저 회피한 저의도 이해하기 어려웠다.

또 하나의 해프닝은 전경련에서 주최하고 대통령이 인사 말씀을 하는 코리아 나이트(Korea Night) 행사장에서 벌어졌다. 이 행사는 국가 정상 또는 CEO들이 잠시 들러 덕담을 나누거나 정상과 긴밀한 대화를 하는 계기가 되었다. 그런데 전경련의 초청자 리스트에 일본 정계에서 역사인식 관련 망언(妄言) 제조기로 알려진 시모무라 하쿠분(下村博文) 문부성 장관이 들어 있었고 그가 초청을 수락했다는 것이다. 당시 껄끄러웠던 한·일 관계에 비추어 그가 행사장에서 어떤 행위를 할지 미지수였다. 대통령의 연설이 끝날 무렵 하쿠분이 사진기자를 동행하고 거만하게 나타났다. 한국 대통령을 만나겠다면서 리셉션장을 휘젓고 다녔지만 아무도 그를 상대해 주지 않았다. 하쿠분의 태도는 방자했고 진정성은 찾아볼 수 없었다. 얼어붙은 한·일 관계의 현주소였다.

다보스 행사의 빛과 그림자

외부에 알려진 다보스 행사는 화려하다. 수많은 국가 정상과 CEO 그리고 각계각층의 지도자들이 한 주일 간 쏟아내는 화두와 메시지는 가히 괄목할 만했다. 행사장 안에 입장만 되면 이런 VIP들의 연설과 대담을 듣거나 복도에서 조우하는 것은 쉬운 일이었다. 2014년 다보스 행사장도 여느 때처럼 붐비고 복잡했다.

그러나 행사를 준비하는 대사와 공관직원에게는 엄청난 부담이다. 대통령 행사임에도 불구하고 다보스에서는 먹고, 자고, 이동하는 가장 기본적인 것들이 극도로 제약을 받기 때문이다. 다보스의 대부분 숙소는 WEF 측이 독점으로 관리한다. 매년 되풀이되는 일이지만 다보스 행사가 끝나면 바로 그 다음 해 행사를 대비한 호텔을 전액 선불로 예약해야 한다. 환불받기 어려운 조건도 붙어있다. 극도로 제한된 비표(秘票) 때문에 행사장 출입을 둘러싸고 수행원들 간에 심각한 알력이 생기곤 했다. 평소 의전과 경호에 과민하거나 처음 행사를 준비하는 본부의 관리들은 다보스의 특수성을 모르고 대표부에 과도한 주문을 하고 그때마다 갈등을 겪곤 했다.

다보스 행사가 끝나면 대사들은 자신들이 겪은 수많은 에피소드를 쏟아내곤 했다. 주 제네바 터키대사는 본부 대표단이 막판에 증원되어 VIP 숙소에 마련했던 자신의 숙소를 양보할 수밖에 없었다. 다보스 행사 기간 중에는 있을 수 있는 일이지만 갑자기 호텔을 잡지 못해 인근 농가의 마굿간에서 하룻밤을 지냈다는 일화도 있다.

8. 스위스의 국제기구 유치·관리 노하우와 우리의 현실

국제사회에 우뚝 솟은 작은 거인 제네바

제네바는 16세기 칼뱅의 종교개혁을 계기로 국제적인 도시로 발전하기 시작했다. 그 후 앙리 뒤낭의 주도로 창설된 국제적십자위원회와 1920년 창설된 국제연맹(League of Nations) 본부가 소재하면서 평화의 도시로 널리 이름을 떨친다. 인구는 30만 명에 불과하지만 유엔 본부가 소재한 뉴욕과 함께 국제기구의 메카라 할 수 있다. 국제연합(UN) 유럽본부, 세계무역기구(WTO), 유엔난민기구(UNCHR), 세계보건기구(WHO), 국제노동기구(ILO), 세계지식재산권기구(WIPO), 국제전기통신연맹(ITU), 국제의회연맹(IPU), 국제적십자위원회(ICRC) 등 200여 유수 국제기구 본부가 있어 통상, 개발, 인권, 군축, 보건, 환경 등 다양한 분야에서 연간 2,000여회의 국제회의가 개최된다.

스위스는 국제올림픽위원회(IOC)와 국제축구연맹(FIFA) 등 40여 개 국제스포츠기구의 본산이기도 하다. 이들 기구는 연간 약 12억 달러 정도를 스위스 경제에 기여한다고 한다. 국제기구들이 대거 스위스에 본부를 두고 있는 것은 지리적 위치, 최고급 인력, 정치적 안정, 중

신년 시무식 행사 후 주 제네바 대표부 전직원들과 함께(2014년 1월)

립성, 삶의 질, 비교적 자유분방한 법전과 매력적인 조세 체계에 있다고 한다. 스포츠 기구들은 대체로 스위스의 사단법인으로 설립돼 있으며 최대한의 신축성과 자율성을 보장받는다.

특권, 면제, 시설제공과 재정보조

스위스에는 900여 개의 국제기구가 소재하고 있다. 스위스 정부는 연방법8을 통해 유치한 국제기구와 그 구성원에 대한 특권·면제와 시설을 제공하고 일정한 재정을 보조하고 있다. 대상 국제기구는 13개 카테고리로 구분되어 차등적인 특권·면제를 제공받고 특정 개인도 일정한 특권·면제를 향유한다. 대상 국제기구에 정부간 기구, 국제기관, 조약기구, 외교공관, 국제회의, 사무국과 국제법원 등은 당연히 포함된다.

---

8 Federal Act on the Privileges, Immunities and Facilities and the Financial Subsidies granted by Switzerland as a Host State('Host State Act', 'HSA')
https://www.admin.ch/opc/en/classified-compilation/20061778/index.html

그 중 '기타 국제기관(other international bodies)'이라는 카테고리가 눈에 띈다. 스위스 당국에 문의하니 국제적십자사와 세계경제포럼 등이 여기에 속한다고 한다. 스위스 정부는 자국이 유치한 국제기구와 긴밀한 협조와 지원을 하고 국제관계에서 중요한 역할을 하는 경우 민간조직에 대해서도 국제기구에 준하는 특권과 면제를 부여한다. 또한 국제비정부간기구(INGO)에 대해서도 위임된 기능을 수행하는 경우 일정한 연방세 면제 등 혜택을 부여하고 있다. 스위스 정부의 특권·면제 부여와 시설·재정 지원에 대한 법적 기반은 국제기구 유치에 예측가능성과 투명성을 제고한다.

최대 국제기구 유치국은 유엔, 세계은행(World Bank) 그룹 등 3천여 개의 국제기구를 유치한 미국이다. 미국에 이어 2천여 개의 국제기구를 유치한 벨기에는 파격적인 인센티브를 부여해 왔다. 예를 들어 NATO 본부 유치경쟁에서 200 헥타르의 군사 훈련용 부지를 사전에 제공했고 EU 본부 유치 시에도 경합이 치열하자 외교관 신분이 아닌 EU 소속 공무원에게도 면세혜택을 부여했다. 또한 세수 부족에도 불구하고 파격적인 인센티브 부여와 지원제도를 도입하여 일찍부터 컨벤션 산업을 미래 성장 동력으로 육성해 왔다.

한편 독일은 통일 후 구서독의 수도였던 본(Bonn)의 기능과 인프라를 활용하기 위해 국제기구를 유치하여 도시의 지속적인 경제성장에 기여했다. 예를 들어 구 연방의회 건물을 5,500만 유로를 들여 재정비하고 UN에 기부함으로써 유엔자원봉사단(UNV), 유엔기후변화협약 사무국 등 다수의 UN 관련기구들을 유치했다. 태국은 1975년 UN 지역본부를 건립하여 연간 1달러에 UN에 제공하고, 국제기구 직원들에게 주태국 외교관들과 거의 동일한 혜택을 부여한다.

국제화의 구호만 앞세운 우리의 초라한 자화상

우리나라는 국제화에 대한 정치적 공약은 숱하게 있었지만 국내에 유치된 국제기구는 불과 50여 개다. 대부분 아주 작은 기구로 지방정부가 유치한 기구와 비정부간 기구를 포함한 숫자다. 비중 있는 기구로는 최근 유치한 녹색기후기금(GCF), 글로벌녹색성장연구소(GGGI)와 백신연구소(IVI) 정도다. 양적이든 질적이든 초라하다. 현실은 구호와 동떨어져 있다고 해도 과언이 아니다.

우리나라의 빈약한 국제기구 유치 현실을 불리한 여건에 기인한다고 변호할 수도 있다. 국제기구가 먼저 발달한 서방에 본부가 소재하는 것은 당연할 것이다. 1991년에야 유엔에 가입한 우리로서는 유엔 창설 이후 다양한 국제기구가 설립될 때 유치 기회를 상실한 구조적 요인도 있다. 새로운 국제기구의 설립 증가율이 둔화된 것도 원인일 것이다. 그렇다고 해도 우리의 국력에 비해 국제기구의 비중이 턱없이 부족한 것 또한 사실이다. 설상가상 이미 설립된 국제기구에 대한 특권·면제와 지원조치의 범위도 들쭉날쭉이다. 원칙과 일관성이 없다. 나는 이런 문제를 분석한 뒤 국제기구 유치 및 지원 법안을 정부 입법으로 제출할 것을 건의했으나 관계부처와의 협의가 원만하지 못했다. 뒤늦게나마 2017년 국제기구 유치법안이 의원입법으로 발의됐지만 당초 관심이 적었던 관계로 충분한 논의 없이 회기 말에 자동 폐기됐다.

강소국들의 특별한 기여사례

국제사회에는 강대국이 아니면서도 특유의 장점을 발휘하면서 존재를 부각시키고 국제여론을 주도해 가는 나라들이 적지 않다. 중견국가들의 사례는 한국에도 시사하는 바가 크다. 스위스와 북구 등 강소국들은 인권과 인도적 지원에 매우 적극적이다. 캐나다, 스칸디나비아 국가, 호주, 뉴질랜드 등도 군축, 평화유지, 비핵화, 여성, 통상, 개발, 해양법, 국제법 등 활동에 상당한 기여를 하고 국제논의를 선도하고 있다. 모범적인 사례는 넘친다. 여기서는 싱가포르와 뉴질랜드의 독특한 기여 형태를 소개한다. 우리나라는 이들보다 더 강한 국력을 가지고 있음에 비추어 잠재력은 충분하다고 하겠다.

싱가포르는 인구 500만도 안 되는 도시국가다. 그러나 다자외교에서 그 위상은 우뚝 서 있다. 싱가포르 외교관들은 탁월한 언어 능력과 해박한 지식으로 다자회의에서 탁월한 중재자 역할을 수행한다. 과거 유엔 해양법 협약 협상과 유엔환경개발회의(UNCED) 준비회의를 이끌었던 토미 코(Tommy Koh) 전 주 유엔 싱가포르 대사의 영향력은 대단했다. 그러나 이런 탁월한 외교관이 하루아침에 만들어지지 않는다.

유엔은 방대한 조직이다. 따라서 선거도 많다. 어느 이사회와 위원회의 어떤 자리에 누가 있고 언제 공석이 생기는지를 파악해야 선거를 준비하고 선거운동을 할 수 있다. 유엔에는 '뉴질랜드 북'이라는 책이 있다. 주유엔 뉴질랜드 대표부 직원들의 헌신과 노력으로 작성된 것으로 유엔 모든 기구의 주요 보직에 대한 정보가 들어 있다. 유엔 내 선거를 준비하는 데 '바이블'로 통하는 책이다. 유엔사무국도 뉴질랜드 북의 유용성을 인정하고 책을 만드는 데 협조하는 형편이다. 주유엔 뉴질랜드 대표부의 직원들은 소수다. 그런데도 이런 책자를 만들어 유엔의 선거활동에 큰 기여를 한다. 다자외교를 추진하기 위해서는 특정 주제에 대한 해박한 지식과 경험도 중요하지만 뉴질랜드와 같이 특별한 기여로 회원국들의 지지를 확보하는 것도 유용한 일이라 하겠다.

우리의 대응을 위한 몇 가지 제언

가장 중요한 것은 장기 전략적 차원에서 국제기구를 유치하고 관리한다는 국정 철학이 확고해야 한다. 우리는 체계적인 준비 없이 필요할 때 유치 방침과 유치 조건을 정하는 경우가 많았다. 국제기구를 유치하고 관리하는 법체계가 마련되어 있지 않기 때문이다. 국제화의 기치를 든 지도 오래고 국제기구를 유치하기 위해 노력을 했음에도 불구하고 결과가 빈약한 이유는 무엇일까.

나는 미래에 대한 비전 부족과 정부 부처 간 이기주의 탓이라 본다. 국제기구를 유치할 때 비용 대비 이익의 계산을 너무 단기간에 집중하여 장기적으로 얻을 수 있는 유무형의 이익을 간과하는 것이다. 국제기구를 유치한 국가들의 사례를 보면 유치 후 부수적인 효과를 기대하면서 집중적인 투자를 한다. 외교부와 기획재정부 그리고 지방자치단체 간의 이해가 충돌하여 체계적인 국제기구 유치 및 관리가 이루어지지 않는 것도 문제다. 유치한 국제기구와 본부설립협정을 체결하고 특권·면제 부여와 지원체제를 관리하는 주무부처가 지정되지 않아 관리체계가 분산되어 파편화되어 있는 것이 현실이다.

또한 유치된 국제기구가 활동하는 데 필요한 인프라 제공과 행정적 지원을 해야 한다. 한국은 인천 송도 등을 국제도시로 개발하면서 국제기구 유치를 위해 노력했으나 정작 중량감 있는 국제기구들은 인천 송도를 기피해 왔다는 사실을 감추지 말아야 한다. 국제학교와 문화시설이 있어야 하고, 외부의 전문 인력과 언어 구사자들을 활용할 수 있는 생태계가 마련되어야 하는데 덩그러니 건물만 지어놓고 국제기구 유치를 하는 형국이었다.

국제기구의 국내 유치 못지않게 중요한 것은 국제 경쟁력이 있는 전문 인력을 정책적으로 육성하는 것이다. 내가 제네바 대사로 근무할 당시 반기문 총장은 우뚝 솟아 있었지만 고참 과장급과 국장급에 해당하는 P-5 또는 D급 중견 간부들의 숫자가 턱없이 부족했다. 국제기구에 진출하는 전문가들은 나름대로 경쟁력을 갖추어 진출하기도 했지만 정부의 지원을 받아 성장하는 경우도 많았다. 유엔에는 회원국 정부 예산으로 2년 간 P-2 직급으로 파견하는 국제기구초급전문가(JPO) 제도가 있다. 그런데 JPO 2년 근무를 한 후 성과가 좋아도 바로 채용되거나 승진을 할 수 없다. 최소한 3년은 근무하며 경력을 쌓아야 한다. 서방국가들은 1년을 더 지원하여 국제기구 경력을 쌓도록 하여 P-3로의 승진 기회를 잡도록 했다. 그러나 한국은 딱 2년만 지원하고 그만둔다. 유엔에서 성장할 수 있는 사다리를 걷어차버리는 것이다. 나는 우리의 JPO 정책을 재고해 줄 것을 누차 건의했지만 서울의 반응은 야박했다. 국회와 예산당국이 JPO 사업에 투입되는 예산을 특혜라고 인식하기 때문이다. 체계적으로 인력을 육성해야 한다는 철학보다는 밑 빠진 독에 물 붓는다는 사고가 지배하고 있었다.

09
북한인권문제와 사실조사위원회 보고서

　내가 주 제네바 대사로 재직하던 기간에 북한인권 문제는 국제사회의 최대 화두로 떠올랐다. 매년 북한인권 문제에 대한 결의안 표결은 있었으나 2013년 2월 채택된 북한인권 결의안은 유례가 없을 정도의 강력한 내용을 포함했다.

　북한인권 상황에 대한 본격적인 국제적 논의는 냉전체제가 와해되면서 북한의 폐쇄적 경제정책과 자연재해로 인해 배급이 중단되어 대량아사로 탈북민이 증가한 시기와 일치한다. 탈북민들의 증언으로 북한 내부의 열악한 인권 상황이 드러난 것이다. 이런 흐름에 발맞추어 유엔은 매년 인권위원회, 인권이사회 및 총회 결의를 채택했다. 특히 유엔에서 보호책임(R2P) 관련 논의가 구체적으로 진전되면서 국제사회는 북한인권 문제에 대해 재평가를 하게 됐다. 2013년 북한인권조사위원회(COI) 설치 결의가 채택되고 이듬해 보고서가 제출되었다. 역사적인 보고서였다. 또한 유엔총회의 후속결의와 함께 안전보장이사회가 북한인권 문제를 최초로 공식의제로 채택하면서 본격적인 관심을 받게 됐다.

　여기서는 COI 설치와 보고서 작성 · 제출 과정을 살펴보고, 한반도 평화를 위해 북한인권 문제에 침묵해야 한다는 한국 국회의원과의 논쟁, 마이클 커비 COI 위원장과 국가보안법에 관한 논의와 북한인권 서울사무소 설치를 둘러싼 갈등해소 과정, 납북자와 이산가족 문제, 북한인권 문제에 대한 국제사회의 높은 관심과 한국의 일관성 없는 대응 등에 관한 경험을 적어 본다.

1. 역사적인 북한인권사실조사위원회(COI) 보고서

강력한 북한인권결의의 채택

2013년 3월 제 22차 유엔인권이사회는 북한인권 결의안을 무투표로 채택했다. 역사적인 일이었다. 우선 분쟁지역이 아닌 북한 내 인권위반을 조사하기 위한 사실조사위원회(COI) 설치를 결정한 것은 굉장히 의미 있는 일이었다. 또한 동 조사위원회의 활동이 책임성 규명(ensuring accountability)에 있다는 것을 명확히 했다. 북한인권 문제는 2003년 이후 매년 논의되었으나 2013년 3월에 제출된 다루스만 북한인권 특별보고관의 보고서는 매우 광범위하고 조직적인 북한의 인권위반 상황을 9개의 유형으로 분류하였다. 식량권, 표현권, 이주권, 자의적 구금, 고문, 강제구금, 불법납치 및 강제수용소 등이었다. 이 보고서는 북한의 비협조와 불처벌(impunity)에 대하여도 언급하였다. 다루스만 특별보고관은 보다 구체적인 자료수집을 위해 사실조사위원회를 설치하고, 인권유린의 책임성을 규명하며, 인도에 반한 범죄행위인지를 조사할 것을 건의하였다.

이 결의안은 EU와 일본이 주도했다. 일본은 자국민 납북자문제를 부각하려 했다. 미국과 한국의 입장이 매우 중요했고 미국은 한국의 입장을 전적으로 존중하는 입장이었다. 나는 로버트 킹(Bob King)[1] 미국

---

1 로버트 킹은 2009~2017년 북한인권 특별대표를 역임했다. 2021년 4월 '불처벌의 패턴: 북한인권과 미국의 역할(Patterns of Impunity: Human Rights in

인권대표와 마르주끼 다루스만(Marzuki Darusman) 특별보고관 그리고 주요국 대사들과 다양한 계기를 통해 깊은 대화를 나누었다. 이들은 북한인권 문제에 비상한 관심을 보였다. 그러나 한국의 사정은 다소 달랐다. 박근혜 정부의 대북정책에 대한 방침이 정리되지 않아 강력한 북한인권결의안에 조심스런 입장을 취했다. 결의안 교섭이 거의 완료되었는데 찬성은 하되 공동제안국에서 빠지는 방안도 만지작거리고 있었다. 기막힌 일이었다. 나는 공동제안국 참여를 강하게 보고했다. 결국, 공동·제안국에 참여는 했으나 결의안 채택되기 불과 이틀 전에 결정되었다. 결의안은 COI 설치를 결정했다. 또한, 북한의 인권유린상황에 대한 자료수집·분석, 위반에 대한 책임성 규명 및 인도에 반한 범죄행위 여부를 조사하는 맨데이트도 부여했다.

COI 위원이 임명됐다. 마이클 커비(Michael Kirby)[2] 전 호주 대법관이 위원장으로, 다루스만 북한인권 특별보고관,[3] 소냐 비세르코(Sonja Biserko) 전 세르비아 인권운동가 등이 위원으로 선정됐다. 한마디로 드림팀이었다. 우리가 보유하는 북한 관련 자료가 많고, 탈북자를 통한 증언과 정보가 매우 풍부한 상황이기 때문에 한국의 역할이 매우 긴요

North Korea and the Role of the U.S.)' 제하의 저서를 발간했다.

2 마이클 커비는 1996~2009년 호주 대법관을 역임하고 2013~2014년 북한인권 사실조사위원회(COI) 위원장직을 수행했다. 그는 COI 보고서 제출 후 세계를 돌며 북한의 인권유린 실상을 알리고 "북한의 인권개선이 없이는 한반도 평화도 없다"는 메시지를 전달했다. 일본정부는 그의 공로를 기념하여 2017년 천황의 임석하에 아베총리가 커비에게 '욱일중광장(旭日重光章)'을 수여했다. 정작 한국정부가 그에게 서훈했다는 소식은 듣지 못했다.

3 마르주끼 다루스만은 1999~2001년 인도네시아 검찰총장을, 2010~2016년 북한인권 특별보고관, 2013~2014년 북한인권 COI 위원을 역임했고, 2017년부터 유엔인권이사회의 미얀마 사실조사위원회 의장직을 수행하고 있다. 2017년 일본정부로부터 '욱일중광장(旭日重光章)'을 수여받았다.

했다. 미 의회와 유럽 의회의 북한인권 결의도 중요한 역할을 했다.

기념비적인 COI 보고서

2014년 3월 COI 보고서4가 채택되었다. 기념비적인 문서였다. 우선 그 분량이 450여 페이지에 이르고, 조사방법도 포괄적이고 창의적이었다. 커비 위원장은 인권침해 피해자 및 가해자의 증언 수집 및 기록, 인권침해 사례 및 인권유린 책임소재 파악에 대한 조사 등을 통해 체계적인 인권유린의 증거를 수집하는 데 심혈을 기울였다. 커비 위원장은 후일 자신이 재판관을 하면서 늘 제3자 의견을 들었다고 술회했다. 북한인권 조사와 관련해 새로운 국제기준을 세웠다는 평가를 받는

북한인권사실조사위원회(COI) 위원초청 대사 관저 만찬 계기 찍은 기념사진(왼쪽 7번째 소냐 비세르코(Sonja Biserco) 위원, 필자, 마이클 커비(Michael Kirby) 위원장, 마르주끼 다루스만(Marzuki Darusman)위원)(2014년)

---

4 A/HRC/25/CRP.1: Report of the detailed findings of the commission of

다. 그가 접촉한 탈북민만 해도 수백 명에 이른다. 일부 인사와는 비공개 면담을 했고 한국과 일본에서 공청회를 하고 이를 모두 녹화하여 기록에 남겼다. COI 활동이 확대되면서 당초 예상했던 예산이 부족하게 되자 커비 위원장은 한국과 일본에 추가기여를 요청했다. 일본 정부는 바로 쾌척했으나 한국은 우여곡절을 겪은 뒤에야 추가지원을 했다.

유엔 북한인권조사위원회(COI)는 "북한에 의해 조직적이고 광범위하며 심각한 인권 침해가 자행되었고 지금도 계속해서 일어나고 있다"고 보고했다. 또한 사상, 표현, 종교의 자유 위반, 국가주도 사회계급화, 거주이전의 자유, 식량 접근권, 자의적 구금, 고문, 납치와 정치적 수용소 등 크게 9개 유형의 인권유린을 보고했다. 그중에서도 관리소로 불리는 정치범 수용소, 국제납치, 정치적 학살 등은 '인도에 반한 범죄(Crime against humanity)'를 구성할 수 있다고 했다.

북한인권 침해의 주체와 반인도적 범죄

커비 위원장은 김정은에게 직접 작성·송부한 서한에서 김정은이 '인도에 반한 범죄'를 저질렀을 가능성을 제기하면서 상응한 책임(accountability)을 요구했다. 또한, 인권침해의 주요 가해자는 조선노동당 핵심기관, 국방위원회와 북한 최고지도자의 효과적인 통제 아래 활동하고 있는 국가안전보위부, 인민보안부, 조선인민군, 검찰, 사법부, 조선노동당의 관료들이다"라고 규정하면서 북한 당국이 인권침해의 주체에 해당함을 명확히 하였다.

보고서는 북한의 체계적인 인권유린에 대한 제도적·개인적인 형

---

inquiry on human rights in the Democratic People's Republic of Korea

사책임을 묻고 책임자 처벌의 필요성을 강조했다. 다만 북한의 비협조와 북한 내 사법구제 옵션 부재 및 ICC 조사와 인접국의 사법제도 활용의 한계로 인해 하이브리드 모델 적용은 곤란하다고 판단하고 국제특별법정(*ad hoc* tribunal) 설치를 권고했다. 진실화해위원회(TRC) 절차도 미리 검토해 둘 것을 권고했다. 또한 포괄적 책임성, 효과적 피해자 구제, 피해자와 협의, 정보와 증거수집 등 추후 책임성 추궁을 위한 기금 설치를 제안하고 북한과 국제사회에 협조를 촉구했다. 보고서를 채택한 인권이사회 결의는 북한인권유린 증거의 체계적인 수집과 모니터링을 위한 조치에 합의하고 서울에 설치될 사무소의 기능강화와 독립성 확보를 촉구했다.

대외홍보와 아리아 프로세스(Arria Process)

COI 보고서가 나오고 인권이사회와 유엔총회에서 채택되면서 후속조치에 대한 논의가 활발하게 이루어졌다. 2014년 2월 나는 커비 위원장과 여러 차례 만났다. 그는 북한의 강제수용소, 잔인한 처형, 표현의 자유 구속, 식량권 침해 등은 "인도에 반한 범죄"를 구성할 수 있다고 확신했다. 책임자 처벌을 위해 국제형사재판소(ICC)를 활용하기 위해서는 유엔안보리 결의가 유일한 대안이었다. 북한은 ICC 설립조약의 비당사국이었기 때문이다. 그러나 유엔안보리의 북한인권 관련 정치적·사법적 개입 결정에 중국과 러시아의 협조를 기대하는 것은 불가능했다. 커비 위원장은 대안으로 안보리의 아리아 프로세스(Arria Process)를 활용하기로 했다. 아리아 프로세스는 결의안을 당장 합의하는 것은 아니지만 이슈를 안보리의 상설 어젠다로 올려 지속적으로 문제를 제기한다는 데 의의가 있었다.

3월 열린 인권이사회에서 커비 위원장은 COI 보고서를 발표하고 질의응답을 했다. 그는 모두발언을 통해 북한의 인권유린을 캄보디아의 '킬링 필드(Killing Field)'에 비유했다. 위성사진을 통한 강제수용소 운영현황, 책임자 불처벌 문제, 북한 및 중국의 비협조 문제와 강제송환금지 원칙을 언급하면서 국제사회의 즉각적이고 강력한 행동을 권고했다. 북한인권 문제를 이렇게 명쾌하고 단호하게 언급한 사례는 지금까지 없었다. 북한 대표는 발언권을 얻어 COI 보고서는 조작됐으며 국제형사재판소(ICC)는 사회주의 시스템을 파괴하는 조직이라고 비난했다. 중국도 COI 보고서가 직접 현장조사를 회피하고 간접증언에 근거하여 작성된 불완전한 보고서라고 평가했다. 이에 커비 위원장은 "북한의 뻔뻔한 발언은 COI의 독립성과 중립성을 침해할 소지가 있습니다. 중국의 비난도 근거가 없습니다. 중국은 중국에 체류하는 북한난민을 중국 국내법이 아닌 1951년 난민협약에 따라 대우해야 합니다. 북한인권 문제는 유엔안보리에서 상설의제로 논의해야 합니다"라고 맞받아쳤다.

북한의 국제납치문제를 다루는 한·일의 태도

일본은 EU와 함께 유엔 인권이사회의 북한인권 결의안 작성을 주도해 왔다. 군대위안부 인권에 소극적인 일본이 왜 북한인권 문제에 이렇게 적극적인지 의아할 것이다. 보편적 인권문제 전반에 대한 특별한 관심이라기보다 북한에 의한 일본인 피랍자 때문이라 보는 것이 타당하다. COI 보고서에 의하면 북한의 국제납치 전모는 가공할 만하다. 피랍자가 가장 많은 나라는 단연 대한민국이다. 한국전쟁 기간 중 피랍자는 10만 명에 이르고 전후(1953~1976) 어선나포를 중심으로 피랍된

인원은 500여 명에 이른다고 한다. 학자들에 의하면 1970년대 말 김정일은 '공작원 현지화 교육을 위한 교관납치' 지령을 내렸고 이에 따라 한국과 일본은 물론 10여 개국의 외국인을 납치한 것으로 알려졌다. 90년대 중반 이후 납치대상은 북한에 위해를 가할 위험이 있는 탈북자들이 주류를 이루고 있다고 한다.

이런 피랍자 문제를 대하는 한국과 일본의 태도는 매우 다르다. 현재까지 확인된 일본인 피랍자는 17명이다. 1987년 김현희의 증언을 통해 생존이 확인된 다구치 야에코(田口 八重子)는 1978년 납치되었던 여성으로 그 오빠 시게오 리즈카는 그녀의 송환을 위해 백방으로 노력하고 있었다. 고이즈미 총리는 2000년대 초 방북 계기에 일본인 피랍자의 생사확인과 송환을 위해 노력했다. 아베 총리는 한술 더 떠 납북자문제를 다루는 장관급 직위를 총리실에 설치하고 북한인권 문제를 다루는 국제회의가 열릴 때마다 일본 피랍자의 송환을 위한 노력에 온 힘을 기울였다.

한국은 북한에 의한 납치의 최대 피해국임에도 피랍자들의 송환을 위한 노력은 어정쩡하고 일관성이 없다. 제네바에서 인권이사회가 열리면 피랍자와 이산가족들이 찾아와 절규한다. 그들은 유엔 강제실종 실무그룹에 100여 건에 달하는 진정을 제출하고 정부로 하여금 피랍자 문제의 해결을 위해 국제사회의 관심을 제고해 줄 것을 촉구했다. 일부 단체들은 김정은을 국제형사재판소에 제소하는 절차를 취했다. 그러나 북한인권 문제를 다루는 한국 정부의 입장은 정권이 바뀔 때마다 요동쳤다. 이명박 정부와 박근혜 정부는 보다 적극적인 입장을 취했으나 문재인 정부가 들어서면서 북한인권 문제는 관심의제에서 완전히 사라졌다. 대북 유화정책이 북한인권 이슈를 후순위로 돌리는 것은 역설적이다.

일관성 없는 북한인권 정책

북한인권 결의안에 대한 한국의 입장은 오락가락했다. 유엔인권위원회의 북한인권 결의에 2003년에는 불참하고 2004년과 2005년에는 기권했다. 북한 핵실험 이후 개최된 2006년 제61차 유엔총회에서 처음으로 찬성했다가 2007년 남북정상회담 직후 열린 제62차 유엔총회에서는 기권했다. 이명박 정부가 들어서자 2008년 11월부터 북한인권 결의안에 공동제안국으로 참여해 오다가, 문재인 정부 시기인 2019년부터 2020년간 연속 유엔인권이사회 결의안 초안의 공동작성국에 들어가지 않았다. 한국은 북한인권 문제를 다루면서 보편적 가치와 남북관계의 특수성 사이에서 방황해 온 것이다.

북한인권 문제는 대북 전략·전술적 측면이 아니라 기본적으로 인권이라는 보편성에 기반을 두고 접근해야 한다. 또한 북한인권 개선을 위한 국제사회의 노력에도 적극 동참해야 하며 남북 간 대화노력은 물론 문화 등 비정치 분야에서도 교류를 확대해야 한다. 대량살상무기 및 그 운반체의 개발로 북한이 국제사회의 제재를 받고 있는 만큼 가능한 범위 내에서 민간단체의 교류협력 사업도 전향적으로 지원해야 한다. 북한인권 문제의 보편성은 외면하면서 군대위안부 문제와 관련해서는 선택적 인권정책을 편다고 일본을 비난하는 것은 자기모순이 아닐 수 없다.

2. 커비(Kirby) COI 위원장과 국가보안법 논쟁

국가보안법 폐지 요구

2014년 1월 다보스 정상 행사가 마무리되어 갈 무렵 커비 위원장이 내게 장문의 메일을 보내면서 급히 면담을 청했다. 그는 COI 보고서 초안을 보내면서 극도의 보안을 당부했다. 덧붙여 빠른 시간 내에 한국 측 의견을 주면 반영 여부를 검토하겠다고 했다. 보고서는 400여 페이지가 넘었고 권고사항도 매우 구체적으로 명시했다. 그런데 북한 인권 개선을 위해 남북한 교류협력 증진이 필요하다는 점을 강조하면서 한국의 '국가보안법'이 장애가 되니 폐지할 것을 권고한 대목이 눈에 띄었다.

나는 보고서 초안의 문제점과 검토 의견을 첨부하여 본부에 보고했다. 본부에서도 국가보안법 폐지 관련 내용은 수정해야 한다는 강경한 입장이었다. 나는 커비 위원장에게 우리 입장을 이메일로 보냈다. 그리고 제네바 대표부 회의실에서 그를 만났다. 그는 사려 깊었고 경청에 익숙했다. 그러나 일단 발언권을 얻으면 꾸밈없이 직격탄을 날렸다. 우리는 2시간여 갑론을박을 했다.

Kirby: 제 조부는 호주 공산당을 이끌었고 저도 진보적 신념으로 재판을 하면서 호주의 대법관까지 되었습니다. 그러나 호주 공산당은 결국 국민의 지지를 받지 못하고 소멸되었습니다. 한국도 전후 경제성장과 민주화를 달성한 모범국가로서 공산당과 공산주의의 위협에 과도한 대응보다는 대승적 차원에서 접근할

	필요가 있다고 봅니다.
필자:	한국이 분단되지도 않고 호주처럼 남태평양에 위치해 있다면 사정이 달랐을 것입니다. 한국은 지정학적으로 강대국 중간에 끼어 역사적으로 수없이 침범을 당했습니다. 해방 후 한국전쟁을 거치고도 북한 공산주의의 계속적인 도발에 직면해 있습니다. 남북분단 후 북한의 군사력증강과 도발에 관한 기록을 본 적이 있습니까? 남북한의 해상경계와 육상경계선의 물리적인 대치상황을 직접 보신 적이 있습니까? 인구 천만이 넘는 수도권이 북한 재래식 무기의 사정권하에 있습니다. 시간되면 판문점 방문을 권합니다.
Kirby:	대사의 권고에 따라 판문점에 다녀올 예정입니다. 저는 북한인권유린상황을 조사하는 과정에서 한국의 국가보안법이 자의적으로 적용될 수 있는 개연성을 지적했습니다.
필자:	과거 한국이 군사독재에서 민주화를 이루는 과정에서 그런 지적이 자주 있었고 위헌 여부에 대한 법적 시비가 많았던 것은 사실입니다. 그러나 대법원과 헌법재판소에는 국가보안법을 매우 엄격하게 해석하고 적용해 온 판례들이 다수 있습니다. 필요하면 그 판례를 보내드리겠습니다.
Kirby:	대사의 설명 감사합니다. 보고서에 적절히 반영하겠습니다. 귀중한 자료를 보내주시면 적극적으로 검토해 보겠습니다.

대법원 판례의 영문본 부재

그는 한국의 국력과 국민이 국가보안법 적용이 불필요할 정도로 성숙했다는 점을 부각시키면서도 국가보안법의 남용 가능성에 대한 의심을 풀지 않고 있었다. 한국에서 만난 진보진영 인사들로부터 국가보안법의 폐해에 대한 이야기를 들은 것 같았다. 나는 급히 본부와 대법원에 국가보안법 관련 판례와 공식 영문 번역본을 보내줄 것을 요청했다. 그런데 뜻밖의 회신을 받았다. 판례는 있으나 영문 번역본이 없으니 국문본만 보낸다는 것이었다. 보내온 국문본 판례는 대사관에서 섣불리 번역하기에는 민감하고 조심스러웠다. 부득이 커비 위원장에게 서울에서 보내온 판례 국문본만 전달하면서 구두로 판례의 개관을 설명했다. 영문본 전달은 후일을 기약했으나 결국 하지 못했다.

커비 위원장은 대법원 판례를 제공해 준 것에 사의를 표했다. 그리고 COI 최종 보고서에는 국가보안법과 관련하여 우리 입장을 대부분 수용하여 수정·보완했다. 그와 많은 만남이 있었으나 이 사건을 계기로 더욱 가깝게 지냈다. 북한인권 관련 국제세미나에 함께 참석할 때면 늘 나의 역할과 기여에 대해 각별히 언급했다. 과찬이라고 생각하면서도 기분이 좋았다. 평소 따뜻한 인간미를 드러내는 그였지만 북한인권 문제를 대하는 태도는 엄정하고 준엄했다.

3. 북한인권현장사무소 설치 협정 논란

2014년 3월 유엔 인권이사회는 COI 보고서 채택과 함께 북한의 인권침해 상황을 모니터링하고 자료축적 등 기능을 담당하는 북한인권

사무소 설치도 결의했다. 문제는 그 후에 불거졌다. 사무소 소재지 선정과 유치 국가, 설치협정 체결 문제로 마찰이 빚어졌다.

북한인권 사무소 소재지를 둘러싼 갈등

먼저 사무소 소재지와 관련하여 COI 의장을 맡았던 커비 위원장은 인권침해의 현장인 북한이나 인접한 중국 또는 한국에 설치해야 한다고 주장했다. 일본도 조심스럽게 유치 의사를 표했다. 필레이 인권최고대표는 한국 설치를 요청했다. 문제는 한국 내부였다. 사무소 소재지로 한국은 부적절하며 대안으로 방콕이 적절하다는 논리를 폈다. 북한인권 문제를 둘러싼 여야 정치권의 갈등을 우려한 한국 정부의 지극히 소극적인 단견이었다. 당시 박근혜 정부는 북한인권 문제의 심각성을 인지하고 있었음에도 북한인권 현장사무소 설치를 추진해 나갈 소신도 비전도 없었다.

필레이의 후임으로 부임한 자이드 후세인(Zeid Hussein) OHCHR 최고대표는 한국 정부의 소극적 태도에 상당한 실망감을 표시했다. 나는 수차례 서울 유치를 주장했다. 결국 우여곡절을 거쳐 한국 유치로 방향은 잡았으나 정부는 인천 송도에 두겠다고 했다. 서울에 둘 경우 인권 NGO들이 사무소 부근에서 시위를 하면 복잡해질 것을 우려한 것이라 했다. 딱한 일이었다. 자이드 대표는 사무소의 활동과 대외적 위상을 봐서도 한국의 심장인 서울에 두는 것이 옳다고 주장했다. 수개월 지루한 공방 끝에 결국 서울시에서 종각 부근의 국제사무 센타에 공간을 제공하면서 일단락되었지만 씁쓸했다.

북한인권 서울사무소 본부협정 체결문제

다음은 본부협정체결 문제였다. 한국은 포괄적인 유엔의 본부설립 협정(headquarter agreement) 모델을 수용하지 않고 2~3페이지에 불과한 각서교환 형식을 선호했다. 유엔의 본부설립협정에는 유엔기구, 소속직원의 특권과 면제에 관한 포괄적인 규정이 있다. 국제화를 내세우면서도 실제 국제기구와 국제기구의 직원에게 부여하는 특권면제협정을 제대로 체결하지 않고 임시로 추진하는 것은 부적절하다. 사실 한국이 유치한 국제기구는 수십에 달하지만 이들에 대해 체계적인 특권면제를 부여하는 본부설립협정을 체결한 경우가 매우 드물다는 것은 한국의 폐쇄성을 반증하는 것인지도 모른다.

특히 언론표현의 자유와 관련된 문안에 대해서는 양측이 한발도 물러서지 않았다. 유엔은 사무소 내에서 이루어지는 북한인권 관련 세미나나 협의가 한국의 국가보안법에 위배될 소지가 있으므로 이런 우려를 불식하기 위해 완전한 언론표현의 자유가 보장되기를 희망했다. 반면 한국은 사무소가 대한민국의 치외법권 지역이 될 수 없음을 강조하면서 국내법에 따른 언론표현의 일정한 제약 의지를 굽히지 않았다. 수개월에 걸친 협의에도 불구하고 협상이 평행선을 긋자 자이드 대표는 나를 별도로 보자고 해 OHCHR 대표 사무실에서 단독으로 만났다.

자이드 대표는 한국 정부가 국제기구를 유치하고 설립협정 체결에 이렇게 소극적일 줄 몰랐다고 불만을 토로했다. "국제기구 유치국이라면 당연히 부여하는 특권면제의 범위를 완화하는 것도 이해하기 어렵습니다. 사무소의 한국 설치를 재고해야겠습니다"라며 좌절감을 여과 없이 드러냈다. 나는 인권대표의 이런 좌절을 본부에 보고했으나 마이동풍이었다. 개인적으로 친분이 있는 국내 고위인사에게 별도 채널로

호의적 검토를 호소했으나 소용없었다. 결국 본부협정체결은 물 건너 갔다. 조기에 개설하기 위해 사무소 설치와 특권면제에 관한 약식 규정만을 포함한 '각서교환(exchange of notes)'으로 절충했다.

위에 든 두 가지 에피소드는 한국의 국제화 드라이브와 실제 행동 간 인지부조화(cognitive dissonance) 현상을 단적으로 드러낸다. 같은 정권 내에서도 정책과 비전의 일관성이 없다. 우리는 국제기구 또는 국제행사유치 관련 캠페인은 집요하게 전개하면서 일단 유치된 기구와 그 구성원에 대해 특별한 대우를 제공하는 데에는 인색하다. 인천 송도 역시 우리 편의로 국제기구를 집중하고자 해 왔지만 외국인 학교, 배우자의 직장 등 인프라 부족으로 기피하는 문제가 있다는 것을 인식하고 개선해야 한다.

4. 국정감사장에서 북한인권 문제와 평화권에 관한 공방

COI보고서 발표 이후 북한의 광범위하고 체계적인 인권유린에 대한 국제적인 관심이 집중되고 있는 상황에서 2015년 9월 중순 제네바 대표부는 국회의 국정감사를 받았다. 당시 나는 제네바 임기를 마치고 본부에 귀임발령을 받은 상황이었다. 외교부에 대한 국정감사는 본부 감사와 재외공관 감사로 구분되며 해외는 지역별로 미주, 유럽 및 기타 지역으로 별도 감사반을 꾸려 시행했다. 제네바가 유럽 지역의 감사 대상 공관으로 지정되었다. 감사반장은 민주당의 심재권 당시 외교통일위원회 간사였고 김태호 의원, 정세균 의원과 김한길 의원 등이 함께 왔다.

나는 감사 일정에 따라 유엔과 WTO 등 국제기구에서의 활동을 포괄적으로 보고했다. 물론 북한인권 문제, 군대위안부 문제 등 유엔인권이사회에서의 활동도 포함되어 있었다. 보고는 순조롭게 진행되었고 별다른 문제가 없어 보였다.

국정감사반장과 평화권에 관한 공방

그런데 질의·응답이 끝나고 감사반장인 심재권 의원이 추가 훈시를 하면서 공방이 이어졌다. 심의원은 "인권문제에 있어 자유권과 생존권 외에도 유엔인권이사회에서는 제3세대의 인권으로 평화권도 있습니다. 북한인권 문제를 다룰 때는 남북관계의 일환으로 다뤄야 합니다"라고 운을 뗐다. 이어 "한반도의 안정과 평화 유지를 우선함으로써 한민족의 평화권이 보장되는 접근을 해야 합니다"라고 강조했다. 한반도에서 전쟁이 일어나면 인권을 보호할 수 없기에 이를 방지하기 위해 평화를 지키는 것이 중요하다는 논리였다. 다시 말하면 전쟁방지를 위해 북한 정권이 싫어하는 인권문제 거론을 자제해야 한다는 소리로 들렸다.

나는 "한반도의 평화정착은 중요한 과제지만 북한인권 문제를 보편적 시각에서 다루지 않고 남북관계의 종속변수로 다루는 것은 문제가 있습니다"라고 답변했다. 심 의원의 발언을 반박한 것이다. 미래의 전쟁을 방지하기 위해 현재의 자유권과 생존권을 유린당하는 것을 정당화해서는 안 될 일이었다.

감사반장과 필자의 질의응답으로 감사장은 긴장이 고조됐다. 국회의 국정감사에서 의원들은 대체로 듣고자 하는 답변만 간단히 요구하고 다른 질문으로 넘어가는 것이 상례였다. 분위기가 썰렁해지자 다른 의원들이 충분한 질의응답이 있었으니 이 정도로 정리하고 다음 의제로 넘어 가자고 하면서 반전에 나섰다. 경직된 분위기는 국정감사가 정회하고 마련된 점심시간까지 이어졌다. 대사 자격으로 감사위원을 위한 오찬을 베풀었으나 점심 내내 무거운 분위기였다.

평화권에 관한 유엔에서의 논의

과거 유엔에서도 평화권(rights to peace)을 기본적 권리로 인정할지 여부에 대한 검토를 위해 정부 간 실무작업반을 설치한 적이 있었다. 오랜 논의 끝에 실무 작업반은 평화권에 관한 선언문 초안을 작성했다. 선언문 초안은 평화를 구축하기 위한 수단으로 비차별조치를 취하고, 정의와 법치를 실현하며 공포와 궁핍으로부터의 자유를 보장하라는 것이 핵심취지였다. 그러나 평화권을 권리 그 자체로 인정할 것을 요구하는 일부 독재국가의 주장으로 합의에 이르지 못하여 결국 채택되지 못했다. 평화 그 자체가 목적이 될 경우 억압된 평화와 인권유린을 정당화시킬 수 있음에 비추어 평화는 자유와 비차별을 보장하기 위한 수단이라는 의견이 지배적이었다.

문재인 정부의 대북정책 기조는 한반도에 전쟁을 방지하고 평화유지를 하는 것이 궁극적인 목표이기 때문에 북한 정권이 원하지 않는 비핵화, 대북제재조치 강화와 인권문제 등에 소극적인 입장을 취하는 것으로 요약할 수 있다. 전형적인 대북유화정책(appeasement)이고 북한에게 핵무장을 가속화할 시간만 벌어주고 있다는 비판에서 자유롭지 못하다. 북한이 아무리 미사일과 대량살상무기를 개발해도 현재 평화를 유지하기 위해 광범위한 인권유린에 눈을 감아야 한다는 논리는 납득하기 어렵다. 더구나 내가 국감을 통해 느꼈던 경험이 정치인 한 개인의 입장이 아니라 정부와 여당의 입장과 궤를 같이 한다고 생각하니 더욱 놀라웠다.

국제적십자위원회(ICRC)와 북한지원

제네바에는 국제적십자위원회(ICRC)와 국제적십자연맹(IFRC) 본부가 소재한다. ICRC는 1863년 스위스 출신 실업가 앙리 뒤낭에 의해 비정부 간 기구로 설립되어 국제인도법의 전범인 1949 제네바협약의 이행을 담당한다. 4개의 제네바협약과 추가의정서에 기반하여 회원국 정부와 협력하여 무력충돌의 희생자에 대한 보호와 지원 및 예방활동을 수행한다. IFRC는 각국 적십자사(red cross)와 적신월사(red crescent)로 구성된 연맹체로 헌장에 따라 긴급재해 이재민 등에 대한 구호 활동을 수행한다. 제네바 본부는 정책수립과 조정을 담당하고 실제활동은 지역 및 국별 사무소에 위임돼 있다.

ICRC의 국제법적 지위는 독특하다. 스위스 국내법에 의해 설립된 민간 기관이지만 국제기구의 지위를 인정받고 있다. 1949년 제네바협약에 의해 위임받아 중립적 인도주의를 표방하며 분쟁지역에서 인도지원활동을 하는 국제법상 독특한 지위를 갖는다. 유엔총회에서도 옵서버 지위를 보유하는데 이것은 일반 비정부 간 기구에게는 인정하지 않는다. ICRC 총재는 전통적으로 스위스 외교부 차관을 지낸 고위 외교관이 맡아왔다. 당시 총재는 피

피터 마우러(Peter Maurer) 국제적십자사 총재 면담 후 그의 집무실 앞에서. 필자(오른쪽)(2013년)

터 마우러(Peter Maurer) 전 외교부 차관이었다.

적십자 하면 헌혈과 크리스마스 씰(seal)이 연상되듯 우리 생활과도 밀접한 관계를 가지고 있다. 나는 인도적 지원 분야에서 ICRC의 독보적 역할과 비중에 비추어 긴밀한 협력관계를 유지했다. 특히 엄격한 중립적 입장을 취하면서 북한과 쌓아온 신뢰의 기반하에 북한에 사무소를 두고 북한적십자와 협력하고 있었다. 함흥, 평성, 사리원과 개성 등 지방 거점에 병원을 운영하면서 의료 분야 및 위생여건 개선을 위한 대북 인도적 지원 활동도 수행 중이었다.

이산가족과 인도적 조정 메커니즘

북한의 한국인 납치와 남북분단의 장기화가 이산가족의 한을 깊게 한 것은 주지의 사실이다. 한국전쟁 중 발생한 북한에 의한 납치, 국군포로, 피난 등에 의한 이산가족 문제를 비롯하여 전후에도 어선과 항공기 등에 의한 납치로 이산가족 문제가 내연하고 있다. 설상가상 이산가족 상봉은 남북 간 정치적 여건이 호전되는 경우에만 일회성 보여주기 행사로 성사되어 안타까움을 자아냈다. 남북 간 요동치는 정치여건에 영향받지 않고 인도적 목적으로 작동하는 항구적인 제도가 필요한 이유이다.

나는 ICRC가 분쟁지역에서 이산가족의 상봉과 연락을 중재하고, 특히 인도적 차원에서 알제리와 모로코 내 이산가족의 상봉을 지원하여 일부 성공을 거둔 적이 있다는 정보를 접하고 그 경험과 노하우를 한반도에 적용할 수 있는지 검토했다. 나는 마우러 총재와 만나 관심사항에 대해 협의했다. 그는 해당 프로젝트의 명칭을 인도적조정메커니즘(HCM)이라 칭하며 이런 사업이 성공하기 위해서는 양 당사국이

ICRC를 신뢰하고 필요한 정보를 제공해야 한다고 강조했다. 요건이 충족되면 국제적십자사의 네트워크를 통해 북한과 접촉하여 이산가족 간의 연락과 상봉을 중개해 볼 수 있다는 것이었다.

알제리와 모로코는 북아프리카의 인접국으로 인종, 언어 및 문화적 유사성이 있으나 정치제도에 큰 차이가 있다. 알제리는 1962년 프랑스로부터 독립한 이래 대통령제 공화정을 채택했고 모로코는 의회군주주의를 취했다. 그 후 양국은 서부사하라 문제로 불신과 갈등을 키웠고 접경지역에는 수많은 난민들이 캠프생활을 이어갔다. 1994년 모로코가 국내에서 발생된 폭탄테러의 배후로 알제리를 지목하면서 양국 간 반목은 극대화됐다. 급기야 국경이 봉쇄되고 엄격한 입국절차로 양국 간 인적교류는 거의 중지됐다. 졸지에 이산가족 문제가 발생했고 이런 비극은 여전히 현재 진행 중이었다.

나는 남북한 이산가족 상봉과 연락 지원을 위해 ICRC를 매개로한 HCM의 설치·운영 가능성을 검토·보고했다. 이산가족 상봉을 담당하는 한국 적십자사에서는 각별한 관심을 보였다. 그러나 국군포로 문제를 다루는 국방부는 필요한 정보를 ICRC 측에 제공하는 데 극도로 유보적이었다. 결국 한국 내 입장 정립이 지연되면서 이 사업은 시작조차 해 보지 못하고 흐지부지 됐다. 안타까운 일이었다.

6. 국제사회의 강력한 대응과 한국의 부실한 이행

국제사회의 강하고 일관성있는 대응

COI 보고서가 제출되고 북한의 인권유린 상황이 적나라하게 드러나면서 국제사회는 북한의 인권을 증진하고 인권침해를 모니터링하기 위한 다양한 조치를 취했다. 미국은 2015년 1월 대통령 행정명령 (EO-13869)을 통해 북한의 심각한 인권유린은 미국의 국가안보에 위협이 되며 미국은 대북제재 권리를 유보한다고 밝혔다. 같은 해 미 의회는 북한제재이행법(HR-757)을 통과시켰다. 이 법은 미 국무부로 하여금 ① 북한주민에게 다양한 전자적 통신수단을 제공하는 방안, ② 북한의 각 정치범 수용소에 관한 보고, ③ 심각한 인권침해와 유린의 상세와 그 책임자를 확인하는 보고서 등 3개 분야의 보고서를 제출하도록 지시했다.

유럽연합은 일본과 함께 인권이사회 및 유엔총회에서 북한인권결의안을 제안했고 대북경제제재를 채택했다. 2016년 유럽의회는 북한의 인권침해를 규탄하고 유럽집행위원회로 하여금 북한의 상황을 모니터링할 것을 지시하는 결의를 채택했다. 일본도 EU와 북한인권결의안의 공동제안국으로 참여했지만 주로 일본인 피랍자들의 안위에 치중하는 모양새를 취했다. 당시 놀라웠던 것은 아프리카에 소재한 보츠와나의 파격적인 행동이었다. 2014년 2월 보츠와나는 인권을 탄압하는 북한과 외교관계를 단절한다고 발표했다.

반면 북한의 반응은 막무가내였다. 2014년 5월 서세평 제네바 주재 북한대사는 인권이사회의 북한인권정례검토에 출석하여 각종 비판을 격렬히 반박했다. 다음 해 인권이사회 고위급회의 기조연설에서 이수용 북한 외상은 북한의 인권유린 비판을 근거 없는 모함이라면서 탈북자를 공화국을 배신한 '인간쓰레기(human scums)'라고 비하했다.

북한인권법과 대북전단금지법

이런 국제사회의 강력하고 일관성 있는 대응과는 대조적으로 한국의 반응은 오락가락했다. 2009년 이전까지 한국은 인권위원회와 인권이사회의 북한인권결의안 표결에서 기권 또는 찬성을 오가다가 그 후 대체로 컨센서스로 채택되면서 이에 동참해 왔다. 북한인권 문제에 대한 국제적인 관심과 우려를 감안하여 우리 국회도 입법을 추진하였다. 2014년에 두 개의 법안이 발의됐다. 하나는 심재권 의원 등이 발의한 북한인권증진 법안으로 남북대화와 인도적지원에 초점을 두었다. 다른 하나는 김영우 의원이 대표 발의한 포괄적인 북한인권 법안이었다. 이 법안은 북한인권증진을 위한 기본전략을 수립하고 남북대화와 국제협력을 증진할 것을 주문했다. 또한 북한인권대사를 임명하고 자문위원회와 북한의 인권유린상황을 모니터링하기 위한 북한인권재단을 설립하도록 규정했다. 나아가 이산가족, 전쟁포로 및 납북자를 포함한 북한 인권이슈를 포괄하는 기록보관소(archive)를 설치하도록 했다. 김영우 의원이 대표 발의한 법안을 기초로 2016년 3월 북한인권법이 어렵게 통과됐다.

그러나 이듬해 출범한 문재인 정부는 북한인권법의 시행을 차일피일 미루면서 아무런 조치를 취하지 않았다. 결국 지금까지 북한인권재단 설치와 북한인권대사 임명 등이 시행되지 않았다. 2020년 6월 북한 김여정이 판문점선언을 근거로 대북전단 살포를 막을 것을 요구한 지 불과 몇 시간 지나지 않아 통일부는 대북전단관련 법률정비계획을 발표했다. 그해 8월 민주당이 제출한 '대북전단금지법안'이 12월 여당 단독으로 국회를 통과했다. 이 사건은 헌법에 보장된 표현의 자유와 접경지 주민들의 안전보장을 둘러싼 갈등으로 비화했다. 한편 서방국가들과 국제인권단체들은 대북전단금지법을 비판하고 한국의 표현의 자유 후퇴를 우려했다. 특히 미 하원 '톰 란토스(Tom Lantos) 인권위원회'는 청문회를 개최하여 대북전담금지법을 신랄하게 비난했다. 대북전단금지법의 제정과 시행으로 어렵게 성안된 북한인권법은 사실상 동면에 들어갔다.

나는 2016년 북한인권법에 신설된 북한인권대사직 제의를 받았으나 완곡하게 거절했다. 개인적으로는 관심이 많았으나 북한인권법 제정을 둘러싼 여야 간의 격화된 갈등이 이념대립의 양상을 띠는 상황에서 제대로 활동을 할 수 있을지 의문이 들었다. 돌이켜 보면 잘한 결정이었다. 문재인 정부와 민주당이 지배하는 국회에서 북한인권 문제가 완전히 실종된 것은 주지의 사실이다.

10
악화일로의 한 · 일 관계와 군대위안부 문제 유감

한 · 일 관계는 오랜 역사의 굴곡으로 복합적인 갈등이 상존한다. 한국은 일제 식민지배의 피해자로서 가해자인 일본에 사과와 배상을 요구하고 일본은 1951년 샌프란시스코 강화조약, 1965년 한일협정과 청구권협정으로 전부 해소했다는 입장이다. 그러나 군대위안부 문제와 사할린 동포 문제 등 한일협정 체결 당시 다루지 못했던 이슈도 있다.

양국 정치권은 복잡하고 엄중한 문제를 일관성 있고 유연하게 다루지 못했다. 1998년 김대중-오부치(小渕) 선언을 발표할 당시 한·일 관계는 정점을 찍었다고 볼 수 있다. 노무현, 이명박, 박근혜 정부를 거치면서 지속적으로 악화의 길을 걷다가 문재인 정부 들어 양국관계는 일찍이 경험하지 못한 최악의 상황을 맞았다. 겉으로는 대화의 문을 열어두었다고 하면서 행동은 극단적인 반일노선을 견지했다. 아베 정권의 대응도 이에 못지않다. 군대위안부에 대한 양국합의를 둘러싼 갈등을 증폭시키고 이어 강제징용 관련 대법원 판결에 대한 보복으로 대 한국 수출 통제를 시행했다. 일본 내 혐한 시위활동은 도를 넘을 정도로 거칠어졌다. 그나마 존재하던 양국의 신뢰는 바닥을 쳤다.

군대위안부 또는 일본군 성노예 이슈는 워낙 휘발성이 강했다. 1965년 한 · 일 기본협정에도 포함되지 않았으나 1991년 김학순 할머니의 용기 있는 증언으로 수면 위로 떠올랐다. 1990년대 들어 여성 성폭력에 대한 국제사회의 우려와 관심이 제기됐다. 특히 라디카 쿠마라수와미(Radhika Cumarasuwami) 보고서와 게이 맥두갈(Gay McDougal) 보고서는 일본군 군대위안부의 강제동원, 책임과 배상, 공개사죄와 재발방지 등에 관한 조사결과와 권고안을 보고하면서 국제 공론화를 했다. 보편적 인권문제로 부각된 군대위안부 문제는 한·일 관계에 어려운 현안으로 대두되었다. 여기서는 외교부 본부와 재외공관에서 맞닥뜨린 군대위안부 문제에 대한 관찰과 생각을 정리해 본다.

1. 준엄한 미 하원 결의(HR-121)와 숨겨진 애환

이것은 군대위안부 또는 일본군 성노예 문제가 한·일간 갈등에 국한되지 않고 제3국에서 불거진 사건이었다. 군대위안부에 대한 인권유린 문제를 유엔인권이사회에서 다루는 것은 당연하지만 미국, 유럽 등 제3국에서 관심을 가지고 다루었다는 점에 호기심을 가졌고 그들의 시각과 처결 방향이 궁금했다.

미의회 결의안 통과를 위한 도전과 실패

군대위안부 강제 동원에 대한 일본 정부의 책임인정을 요구하는 미 의회 결의안이 2001년과 2005년에 제출됐지만 상정도 못되고 폐기됐다. 미 의회에 처음 상정된 것은 2006년 레인 에반스(Lane Allen Evans) 의원(민주-일리노이)과 크리스토퍼 스미스(Christopher Smith) 의원(공화-뉴저지)이 제출한 군대위안부 결의안(HR-759)이다. 당시 태평양전쟁 참전용사였던 헨리 하이드(Henry Hyde)[1] 하원 국제관계위원 장(민주-일리노이)의 지원이 있었다. 일본은 막강한 로비력을 동원하여 결의안 심의와 통과를 저지하려 했다. 하원 원내대표를 지냈고 친일 인사인 로버트 마이클을 로비스트로 고용하여 부시 정부와 미 의회를 압박했다. 하이드 위원장은 그해 6월 고이즈미 일본 총리가 야스쿠니 신사 참배를 강행하자 9월 들어 결의안 통과를 밀어붙였다. 그러나 데니스 해스터트(Dennis Hastert) 하원의장(공화-일리노이)이 일본의 로비에 굴복함으로써 하원 본회의 통과는 좌절됐다. 에반스 의원은 지병으로 의원직을 유지하지 못했다.

실패는 많은 것을 시사했다. 미국 정치권에 일본에 우호적인 인사들이 대거 포진되어 있고 일본의 영향력이 막강하다는 것이다. 그러나 한편으로는 전시 성폭력에 대해 비판적인 시각도 분명히 존재한다는 사실이었다. 2006년 11월 중간선거에서 민주당이 상하 양원을 장악하면서 상황이 급변했다. 공화당을 중심으로 포진했던 친일의원들이 퇴진하고 홀로코스트 생존자인 톰 란토스(Tom Lantos) 의원(민주-캘리포니아)과 여성 인권문제에 앞장서 온 낸시 펠로시(Nancy Pelosi)가 하원의장(민주-캘리포니아)으로 선출된 것이다. 2007년 1월 일본계 미국인 마이클 혼다(Michael Honda) 의원(민주-캘리포니아)이 에반스 의원을 대신해 새로운 결의안[2]을 제출했다. 결의안 내용은 물론 제목도 명쾌하고

---

1 헨리 하이드 의원은 대표적 지한파였다. 2006~2007년 고이즈미 일본총리의 미 하원 합동연설 시도를 저지시키고 후임 아베총리에게도 '위안부의 실체를 용기 있게 시인하라'고 촉구했다. 2005년 한국 내 일부 단체가 맥아더 동상철거를 주장하자 노무현대통령에게 편지를 보내 "차라리 미국으로 보내달라"고 요청한 것으로 알려졌다.

2 H.Res.121 – A resolution expressing the sense of the House of Representatives that the Government of Japan should formally acknowledge,

준엄하다. 그는 1999년 8월 캘리포니아 주 의회에 난징사건과 미군 전쟁포로관련 결의안을 제출하여 통과시킨 전력이 있었다.

위안부 할머니들의 피맺힌 증언

큰 물줄기를 가르는 계기가 됐던 2007년 2월 하원 국제관계 소위원회의 청문회를 회상한다. 내 소관업무는 아니었지만 청문회의 분위기와 미국의 양심이 어떻게 대응할지 궁금하여 관심을 가지고 참석했다. 당시 국제관계위원회 위원장은 홀로코스트의 생존자인 톰 란토스 민주당 의원이었고, 수석전문위원은 후일 북한인권대사로 임명되어 나와 북한인권 문제로 긴밀하게 협력하였던 로버트 킹(Robert King)이었다. 청문회는 마이클 혼다 의원이 제출한 하원 결의안 121호를 논의하는 자리였고 증언자로 얀 루프 오헤른(Jan Luf Ohern) 할머니, 김군자 할머니, 이용수 할머니 등 생존자와 민디 코틀러(Mindy Kotler) 아시아 정책초점 국장과 서옥자 씨가 나섰다.

팔레오마벵가 소위원장은 일본군 위안부 문제의 경위를 설명하고 일본이 고노담화를 부정하고 역사 교과서를 수정하면서 진정한 사과를 하지 않는다는 점을 지적했다. 이어 마이클 혼다 의원은 다나 로르바허(Dana Rohrbacher) 의원(공화 – 캘리포니아)과 함께 제2차 세계대전 중 전쟁포로 신세였다고 언급하면서 "일본의 역사왜곡을 시정하고 책임 인정과 배상을 촉구하기 위한 것입니다. 미국은 일본과 다릅니다. 미국은

apologize, and accept historical responsibility in a clear and unequivocal manner for its Imperial Armed Forces' coercion of young women into sexual slavery, known to the world as 'comfort women', during its colonial and wartime occupation of Asia and the Pacific Islands from the 1930s through the duration of World War II.

1988 시민자유법을 제정함으로써 제2차 세계대전 중 일본계 미국인을 수용시설에 감금한 것에 대해 명백한 사과를 했습니다"라고 말했다. '과거 실수를 반성하지 않는 자는 같은 실수를 되풀이한다'는 조지 산타냐(George Santayana)의 글도 인용했다.

이어서 이용수 할머니는 16세 끌려가서 구타와 고문을 받고 대만 위안소에서 겪었던 끔찍한 생활을 증언했다. 김군자 할머니도 중국으로 이송되어 군대위안소에서 성노예 생활을 했다고 증언했다. 다음 증언자 오헤른 할머니는 유창한 영어로 "군대위안부는 실제로 일본군 성노예였습니다"라고 포문을 열었다. 청문회 분위기가 일순 긴장됐다. "인도네시아 자바에 끌려가서 일본군에 의해 강간을 당할 때마다 저항했고 수치심으로 전후 50년간 침묵했습니다.", "1992년 보스니아 전쟁이 발발되면서 전시성폭력이 자행되는 뉴스를 보고, 특히 한국의 김학순 할머니가 일본군 위안부였다는 사실을 공개한 데 자극을 받아 침묵을 깨기로 결정했습니다." "제2차 세계대전 중 일본군에 의한 여성인권 침해는 '잊혀진 홀로코스트(forgotten holocaust)'이며, 일본은 위안부 여성에게 진심으로 사과하고 배상해야 합니다"라고 주장했다. 또한 일본이 1995년 설립한 '아시아여성기금(AWF)'에서 지원하는 금전 수령을 거부했다고 밝혔다.

코틀러 국장은 일본은 정부 차원에서 진정한 사과를 한 적이 없고 오히려 역사왜곡에 앞장선다고 지적하고 AWF도 배상금이 아니고 위로금이라 지적하는 장문의 증언을 했다. 마지막으로 서옥자 군대위안부 문제 워싱턴 연합회장은 화란위안부 강제성착취에 대한 일본의 책임을 판결한 인도네시아 바타비아 법정 케이스를 소개하고 '우리는 일본의 행태를 바로잡기 위한 책임이 있다'고 주장한 레인 에반스 전의원의 발언을 인용했다. 백인 여성 피해자인 오혜른 할머니의 조리있고 힘 있는 발언에 청문회 분위기는 진지하고 숙연했다.

역사적인 미 하원결의 제121호

결의안이 제출되고 청문회를 열면서 워싱턴에서 한·일 간 외교 전쟁이 벌어졌다. 일본은 하원의장 등을 역임했던 민주당 토머스 폴리 를 로비스트로 기용하면서 대응수위를 높였다. 일본은 총리를 위시하 여 군대위안부의 강제동원을 부인하고 나섰다. 6월 들어 일본 중의원 전원이 워싱턴 포스트에 "일본군 위안부는 자발적 매춘부였다"는 카피 의 전면광고를 게재했다. 결과적으로 자해행위였다. 일본의 막강한 로 비로 결의안 채택에 유보적인 의원들 다수가 이 광고를 보고 찬성으로 선회했다고 알려졌기 때문이다. 한국은 범동포대책위원회를 만들고 "121 연합체(Coalition)"도 구성하며 미 의회를 상대로 한 풀뿌리 운동 을 전개했다. 일본에 비해 절대 열세인 자금력을 극복하기 위해 몸으로 뛰어야 했다.

결국 이 결의안은 6월 26일 톰 란토스 위원장의 주도로 외교위원 회를 통과하고 7월 30일 낸시 펠로시 하원의장의 주도로 만장일치로 본회의를 통과했다. 역사적인 순간이었다. 결의안은 일본 정부에 대해 4가지 행동을 촉구했다: ① 일본군 성노예의 강제동원 사실을 인정·사 과하고 역사적 책임을 진다. ② 총리의 공식직함으로 사과한다. ③ 일 본군 성노예의 존재를 부인하는 주장을 반박한다. ④ 끔찍한 범죄행위 에 대한 현재 및 미래 세대에 대한 교육을 실시한다.

이 결의안은 과거 어떤 나라 의회에서 채택된 문건보다 명쾌하게 일본의 행동을 촉구했다. 결의안 채택 후 유사한 내용의 결의가 유럽

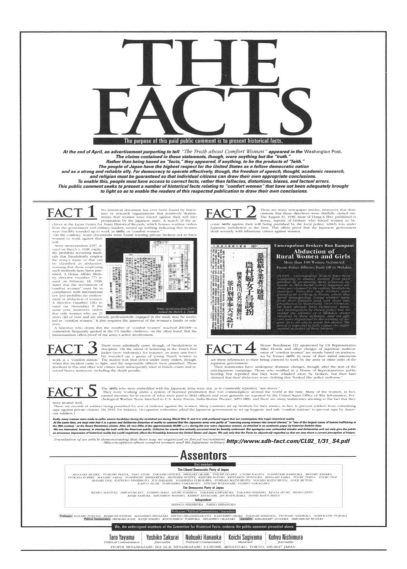

미 하원 결의 H.R.-121 채택을 저지하기 위해 일본 우익조직(역사적사실위원회)이 2007년 6월 14일자 워싱턴포스트에 게재한 광고다. 일본 현역의원 34명이 지지자로 이름을 올렸다. 광고는 ① 동원의 강제성 부인, ② 브로커의 무자비한 모집, ③ 인도네시아 위안소 운영 일부 인정, ④ 미 의회 청문회의 증언도 강제동원 불언급, ⑤ 군대위안부는 성노예가 아니고 자발적 매춘부라고 주장한다.

국가를 비롯하여 많은 나라에서 채택됐고 유엔 인권이사회에서도 인용됐다. 일본은 이 문제가 국제사회에서 제기될 때마다 고개를 숙여야 했다. 나는 대사관저에서 열린 리셉션에서 마이클 혼다 의원에게 단도직입적으로 물었다. "혼다 의원은 일본계인데 왜 일본을 난처하게 하는 일을 하십니까?" 그의 답변은 간단명료했다. "저는 일본과 일본인을 사랑합니다. 일본이 과거의 허물을 덮고 있는 것보다 피해자에게 진정으로 사과하는 것이 일본의 미래를 위하는 일이기 때문입니다." 그리고 "저는 교사였습니다. 또한 제2차 세계대전 중에 강제수용시설3에서 갇혀 지내다 석방된 피해자이기도 합니다. 미국은 과오를 깨끗이 인정하고 정부 차원의 보상까지 했습니다. 일본이 반성 못할 이유가 없습니다."

뒷전으로 밀리는 숨은 공로자들

이런 역사적인 결의안이 채택되자 한국 여론은 환호했다. 여러 인사들이 자신의 공적이라고 떠들어 댔다. "성공의 아버지는 많지만 실패는 고아다"는 말 그대로였다. 많은 사람들의 노력이 있었지만 당시 이태식 주미대사와 실무를 책임졌던 김은석 공사참사관의 헌신적인 노력과 열정이 결정적이었다고 생각한다. 이 대사는 전·현직 국제관계위원장인 헨리 하이드 의원, 톰 란토스 의원, 팔레오마뱅가 소위원장 그리

---

3 1941년 12월 7일 일본이 선전포고 없이 진주만을 폭격하자 다음 날 루스벨트 대통령은 미 의회에서 긴급연설을 하고 대일본 선전포고를 승인받았다. 1942년 2월 19일 루스벨트 대통령은 행정명령(EO9066)을 통해 일본계 미국인 시민권 유보했고, 1942년 3월 21일 미 의회는 일본계 미국인을 미국 서부 해안지역으로 수용하는 법안을 통과했다. 이에 따라 일본계 미국인 12만 명이 재산을 몰수당하고 3년간 미국 각지 수용소에서 3년간 억류당한 바 있다.

고 마이클 혼다 의원과 깊은 인간적 교분을 구축했다. 김 공사참사관도 대 의회 아웃리치 네트워크를 구축하고 전방위 대응전략을 설계하고 실행했다. 이를 기반으로 미 의회의 결의안 작성을 위한 정지작업을 했고 국제관계위원회 의원들의 지역구을 찾아다니며 각개격파를 해 나갔다. 돈 만줄로(Don Manzullo) 의원(공화-일리노이)의 경우 당초 결의안에 유보적인 입장을 취했다. 그러나 이태식 대사가 그의 지역구를 찾아가서 한국군 참전용사들과 함께 군가를 부르면서 그들의 헌신에 감사를 표하면서 부둥켜안고 교감하는 모습에 감동받고 찬성으로 선회했다.

일본의 막강한 로비활동으로 다 된 합의가 무산된 경우도 적지 않았다. 그럼에도 좌절하지 않고 끝까지 밀어붙여 역사적인 하원결의를 통과시켰다. 이 과정에서 많은 이들이 헌신했지만, 한국 정부는 공로자에게 서훈하는 일에 인색했다. 숨은 공로자들은 뒷전에 밀렸다. 당연한 일이었음에도 온갖 절차를 거치고 나서야 헨리 하이드 의원과 마이클 혼다 의원에게 훈장수여를 결정했다. 하이드 의원은 이미 서거한 뒤였다. 그 후 이태식 대사는 또 한 번 좌절했다. 서옥자 박사가 헨리 하이드 의원의 흉상을 제작하여 위안부 쉼터에 기증할 것을 제안했는데 정신대협의회에서 이를 거부한 것이다. 납득할 수 없는 일이었다. 어쩌면 정대협의 독보적인 노력이 깎이게 될 것을 우려한 조치로 보였다. 백방의 노력이 실패하자 이 대사는 국립외교원에 설치하는 방안을 타진했다. 결의안 통과의 정치적 배당금은 엉뚱한 사람들에게 돌아가고 묵묵히 일한 공로자는 뒷전으로 밀리는 것이 현실이다.

2014년 8월 초 나비 필레이(Navi Pillay) 유엔 인권최고대표는 '군대위안부 이슈에 관한 일본의 접근은 피해자 인권을 추가적으로 유린한다'는 성명4을 발표했다. 이 짧은 성명서의 의미는 굉장했다. 당시 아베 정권은 고노담화를 재검토하고 수정하려는 의도를 숨기지 않았고 유엔 등 각급 국제기구에서 역사 수정주의적 행각을 확산하고 있었다. 그런 시기에 유엔 인권최고대표 명의로 일본군의 성노예(性奴隷)로 강제 동원된 군대위안부 존재를 부인하는 일본을 질책하고 사과와 재발방지를 촉구한 것은 일본에게는 치명적이었다. 성명 발표의 전말을 복기해 본다.

일본의 고노담화 수정 획책

주지하다시피 일본은 일본군 위안부 강제동원 사실을 부인하고 배상과 재발방지를 거부하는 기조를 유지해 왔다. 제네바에는 유엔인권이사회, 인권특별절차(SR), 각국의 인권상황을 검토하는 보편적 정례심사(UPR), 유엔조약기구 등 다양한 제도가 작동하고 있고 일본은 자국 입장을 반복하면서 국력과 외교력을 바탕으로 국제기구를 압박하거나 활동에 제동을 걸었다.

---

4 Japan's approach to the issue of "comfort women" causing further violations of victims' human rights — Pillay, 2014.8.6.
https://www.ohchr.org/EN/NewsEvents/Pages/DisplayNews.aspx?NewsID=14920&LangID=E

아베 일본 총리는 집권 2기에 지지도가 상승하자 우익적 성향을 강화해 나갔다. 일본 우익의 혐한발언, 혐한시위 및 일본 정치인과 고위 관리의 망언 수위가 높아졌다. 급기야 아베 총리는 무라야마 담화와 고 노담화의 내용을 수정할 목적으로 검토위원회를 구성하고 측근을 임명했다. 이런 일본의 움직임에 박근혜 정부도 강대 강으로 맞대응했다. 2014년 3월 윤병세 외교부장관은 유엔인권이사회 고위급회의에서 일본군 위안부 이슈에 대한 일본의 태도를 신랄하게 비판하고 나섰다. 한·일 관계는 급격히 경색되었다. 2014년 6월 20일 검토위원회는 '일본군 위안부가 강제 동원되었다는 사실을 확인할 수 없었다'는 취지의 보고서를 발표했다. 정부의 보고서 발표에 발맞춰 일본 우익 단체는 동경에서 '군대위안부는 성노예가 아니고 전시 창녀(wartime prostitutes)'였다고 선언했다.

인권최고대표의 강력한 성명서

제네바 클럽에서 환송 골프. 왼쪽부터 필자, 나비 필레이 최고대표, 피터 울코트(Peter Wolcott) 주제네바 호주대사(2014년)

나는 이 보고서가 발표된 후 필레이 최고대표와 여러 차례 회동하면서 아베 정권의 거짓과 망언을 지적하고 진정한 해법을 촉구하는 성명을 발표해 줄 것을 간곡히 부탁했다. 그녀는 유엔의 인권최고수장 이전에 국제형사재판소(ICC) 재판관을 역임했고 루안다국제형사재판소(ICTR) 재판장으로 루안다 제노사이드 사건에서 여성에 대한 조직적 성폭력을 '인도에 반한 죄'로 규정했던 남아공 인권변호사 출신이다. 1994년 8월 말로 임기가 끝나는 그녀의 망설임이 길었다. 여러 변수를 고려하는 듯했다. 그녀는 내게 성명은 발표하겠지만 그 시기와 내용에 대해서는 자신에게 맡겨달라고 했다. 어느 주말 환송 겸 필레이 대표와 제네바 클럽에서 골프 라운딩을 했다.

8월 6일 필레이는 성명을 발표했다. 성명문은 촌철살인의 내용을 담고 있었다. 요지는 ① 일본이 전시 성노예 문제에 대한 포괄적이고 공평하고 영구적인 해법 마련에 실패한 것은 유감이다. ② 일본은 정의실현과 보상조치를 취하지 않았다. ③ 일본은 정부 위원회를 통해 군대위안부 동원의 강제성을 부인함으로써 피해자에 고통을 주고 있다. ④ 유엔 메커니즘, 특별절차(SR), 협약기구 및 보편적정례심사(UPR) 계기 다수의 구체적인 권고가 있다. ⑤ 일본은 전시성폭력방지 선언에 서명한 국가로서 용기를 가지고 전시성노예이슈의 포괄적이고 공정하며 항구적인 해법을 추구할 것을 촉구한다.

성명문 발표의 타이밍도 절묘했다. 그녀는 퇴임 전 마지막 휴가를 보내기 위해 남아공으로 출국하는 제네바 공항에서 대외발표를 지시했다. 기술적으로 그녀가 비행기를 탄 뒤에 외부에 공개된 것이다. 제네바는 8월 한 달은 대체로 공식회의가 없어 유엔사무국이나 각국 대표부도 비교적 한산한 편이다. 일본은 여름휴가 기간 중 제네바 유엔인권 대표 사무소를 들쑤셨고 기여금 지원을 감축하겠다는 등 압박을 했다는 후문이었다. 필레이 성명 발표 다음날 일본 스가 요시히데(菅義偉) 관방장관은 서둘러 기자회견을 열어 위안부 문제는 공식 해결됐다는 입장을 표명했다.

일본의 책임을 지적하는 국제기구 문서들

군대위안부의 강제동원에 대한 일본의 책임과 피해자에 대한 사과와 보상 및 재발방지를 위한 조치를 합의한 국제기구 문서는 넘쳐난다. 유엔 인권이사회의 전신인 인권위원회는 매우 포괄적인 내용을 담은 쿠마라스와미 보고서와 맥두갈 보고서를 채택했다. 유엔인권이사회의 연례심의는 물론 다양한 인권협약기구, 특별절차 및 일본에 대한 UPR에서도 유사한 문서를 채택했다. 물론 일본은 이를 부인하고 있지만 문서채택 자체를 저지할 수는 없었다.

내가 제네바 대사로 근무하는 기간 중 다양한 인권 메커니즘에서는 일본 정부가 과거 일본군에 의한 성노예를 조사하고 가해자를 처벌하고 배상과 사법접근은 물론 재발방지를 위한 교육을 촉구하는 권고를 채택했다. 물론 일본은 이런 문서 채택을 저지하는 데 총력을 기울였다. 2013년 일본에 대한 고문방지협약 이행검토 계기에 일본 수석대표로 참석한 우에다 본부 대사가 연단에서 다양한 질문에 대한 답변을 하는 과정에서 한바탕 소동이 벌어졌다. 군대위안부에 대한 성폭력 문제를 제기하면서 일본 정부의 사과와 재발방지를 위한 교육의 필요성 등에 대한 질의에 대해 우에다 대사가 "입 닥쳐(shut up)"라고 소리치며 신경질적인 반응을 보였던 일은 하나의 불편한 해프닝이었다.

3. 군대위안부 사실조사위원회 설치 구상 유감

나는 군대위안부 문제를 둘러싼 한·일 간의 끝없는 소모전을 다자체제를 통해 불식시키는 방안을 시도하고 싶었다. 갈등의 근본 원인이 된 양국의 역사인식의 괴리는 너무나 컸다. 한국은 군대위안부 동원의 강제성과 그 책임과 사과 및 재발방지를 요구했으나 일본은 역사적 사실을 부인하고 책임을 회피하면서 추상적인 용어만으로 사과를 반복해 왔다. 나는 한·일 관계의 진정한 발전을 위해서는 이런 불행한 현실을 탈피하고 보다 창의적인 해법을 모색해야 한다고 믿었다.

유엔 특별절차의 적용 검토

역사인식을 둘러싼 한·일 양국의 갈등이 부침을 거듭해 왔으나 대체로 1965년 한·일 협정이라는 틀 속에서 관리되어 왔다. 물론 완전한 해결을 기대하는 것은 무리였다. 그렇다면 서로 다른 시각을 인정하고 최악의 상황을 피하면서 접점을 모색하는 것이 최선의 선택일 것이다.

유엔에는 특정국가나 분쟁지역 또는 특정 사회그룹에 대한 인권유린이 자행되는 경우 일정한 절차를 거쳐 독립적이고 객관적으로 조사하고 그 결과를 인권이사회에 보고하는 소위 특별절차(Special Procedure)라는 제도가 있다. 특별절차는 독립적 조사활동을 벌이는 특별보고관(Special Rapporteur), 진상조사위원회(FFM: fact-finding mission) 또는 조사위원회(COI: Commission of Inquiry) 등 여러 형태가 있다. 가장 비근한 사례로 북한인권 특별보고관과 북한인권사실조사위원회를 들 수 있다.

COI의 경우 유엔인권이사회에서 설치와 운영방식을 결정하면 인권최고대표가 위원장과 2명의 위원을 임명한다. 정해진 기간 중 활동을 종료하면 보고서를 작성하여 이사회에 보고하는 방식이다. 이런 보고서의 조사결과와 권고사항이 구속력 있는 집행을 보장하지는 않는다. 그러나 독립적 기구에서 조사한 내용이 대외적으로 확산되면 인권유린을 자행한 집단이나 개인에 대한 압박이 될 수 있다. 분쟁 지역의 인권문제는 극단적으로 대립하는 당사자들이 많기 때문에 유엔 인권이사회는 중립적으로 그리고 불편부당하게 다루기 위해 이런 위원회를 다수 운영해 왔다. 그리고 일부 위원회는 많은 성과를 거둔 점도 참고할 만하다.

이런 특별절차가 설치되면 보편적 인권을 다루는 인권기구나 한·일 간 끝없는 소모전에 식상한 사람들은 관심을 가질 수 있을 것이다. 이런 절차를 통해 도출되는 결과가 유·불리하거나 중간쯤의 결과가 나오더라도 양국은 이를 충분히 설명할 수 있다. 결국 양국은 파탄을 피하고 새로운 출발점에 설 수 있을 것이다.

군대위안부 사실조사위원회 제안

나는 새 구상을 구체화했다. 군대위안부 문제를 한·일 양자 간 갈등구조에서 다자간 구도로 전환하는 것이었다. 즉 군대위안부에 대한 FFM 또는 COI 설치결의안을 제출하는 방안이었다. 나는 결의안의 대강을 정리했다. 취지는 간단했다. 군대위안부 문제를 둘러싼 갈등은 동원의 강제성, 책임, 배상, 재발방지 이슈임을 감안, 군대위안부 동원의 강제성과 책임성에 대한 사실조사를 유엔이라는 중립적 기구에 맡기고, 한·일 양국은 그 조사 결과에 승복하는 것이었다.

이런 제안은 한·일 양국 모두에 불확실성을 줄 수도 있다. 일본의 경우 수용하지 않으면 국제사회의 압박을 받게 되고 수용했을 경우 결과가 불리하면 국내적으로 곤경에 처할 위험이 있다. 한국 입장도 마찬가지다. 그러나 이런 위험을 감수하지 않고 그렇게 오랫동안 내연되어 온 쟁점현안을 원만하게 해결하는 마법은 없을 것이다. 결국 양국 정치 그리고 정치지도자의 대승적 결단이 뒷받침되지 않으면 추진하기 어려운 일임은 틀림없었다. 나는 내 구상을 제네바 인권전문가들과 오준 유엔대사에게 보내고 코멘트를 구했다. 전적으로 환영했다. 결의안 초안과 향후 추진방안을 정리해 보고했다.

당시 한·일 간에는 군대위안부 문제해결을 위한 은밀한 협의가 진행되고 있었다. 그러나 단편적 소문만 나오고 구체적인 대강을 알 수 없었다. 일 년 내내 북한인권 문제, 군대위안부 문제 등 국제인권문제를 다루는 제네바 대사와 유엔 대사조차 접근이 불가능했다. 본부에 경과를 문의했으나 알려고도 새로운 제안도 하지 말라는 기별이었다. 청와대가 협상을 주도하고 외교부는 뒷전에 밀려 있는 형국이었다. 결국 나의 구상은 논의조차 되지 못하고 사장됐다.

한국과 일본은 서로 다른 입장과 시선으로 군대위안부 문제를 바라보면서 갈등을 재생산해 왔다. 진정한 화해를 위해서는 사실관계에 대한 공통인식이 선행되어야 한다. 그런데 각자의 주장을 상대가 수용하지 못하는 현실을 감안, 제3자에게 사실 확인을 의뢰하고 그 결과를 수용하기로 합의하면 양국은 무너진 신뢰를 쌓고 새로운 동반자 관계로 나아갈 수 있다고 믿는다. 한·일 양국의 지도자들은 국내 정치에 매몰되어 한·일 양국의 진정한 동반자 관계에 대한 비전도 용기도 없었다. 이 문제는 앞으로도 양국을 괴롭히면서 불필요한 긴장을 이어가게 할 것이다. 안타까운 일이다.

4. 소위 2015년 한·일 외교장관 합의와 후속갈등 유감

2015년 12월 28일 양국 합의가 발표됐다. 군대위안부 또는 성노예 이슈는 보편적 인권문제로서 유엔인권위원회를 거쳐 인권이사회 등을 통해 국제사회의 관심으로 부상했고 한국은 이 문제에 관해 원칙적인 입장을 견지해 왔다. 그런데 유엔차원에서의 논의와 별개로 한국과 일본이 군대위안부 이슈에 관하여 항구적·불가역적인 합의에 도달했다는 것은 경이로운 일이었다. 당시 나는 정년퇴직을 사흘 남겨두고 있었다.

양자문제로 족쇄를 채운 보편적 인권이슈

2014년 3월 초 윤병세 외교부장관은 인권이사회 고위급회의에서 북한인권 문제와 군대위안부 문제에 초점을 맞춘 초강경 연설을 했다. 일본이 고노 담화를 재검토하면서 역사문제를 둘러싸고 한·일 갈등이 첨예화되던 때였다. 이런 강경기조는 2015년까지 이어졌다. 한·일 간 양자 협의가 진행되고 있던 2015년 9월 유엔인권이사회에는 군대위안부 이슈에 대한 의제가 상정되었다. 대응 입장에 대한 본부의 지침이 없었다. 몇 차례 독촉 후에야 받은 회신은 저강도 대응을 하라는 것이었다. 양자협의는 청와대 중심으로 진행되고 있고 외교부도 잘 모르는 상황이라고 했다. 박근혜 정부는 군대위안부라는 다자 아젠다를 전격적으로 양자 문제로 바꿔 버리면서 스스로 족쇄를 찬 것이다.

2015년 말 박근혜 정부는 일본과 여러 달 동안의 협의를 거쳐 군대위안부 문제에 대한 소위 합의를 도출했다. 추후 원만한 이행만 보장된다면 어떤 합의든 환영할 일이다. 그러나 이런 어려운 합의에도 양국관계가 개선되기는커녕 오히려 악화되는 과정을 지켜봐야 했다. 그 이

후 유엔인권이사회에서는 이상한 일이 벌어졌다. 다자회의에서 군대위안부 이슈를 제기하지 않도록 한 양자합의에 따라 한국은 침묵했다. 반면 인권 NGO 등이 이 문제를 제기하면 일본 대표는 '동 건은 한·일간 양자협의에서 타결됐으며 다자회의에서 제기하지 않도록 합의했다'고 언급하며 당당하게 대응했다. 과거 전전긍긍하며 소극적으로 대응하던 때와는 사뭇 다른 모습이었다. 결국 군대위안부 문제와 관련하여 도덕적 우위를 유지해 왔던 한국은 어설픈 합의와 그 이행문제로 국제적 합의를 지키지 않는 국가로 비난을 받는 처지가 된 것이다.

그로테스크한 합의 형식과 부실한 내용

2015년 말 군대위안부에 관한 한·일간 협상은 기상천외했다. 양국 정상의 위임을 받은 특사 간 협상이란 명분 하에 은밀히 추진됐다. 일본은 '일본의 키신저'로 불리는 야치 쇼타로(谷內 正太郎) 안보실장이었고 한국은 이병기 청와대 비서실장이었다. 대통령의 지시라는 명분 하에 외교부의 참여와 개입이 철저히 배제됐다고 한다.

외교적 합의는 내용과 아울러 형식도 매우 중요하다. 내용이 형식을 지배할 수도 있고 형식이 내용에 영향을 미칠 수 있다. 전문 협상가들은 내용과 형식을 면밀히 비교형량하면서 협상을 한다. 2015년 말 양국 외교장관이 발표한 소위 '합의'는 형식과 내용면에서 그로테스크했다. 형식을 보면 양국 간 합의문서가 따로 없었다. 다만 양국 외교장관이 공동기자회견 자리에서 각각 자국의 언어로 입장을 발표했다. 사전에 그 내용을 합의했다고 하지만 한국어 및 일어로 합의했고 해석의 차이가 있을 경우에 대비한 영문본을 작성하지 않았다. 다시 말하면 정치적 합의일 뿐 구속력 있는 합의문서는 없었다. 이런 연유로 각국 외교부 웹사이트에 올라온 발표문의 영문버전과 그 뉘앙스는 서로 달랐다.

내용에도 하자가 적지 않았다. 대척점에 있는 입장을 조화하기 위해 '건설적 모호성(constructive ambiguity)'을 창출할 수 있지만 애매한 합의는 분쟁의 단초를 제공할 수 있기 때문에 경계해야 한다. '항구적·불가역적'이라는 표현도 부적절하고 국제회의에서 제기하지 않기로 한 문안도 이상하다. 양국이 비공식 번역으로 공개한 영문본에도 근본적인 차이가 있다. 일본 외무성 웹사이트에 올라온 영문번역은 일본이 책임을 인지(aware)한다고 되어 있으나 한국 외교부의 영문번역은 인정한다(acknowledge)였다. 일본이 책임을 언급한 것은 사실이지만, 위안부 강제동원에 대한 법적 책임은 명시하지 않고 불특정한 책임만 언급함으로써 배상 또는 보상을 요구할 근거가 희박해진 것이다. 또한 일본 영문본은 양국 외무장관의 발표문에 단락 번호를 매기고 '최종적이고 불가역적' 조건을 제2항인 재단설립과 일본의 기여에 한정했다. 즉 이 조건은 일본의 책임인정과 사과 문제를 규정한 제1항에는 적용되지 않는 것으로 보인다. 한국 외교부의 버전과 명백히 차이가 난다. 국가 간 합의에서 기본을 지키지 않음으로써 민감한 이슈를 엉성하게 미봉한 것이다.

문재인 정부의 언행 불일치와 격랑의 한·일 관계

문재인 정부는 박근혜 정부를 적폐로 몰고 부인하는 정책을 폈다. 군대위안부에 관련하여 처음에는 합의사항을 무시하는 듯하는 입장을 취하다가 일본에서 부정적인 반응을 보이자 "합의의 존재를 부인하지는 않는다"라고 하면서도 이행의지는 보이지 않는 모호한 입장을 취했다. 한마디로 모순적인 입장을 천명한 것이다. 이런 태도는 한국의 정

한일포럼 참석 후 이낙연 국무총리 주최 만찬. 맨 왼쪽이 필자(2019년 8월 21일)

책 기조를 신뢰하기 어렵게 만든다.

그로부터 얼마 후 징용노동자에 대한 일본 정부의 배상책임을 인정하는 우리 대법원의 역사적인(?) 판결이 있었다. 판결문을 쓴 김능환 대법관은 역사를 바로 쓰는 심정으로 판결문을 썼다는 비장함마저 드러냈다. 판사가 법과 양심이 아니라 주관적 역사와 이념을 기반으로 판결했다는 말로 들렸다. 한 법조인은 사법 포퓰리즘의 전형이라고 비판했다. 이 판결은 일본에서 극단적인 반한 감정을 불러 일으켰고, 한·일 관계는 급속히 경색됐다. 일본은 한국을 신뢰할 수 없는 국가로 지정하여 일방적 수출통제를 시행하고 한국은 지소미아(GSOMIA) 파기를 만지작거렸다. 일본은 한국을 '국제법을 준수하지 않는 국가'로 낙인찍고 국제적으로 반한정책을 노골적으로 실행해 오고 있다.

역사인식 문제를 둘러싸고 양국 간 극심한 불신과 갈등이 표출되고 양국관계는 악화 일로를 걸었다. 문재인 정부는 한·일 합의와 협력의 중요성을 강조하면서도 위안부재단 설립 등 합의를 이행하지 않음으로써 언행불일치를 드러냈다. 일본 입장에서 보면 한국이 취하는 입장과 태도에 어떤 일관성이 있을지 의아했을 것이다. 일본 역시 보편적 인권, 휴머니즘 그리고 선린우호 관계에 기반을 두지 않고 국내정치 역학만을 고려하여 얄팍한 처신을 해 온 책임을 면할 수 없다. 일본 전역에서 자행되는 혐한시위는 도를 넘은 지 오래다. 주한 일본대사까지 지낸 무토 마사토시(武藤正敏)는 퇴직 후 '한국인으로 태어나지 않아 다행이다'는 혐한 책을 출판하여 돈벌이를 한 것으로 알려졌다. 표현의 자유는 개인의 권리지만 외교관의 기본을 상실한 천박함과 경솔함에 경악을 금할 수 없다.

군대위안부 문제를 다루는 NGO들

군대위안부 문제를 다루면서 색다른 경험을 했다. 한국에서 매주 수요집회를 주도해 오던 한국정신대문제대책협의회(정대협)는 유엔인권이사회 회의에도 옵서버로 참석했다. 정대협 대표들은 군대위안부 할머니를 대동하여 여러 가지 비공식 활동도 했지만 그리 인상적이지 못했다. 정대협의 웹사이트에도 정대협이 주도한 수요 집회의 사진들만 있을 뿐 군대위안부와 관련된 다양한 입장문이나 국제사회의 반응과 추진방향 등에 대한 자료는 찾을 수 없어 실망한 적도 있다.

반면 일본의 아시아여성운동(WAM: Women's Active Museum on War)이라는 NGO는 열심히 회의에 참석하고 정부 및 비정부 간 유관 조직과 연대활동을 했다. 조직의 웹사이트에는 군대위안부 관련 국제 회의 논의내용과 결정사항 및 발표문 등을 광범위하게 수집하여 유용한 자료를 제공했다. 또 하나 인상적인 단체는 '일본명예부채재단(SJE: Foundation of Japanese Honorary Debts)'이라는 네덜란드 NGO였다. 이

단체는 일제가 인도네시아를 강점했을 때 화란 여성들을 강제로 군대 위안부로 동원하여 인권을 유린했던 사실을 밝히면서 일본의 사과를 촉구했다. 일본이 사실을 인정도 사과도 하지 않음으로써 일본의 명예가 훼손되어 빚을 지고 있다는 준엄한 명칭이었다. 이들도 많은 사료적 문건들을 축적하고 있었다.

최근 언론에 정대협의 모금활동과 재원유용 혐의에 대한 조사가 진행되고 있다는 것이 알려졌다. 전 정대협 회장은 혐의내용을 부인하고 있는데도 현재 국회의원으로 조사에도 애로가 따르는 것으로 보도되었다. 사실 여부를 떠나 인권보호를 외치고 다른 나라의 부도덕과 부정을 꾸짖어야 할 NGO가 도덕성에 정면으로 도전을 받는 일은 치명적이다.

분쟁하 성폭력방지 이니셔티브(PSVI)

2012년 영국 주도하에 한국 및 일본 등 21개국이 참여하는 "분쟁하 성폭력방지 이니셔티브"를 출범했고 G-8 등 국제기구에서 추인을 받았다. 이것은 전시 성폭력 가해자에 대한 불처벌 관행의 종식, 성폭력 방지 역량강화와 피해자구제, 전시성폭력의 근본 원인이 될 수 있는 성적 불평등 구조에 대한 대응을 목적으로 한다. 영국의 구상은 최근 분쟁지역에서 이루어지는 성폭력에 대한 대응차원이었지만, 군대위안부 이슈와 같이 현재까지 내연하는 문제들을 자연스럽게 제기하기에 안성맞춤인 의제였다. 더욱이 일본은 PSVI 활동을 적극적으로 지지하면서 상당한 규모의 기여금도 쾌척했다. 일본은 '유엔여성기구(UN Women)'를 비롯하여 여성지위위원회, 여성차별위원회 등 여성인권이슈를 다루는 유엔활동에 막대한 지원을 해오고 있다.

한국도 이런 이니셔티브에 일정한 기여를 해오고 있지만 좀 더 전략적인 접근을 했으면 하는 아쉬움이 남는다. 나는 군대위안부 이슈를 한·일 간 양자문제로 변질시키지 말고 PSVI와 연계시키면 다자무대에서 우리가 도덕적 우위를 유지하면서 자연스럽게 다룰 수 있다고 믿는다. 사실 PSVI 외에도 유엔 여성지위위원회와 인권조약기구를 통해서도 군대위안부 이슈는 언제든지 제기할 수 있는데도 성급하게 일본과 양자합의를 추진하고 그 후과도 감당하지 못하는 현실이 답답하다.

11
특수한 상황타개를 위한 협상 현장

외교관은 국가 간 교섭 또는 국제기구를 통해 협상하는 경우가 대부분이지만 때로는 특수한 상황을 타개해야 하는 경우도 있다. 이번 장에서는 개별적 상황에서 최선의 해법을 도출해야 했던 경험을 다루어본다.

유엔의 공식회의록 조작은 죄질이 나쁘지만 언제든지 발생할 수 있다. 협상대표는 협상기록을 철저히 챙겨야 한다. 특히 민감한 국제협상의 경우 국제기구의 공신력 있는 녹음테이프를 확보해 두는 것도 필요하다는 것을 가르쳐준 사건이었다.

독도의 영유권 해프닝은 독도를 둘러싼 한·일 간의 갈등이 아니라 미국의 지명표기위원회가 내린 결정으로 인해 한국과 미국 간에 벌어진 문제였다. 갈등을 해소하는 과정에서 한국의 정치권이 보여준 실망스런 처신과 공관 직원들의 애환을 적었다.

대만 핵폐기물의 북한 수출 문제는 당시 연일 신문에 대서특필되던 사건이었다. 한국은 대만과도 북한과도 외교관계가 없는 상황에서 수출저지뿐만 아니라 Rio+5 회의 문서에 방사성폐기물의 국가 간 이동에 관한 원칙을 포함하는 등 총력전을 펼쳐야 했다.

IOC와의 담판은 한국 대통령에 대한 탄핵절차로 2018년 평창동계올림픽을 준비에 필요한 현금흐름이 제대로 이루어지지 못한 절박한 상황을 타개하는 데 일조한 사건이었다.

9/11 테러로 한승수 전 외교장관의 유엔총회 의장 선출이 지연됐던 사연과 그 후 유엔과 코피 아난(Kofi Annan) 사무총장이 노벨평화상을 받게 되었을 때 유엔을 대리해 수상자로 지명된 배경을 살폈다.

마지막으로 미국에서 한국외교관이 가벼운 자동차 접촉 사고로 체포·구금됐던 사건의 전말과 미국 측의 사과와 관련자 처벌 그리고 재발방지 약속을 받는 수습과정이다.

1. 유엔의 공식 회의록 조작과 원상복구 사건

이 사례는 '동해' 지명표기 관련 유엔회의의 보고서가 왜곡됐음을 밝히고 정정조치 후 재 회람시킨 사건이다. 나는 1999년 봄 뉴욕 소재 주유엔대표부 참사관으로 부임하여 유엔총회 제2위원회, 유엔경제사회이사회와 개발 관련 기금과 프로그램을 담당했고 소관업무는 경제, 개발, 통상 및 환경 분야였다. 그 중에 유엔의 지명표준화회의(UNCSGN)와 유엔지명전문가그룹(UNGEGN)이 포함돼 있다.

왜곡된 유엔 보고서 발견

부임 후 한 달이 지날 즈음 유엔사무국이 회람한 1997년 뉴욕에서 개최된 제7차 유엔지명표준화 회의(UNCSGN) 보고서[1]를 열람하고 놀라운 사실을 발견했다. 그 내용이 주 유엔대표부가 서울에 보고했던 전문내용과 달랐다. 유엔사무국과 유엔대표부 중 한 쪽은 거짓을 말하

---

1 E/CONF.91/3, pp. 96-104, Seventh United Nations Conference on the Standardization of Geographical Names, New York, 13-22 January 1998.

고 있음을 의미했다. 문제를 잉태한 제7차 UNCSGN 회의경과를 살펴본다. 이 회의는 육상 및 해양의 지명표준화를 위해 4년마다 열리고 중간에 지명전문가그룹 회의가 열린다. 회의 때마다 한국과 일본은 '동해' 표기 문제로 격돌했다. 한국은 한·일 사이에 위치한 해역의 명칭을 현행 '일본해' 단독표기에서 '동해'를 병기해야 한다고 주장했고 일본은 '일본해' 단독 표기가 국제적으로 수용된 명칭이고 분쟁도 없다는 입장을 견지했다.

당시 이 회의를 담당했던 정래권 참사관의 전문보고 요지는 다음과 같았다: 결의안 작성을 담당한 지명전문가그룹 회의에서 한국은 '주권이원의 해양지명의 표준화(standardization of names of maritime features beyond any sovereignty)'라는 제하의 결의안 초안을 회람했다. 내용은 '복수로 지칭되는 해양지명의 병기를 규정한 UNCSGN 결의(3/30)'에 따라 동해와 일본해를 병기해야 한다는 요지였다. 많은 나라들이 우리 입장을 지지했고 다음날 열리는 본회의(plenary)에 이 결의안을 상정하기로 합의했다. 일본은 유보적 입장을 보였으나 끝까지 반대하지는 않았다. 그러나 다음날 본 회의에서 의장은 컨센서스가 없다는 이유로 "표결을 위한 결의안 리스트에 한국이 제안한 결의안을 포함하지 않았다"고 하면서 사무국으로 하여금 우리 결의안을 본회의에서 낭독하도록 했다. 우리 대표는 전문가그룹 회의에서의 합의사항을 상기시키며 의사진행의 절차적 하자에 대해 격렬한 이의제기를 했다. 이에 대해 전날까지도 우리를 지지하던 나라들이 하나같이 침묵했다. 결국 우리 결의안은 표결을 위해 상정되지도 못했다.

반면 회람된 유엔 보고서는 지명전문가그룹 회의에서 한국이 제출한 결의안에 대한 지지에 따라 이를 본회의에 상정하기로 합의가 이루어졌다는 사실과 본 회의 의장이 "컨센서스가 없다"는 이유로 표결을 위해 상정하지 않고 사무국으로 하여금 낭독만 하게 한 사실을 모두 누락했다. 대신 본 회의에서 한국대표가 결의안 초안을 낭독했고 이에 대해 일본의 반대로 합의에 실패했다고 기술했다. 명백한 왜곡이었다.

스모킹 건(smoking gun)과 정정에 수반된 애로사항

나는 정 참사관에게 전화하여 사실관계를 재확인한 결과 유엔사무국이 날조된 보고서를 회람했다는 결론을 얻었다. 유엔과 같은 국제기구에서는 매우 드문 경우다. 또한 왜곡된 보고서를 바로잡으려면 완벽한 증거가 필요했다. 즉각 유엔사무국이 보관하는 회의 녹음테이프의 열람과 복사를 신청했는데 1년 보관 규정에 따라 녹음테이프는 폐기된 상태였다. 절치부심하던 중 전임자가 회의 직후 사무국 녹음테이프를 복사하여 보관해 둔 것을 발견했다. 녹음테이프에 본 회의장에서 한국 결의안에 대해 의장이 행한 발언과 이에 대해 이의제기를 하는 한국대표의 발언이 고스란히 녹음되어 있었다. 확실한 증거였다. 나는 1997년도 회의의 녹취록을 작성하는 동시에 1999년도 사무국이 회람한 보고서와 대조했다. 회의 내용을 의도적으로 왜곡한 허위 보고서였다.

당연히 유엔사무국을 추궁해야 했으나 뜻하지 않은 난관에 부딪쳤다. 나는 회의보고서의 조속수정 및 회람, 허위보고서 회람 경위조사와 관련자 처벌 및 재발방지 약속 등 3개항을 요구하는 내용의 유엔사무총장 앞 대사 명의 서한을 작성하여 결재를 상신했다. 그런데 유엔사무국에 대한 공세에 못마땅했던 대사는 서명을 주저했다. 나는 이런 명백한 증거를 두고 물러서는 것은 원칙에 맞지도 않고 여론의 뭇매를 맞을 수 있다고 주장했으나 소용이 없었다. 결국 서명이 필요 없는 구상서(Note Verbal) 형식의 외교문서로 유엔사무국에 발송했다.

수정본 회람과 관련자 처벌요구

유엔사무국 담당국장은 우리 공한을 접수한 뒤 처음에는 유엔사무국의 권위로 나를 타일러 적당히 봉합할 요량으로 동 건에 대해 일본 대표부와도 상의하고 내부검토 후 입장을 정하겠다고 했다. 나는 "유엔사무국이 필요한 절차를 취하는 것은 자유이나 최종 처리 방침을 기한 내 확정하지 않으면 유엔사무국의 문서조작을 공식회의에서 비판하겠다"고 직격탄을 날렸다. 그는 바로 내 사무실로 직접 찾아오겠다고 했다.

절차적 정당성을 위해 접촉한 일본 대표부 측은 사건을 무마하려고 안간힘을 썼다. 녹취록에 적힌 내용을 다시 교섭하려고도 했다. 결국 유엔사무국 담당국장은 우리 요구를 모두 수용할 수밖에 없었다. 유엔사무국은 회의보고서 수정본2을 작성, 회람했고 수정본은 차기 경제사회이사회 본회의에 공식문서로 회람됐다. 당초 회의문서를 작성했던 필리핀 출신의 사무국 직원은 좌천됐다. 나는 경제사회이사회 정기회의의 공식발언을 통해 이 문제를 지적하고 재발방지를 촉구했다.

이 사건은 국제기구에서의 활동과 교섭과정에 있어 많은 것을 시사한다. 첫째, 유엔사무국과 같이 공신력이 있어야 할 기관과 구성원들도 국제정치의 역할에 좌우되고 일부 부패한 경우도 있다는 사실이다. 둘째, 이런 부정과 비위가 있음에도 국제기관이라는 권위를 앞세워 잘못을 정당화할 수 있기 때문에 완벽한 증거와 논리로 무장하고 집요하

---

2 E/CONF.91/3/Corr.1, Seventh United Nations Conference on the Standardization of Geographical Names, New York, pp. 96-104b, 15 July 1999.

게 교섭하지 않으면 허위를 바로잡는 일이 쉽지 않다는 것이다. 셋째, 국제관계에서 외교력의 불균형 문제다. 본 회의에서 의장이 전문가회의에서 합의한 결의안을 상정조차 하지 않은 것은 부당한 행위였지만 이를 저지하지 못했다. 일본은 전문가회의에서 한국이 제안한 결의안이 채택되자 다음날 본 회의 표결을 저지하기 위해 의장단과 회원국에 강력한 외교교섭(*démarche*)을 함으로써 하룻밤 사이에 상황을 역전시킨 것이다. 하루 만에 회원국 하나하나를 족집게 교섭한 일본의 집요함과 외교력은 우리보다 한 수 위였다.

마지막으로 첨언하고 싶은 것이 있다. 한국이 '동해' 표기 문제를 90년대에 접어들어 유엔 공식회의에서 처음 제기한 것은 한국이 1991년에야 유엔에 가입했기 때문이다. 그 이전에는 옵저버 자격이어서 결의안을 제안하고 우리 입장을 주장할 수 있는 여건이 되지 못했다. 1945년 유엔창설 이후 1991년 유엔가입까지 46년간은 전후의 국제질서가 형성되고 발전되어 온 시기였다. 이런 중요한 시기에 정회원국의 지위를 누리지 못한 우리는 유엔 등 국제기구에서 불리한 대우를 받을 수밖에 없었다.

2. 미국에서 촉발된 독도 영유권 해프닝

이번 사례는 미국지명위원회(BGN)가 독도를 주권미지정(undesignated sovereignty) 지역을 의미하는 'UU'로 표기한 결정을 번복한 사건이다. 2008년 여름 토요일 오전. 워싱턴 특파원단은 매일경제 특파원의 환송 골프 모임을 하고 있었고 이 행사에 이태식 대사와 나도 초청을 받았다. 그런데 2008년 7월 25일 서울 시간 금요일. KBS 저녁 9시 뉴스는 '미국, 독도 한국령 삭제'라는 특종을 터뜨렸다. 윤제춘 워싱턴 특파원의 보도였다.

KBS의 특종과 후폭풍

뉴스의 후폭풍은 폭발적이었다. 워싱턴의 주말 아침 정적은 여지없이 깨졌으나 이것은 거대한 쓰나미의 시작에 불과했다. 요지는 두 가지였다. 하나는 미국지명위원회가 최근까지 '한국땅'으로 표기해 오던 '독도'를 '주권미지정'으로 변경했다는 것이었고, 다른 하나는 미국지명위원회가 독도의 한국령 표기를 바꾸려 한다는 제보에도 대사관이 미온적 대응을 했다는 것이었다. 이태식 대사는 우선 사실관계 확인을 지시한 뒤 급거 사무실로 복귀했다.

도발적인 보도였다. 독도의 주권상실과 주미대사관의 늑장 대응을 노골적으로 질타했다. 서울에서 사실을 확인해 보고하라는 지시가 빗발쳤다. 촛불정국이 사위어가는 시기였고, ARF 성명문 작성과정에 부적절한 측면이 있었다는 이유로 정부가 공격을 받던 예민한 시기였다. 청와대의 대응은 절박할 수밖에 없었다. 주미대사관은 폭격을 맞은 상황이었다. 사실확인과 협의를 위해 미 측과 접촉이 시급했으나 주말이라 공식접촉은 어려웠다. 토요일 오후에 대사 주재 긴급회의를 열고 공관 내 태스크포스도 구성하였다. 대사관은 7월 25일 오후에야 GeoNet의 독도 표기가 KBS 보도대로 바뀐다는 것을 알았으나 그 경위를 파악하지 못하고 있었다.

이 사건은 우연한 곳에서 잉태되었다. 7월 중순 미 의회 도서관은 '독도' 검색어를 '리앙꾸르 바위(Liancourts Rocks)'로 변경하고, '일본해의 섬들'이란 상위 주제어를 신설하려 했다. 캐나다 토론토 대학교 사서인 김하나 씨가 이 동향을 주미대사관과 워싱턴 특파원들에게 제보하였다. 결과적으로 주미대사관의 적극적인 개입으로 의회 도서관의 계획은 일단 좌절되었다. 그러나 미 지명위원회(BGN)가 1977년 '독도'를 '리앙꾸르 바위'로 변경했기 때문에 '한국' 또는 'Oceans'로 표기되어 있는 독도의 영유권 표기가 정리될 개연성은 충분했다. BGN의 이러한 결정에 따라 미 의회 도서관은 주제어 변경을 시도했던 것이며 GeoNet의 웹사이트도 변경될 가능성도 있었다. 주미대사관은 웹사이트의 내용을 감시하고 있었으나 '주권미지정(UU)'으로 변경될 줄은 예측하지 못했다.

청와대의 뒷북과 절박한 워싱턴

7월 27일 일요일 청와대는 긴급 수석회의를 열고 대처방안을 협의했다. 이 대통령은 휴가 중이라 정정길 대통령 비서실장이 주재했다. 선 처결 후 보고를 받기로 결정했다. 우선 주미대사에게 즉시 사과성명을 주문하고 미국과 원상복구 교섭을 지시하였다. 또 하나의 결정은 외무장관과 주미대사 경질은 물론 고강도 공관감사를 하겠다는 으름장이었다. 전형적인 뒷북조치였다. 쇠고기 정국을 막 지난 시점이라 자라보고 놀란 가슴 솥뚜껑보고 놀라는 격이었다. 서울 국회는 양당 대표단을 워싱턴에 급파한다고 발표하였다. 정치적 포퓰리즘이었다. 일요일 오후 4시 이태식 대사는 특파원을 대상으로 담담한 어조로 물의를 일으킨 것을 사과하고 원상회복을 위한 노력을 강조하였다. 특파원들은 원상회복의 가능성에 강한 의문을 제기하였다.

워싱턴도 답답한 상황이었다. 영유권 문제를 담당하는 대사관 정무과는 백방으로 해법을 찾고 있었으나 뾰족한 수는 없었다. 나는 과거 유엔지명표준화회의를 담당하면서 겪었던 경험에 의존하여 미국 의회 도서관 지도에 주권미지정지역(UU)으로 표기하게 된 결정을 찾아봤다. UU 카테고리의 정확한 의미 파악과 신설 경위 그리고 유독 독도만 먼저 포함된 경위를 살피기 위해서였다.

미국은 연방관보(federal register)가 있으나 지명표기를 포함한 표준화 관련 사항은 연방정보처리표준(FIPS)이라는 별도의 관보에 게재되며 이 관보는 상무부에서 관리한다. 나는 이 관보체계를 찾아 들어갔다. 내 감각이 옳았다. 2007년 1월 BGN 해외지명위원회가 UU Code 신설을 승인하고 이를 공고한 문건(FIPS 10-4)을 찾았다. 결정적 문건이었다. BGN의 의도는 수십 개에 달하는 영유권 분쟁지역의 표기를 표준화하여 단일 카테고리로 운영하자는 취지였다. 동 코드에 포함될 지역으로 독도, 센카쿠 열도를 포함하여 40~50여 개의 지역을 상정해 두었던 것으로 파악되었다.

BGN 문건의 발견과 미 행정부에 대한 데마쉐(démarche)

7월 28일 월요일 아침. 대사 집무실에서 구수회의를 했다. 어제 찾은 FIPS 문서를 근거로 미측에 대한 교섭방향을 잡았다. 미국의 조치가 차별적임을 지적하고 아직 공개되지 않은 다른 분쟁지역들도 모두 UU로 표기하든지 독도를 즉각 원상회복해 줄 것을 요구하기로 했다. 독도 원상회복을 요구하면 한·미 프레임에 갇히게 되어 협상력이 약화되지만, 모든 다른 분쟁지역을 끌어들이면 미국의 전선이 대폭 확대될 것이기 때문이었다. 이 대사는 제임스 제프리(James Jeffrey) 안보 부보좌관, 존 네그로폰테(John Negroponte) 국무부 부장관 등 미국 조야의 주요 인사들과 긴급 회동하고, 8월 6일로 예정된 부시대통령의 방한 전에 시정조치를 요청하였다. 라이스(Reis)국무장관은 해외출장 차 비행기에 탑승한 상태라 접촉이 불가능했다.

우리의 추궁에 미국은 GeoNet가 분쟁지역의 표기를 UU로 변경하기로 한 결정이 있었다는 사실을 확인하면서도 일괄적으로 수정하지 못한 것은 행정력이 부족했기 때문이었다고 해명했다. 하필 독도를 먼저 변경한 배경을 물었더니 국무부의 딜론(Dillon) BGN위원은 "의회 도서관 측이 독도의 영유권 표기에 대하여 질문을 해옴에 따라, 독도가 신설된 UU 범주에 속한다는 것을 확인하면서 GeoNet에 데이터베이스를 정리하라고 지시했다"는 것이었다. 이런 상황 변화에도 국무부의 갤러거스(Gallegos) 부대변인은 미국 정부의 정책에는 변화가 없다고만 확인하였다. 즉시 "원상회복 불가"라는 워싱턴발 보도가 국내 언론을 도배했다. 깊은 좌절이 공식 확인된 순간이었다. 한편 이 대사는 사임을 준비하고 있었다.

백악관 루스벨트 룸에서 부시 대통령과 조우

7월 29일 화요일. 짙은 안개로 아침 공기가 무거웠다. 정오에는 한·미 FTA의 인준 협의를 위하여 백악관이 주최하는 업계대표와의 협의회가 있었다. 백악관 서별관 구정부청사(Old Executive Building) 3층 루스벨트 룸이었다. 이 행사는 오래전에 내가 한미 FTA 추진 연합대표인 매트 니마이어(Matt Niemeyer) 회장과 기획한 일이었다. 미 행정부 측에서는 칼로스 구티에레즈(Carlos Gutierrez) 상무장관, 에드 쉐퍼(Ed Schaeffer) 농무장관 등이 참석했고, 업계에서는 한·미 FTA 연합 회원사 대표들이 모두 참석했다. 이태식 대사와 나도 동석했다. 먼저 니마

백악관 루스벨트 룸에서 한-미 FTA 협의회 장면 - 부시대통령의 왼쪽에 구티에레즈
(Gutierrez) 상무장관, 이태식 대사와 필자(2008년 7월 29일)

이어 회장이 한·미 FTA 조기인준 필요성을 역설하였다. 부시 대통령
이 잠시 들러(drop-by) 조기 인준을 위하여 최선을 다하겠다고 언급하
고 자리에서 일어나 복도 쪽으로 걸어 나갔다. 뒤따라간 이태식 대사가
부시 대통령에게 다가섰다.

이태식 대사:	대통령각하, 한·미 양국 간에 화급한 문제 (a burning issue)가 있습니다.
부시 대통령:	혹시 지리적 표기에 관한 문제입니까?
이태식 대사:	그렇습니다. 해결이 지연되면 양국 관계에 엄청난 부담이 될 수 있으니 각하의 관심 이 절대로 필요합니다.
부시 대통령:	(이 대사에게 자신에게 더 다가오라는 손짓을 하 면서) 그 건은 내가 알고 있습니다. 콘디(콘

돌리자 라이스 국무장관)에게 지시했으니, 방
한에 앞서 모종의 조치가 있을 것입니다.
콘디와 상의하십시오.

　미 행정부 입장이 변곡점을 지났다는 강력한 시사였다. 바로 어제
까지 국무부 대변인이 원상복구 가능성을 공식 부인하지 않았던가? 대
통령이 국무부의 입장번복을 지시한 것이었다. 미 행정부 수장의 결심
을 파악한 이 대사의 순발력이 돋보였다. 나는 백악관에서 FTA 관련
미 정부와 업계 간에 협의가 있었고, 최고위층도 참석하였다는 사실을
보도자료로 배포하였다. 오후 4시. 국무부 크리스토퍼 힐(Christopher
Hill) 차관보 집무실에서 이 대사는 독도 영유권 표기변경에 있어 공평
하고 일관성 있는 조치를 요구하고 그렇지 않을 경우 조속 원상복귀를
촉구하였다. 미 측의 입장은 완연히 누그러져 있었다. Hill 차관보는 동
건은 최고위층에서 검토하고 있고 이르면 다음날 미 정부 입장을 알려
줄 수 있을 것이라고 답변하였다.

KBS의 또 다른 특종

　7월 29일 화요일 저녁. 이 대사는 한·미 의원외교협의회 참석 차
방미한 국회의원단 5명을 우래옥에 초청하였다. 저녁 식사 겸 독도 문
제 관련 현황 브리핑을 위한 자리였다. 상황이 쉽지는 않다는 보고와
함께 부시 대통령과 잠시 환담했다는 사실을 의원들에게 귀띔해 주었
다. 물론 비보도조건(off-the-record)이었다.
　그 다음날 아침 KBS 저녁 9시 뉴스는 또 하나의 특종을 날렸다.
제목은 "부시 대통령 원상복구 시사"였다. 이번에는 이현주 KBS 특파

원이었다. 수많은 특파원들의 전화가 쇄도했다. 부시 대통령과 이 대사의 회동사실 여부 및 부시 대통령의 발언 내용을 확인하고자 하였다. 다른 방송사의 불만이 극에 달했다. 어떤 경로로 KBS만 특종을 할 수 있었는지 따졌다. KBS가 특종을 하는 시각에 다른 방송사들은 해결 전망이 어둡다는 보도를 했기 때문이다. 대사관은 부시 대통령과 이 대사의 회동 사실을 보도자료로 배포했으나 독도 관련 언급내용은 누구에게도 알려주지 않았다. 나중에 안 사실이지만 우래옥 저녁에 참석했던 우리 국회의원이 KBS에 귀띔을 한 것으로 밝혀졌다.

그때 제임스 제프리(James Jeffrey) NSC 부보좌관이 이 대사에게 긴급 전화로 "독도 영유권 표기를 원상복구하기로 최종 결정하였다"고 알려왔다. 특파원들은 긴급속보를 송고하였다. ──"독도 원상회복"

원상복귀에도 문제의 본질은 그대로

이것으로 일단 상황은 종료되었다. 나흘간의 악몽이었다. 당면한 문제는 해결되었으나 본질적인 문제는 고스란히 남아 있었다. 이번 사건은 한·일 문제가 엉뚱한 곳에서 폭발적인 반향을 불러 일으켰다는 점에서 특이하다. 미국 정부에도 경각심을 불러 일으켰다. 미국은 영토 주권 문제에 대하여는 입장을 취하지 않는다는 관행을 유지해 왔다. 즉, BGN은 분쟁지역의 영유권을 표기할 때 원칙적으로 실효적 점유국을 표기해 왔다. 그러나 이런 관행은 일반적이었지 절대적 원칙은 아니었다. 미국은 독도 지명을 '리앙꾸르 바위'로 단독표기하고, 영유권 문제는 한·일 양국이 해결할 문제라는 입장을 취해왔다. 이번 사건은 분쟁지역을 안고 있는 국가들에게 관심을 증폭시켰다. 이들은 BGN의 영유권 표기 문제점에 대하여 미 국무부에 이의를 제기하였다.

두 차례의 쓰나미가 지나갔으나 여진은 계속됐다. 외교장관과 주미대사 경질설은 사위어갔다. 문제가 조기 해결됐지만 KBS의 사전제보 무시에 대한 조사와 관련자 문책 움직임이 구체화되었다. 이미 구성된 특별감사팀은 방미계획을 짜고 있었다.

해방 후 독도문제는 한국과 일본 간에 간단없이 표출되었다. 독도 영유권 문제와 동해표기 문제는 단지 지리적 표시의 문제가 아니다. 한국민의 아픈 역사 그 자체이기 때문이다. 35년간 일제 식민 지배를 받은 한국인이 역사적 진실을 외면하는 일본을 이해하기 어려운 것은 당연하다. 불행한 것은 일본 정치지도자들의 자폐적인 역사인식과 함께 포퓰리즘으로부터 자유롭지 않은 한국 정치와 언론의 책임 또한 적다고 할 수 없다.

3. 대만 핵폐기물의 북한 수출 저지 사건

대만 핵폐기물의 북한 수출 관련 특종

1997년 초 대만이 원자력발전소에서 발생하는 저준위 방사성폐기물을 북한에 수출한다는 특종 보도가 있었다. 그 후 국제 환경 NGO들이 반대성명을 내고 환경운동연합 등 국내 환경단체들이 동조하면서 정부에 강경대응을 주문했다. 북한이 외화벌이 수단으로 대만 핵폐기물을 수입하여 황해도 평산에 있는 폐 갱도에 매립한다는 내용이었다. 불똥은 외교부로 튀었다. 당시 유종하 외교통상부 장관은 대만 핵폐기물의 북한이동을 저지하라는 지시를 내렸고 주철기 국제경제국장이 실무를 지휘했다. 나는 주무과장이었다. 상부 지시도 강했지만 국장이 직접 전문을 챙기면서 나와 실무자들은 상당 기간 힘든 시간을 보내야 했다.

검토 결과 여러 난관에 봉착했다. 문제가 된 저준위 방사성폐기물은 원자력발전소에서 사용하는 장갑 등으로 실제 심각한 피해를 끼칠 수 있다는 증거가 약했다. 또한 저준위 방사성폐기물의 처리 및 국가 간 이동에 대한 구속력 있는 국제규범도 없었다. 결국 인접국에 대한 피해방지, 사전통고(PIC) 등 절차적 의무, 과학적 불확실성이 있더라도 예방조치와 오염자부담 원칙 등 국제환경법상의 주요원칙을 강조하는 데 초점을 맞추었다. 나는 영문으로 대외교섭의 기본지침과 대응논리를 작성했다. 방사성폐기물의 국가 간 이동이 초래할 수 있는 문제에 관해 국제전문가의 분석보고서 작성도 의뢰했다. 당연히 폐기물 이동 중 사고 가능성과 매립 이후에 발생될 수 있는 위험도 제기하고 폐기물의 생산지 처리원칙을 지적했다.

내부적으로 찬반이 엇갈렸다. 한국도 원자력발전을 하고 원전폐기물의 저장이 한계에 다다라 해외처리 방안을 검토하고 있고, 문제의 저준위 방사성폐기물에 대한 국제적 규제지침도 없기 때문이었다. 이런 상황에서 대만에 대한 과도한 공격은 자승자박이라는 반론이 제기됐고 나도 합리적 의견이라고 생각했다. 그러나 이미 국내 언론과 정치권을 통해 예민한 정치 이슈로 부상하여 외교부가 대응방향을 바꾸기에는 너무 늦은 상황이었다.

APEC을 통한 대만 압박

대외교섭(*démarche*) 전선은 대만과 북한을 표적으로 했지만 우리는 이 두 나라와 외교관계가 없어 직접 대화를 할 수 없었다. 다자무대를 통한 특단의 전략을 짜야 했다. 우선 수출저지를 위해 대만을 압박했다. 중국이 '하나의 중국 원칙'에 의거, 유엔에 가입하면서 대만은 유엔회원국 지위를 상실했고 유엔의 정식 명칭은 'Taiwan Province of China'였다. 다시 말하면 유엔에서는 대만을 압박할 수 없었다. 대만이 가입한 국제기구는 APEC과 WTO 밖에 없었고, WTO는 핵폐기물 이동에 관한 논의에 부적절하여 화력을 APEC으로 집중했다. APEC도 핵폐기물 이슈를 논의하기에 적합한 장은 아니었지만 대만이 참석하고 있기 때문에 한국대표들은 '기타 의제'를 활용하여 대만을 압박했다. 저준위 방사성폐기물은 유해성이 적다는 것은 알려져 있지만 '예방적 조치'라는 환경보호의 대원칙과 국제사회에서 고립된 대만으로서는 매우 곤혹스러운 여건이었다.

유엔을 통한 북한 압박

동시에 수입국인 북한에 대해서는 수입을 철회하도록 압박했다. UN의 각종 회의 참석 계기에 북한을 성토하는 성명과 문건을 배포했다. 마침 Agenda 21의 5년차 이행을 점검하고 향후 활동계획을 논의하는 Rio＋5 정상회의 개최가 예정돼 있어 화력을 그쪽으로 집중했다. Agenda 21에는 방사성폐기물을 포함한 각종 폐기물의 생산, 이동, 소비 및 처리에 관한 규제 조치가 망라돼 있었다. 나는 다른 의제도 관심이 컸지만 방사성폐기물 관련 결의문안 작성 협상에 직접 참석했다. 문안협상은 난항을 겪었고 심야회의를 반복했다.

나는 전원위원회에서 발언을 통해 대만과 북한 간 방사성핵폐기물 교역을 비판하고 당장 중지할 것을 요구했다. 북한 대표가 발언권을 얻어 앞서 행한 내 연설을 원색적으로 비난했다. "남한의 산업공해물질이

기류를 타고 북쪽으로 이동하여 북한이 오히려 피해를 받고 있다"면서 "한국 대표의 발언은 개가 달보고 짖는 것 같다(ROK delegation is barking at the moon)", "한국은 미제의 앞잡이다(ROK is a running dog of the imperialist U.S.), 하룻강아지 범 무서운 줄 모른다(A new born puppy knows no fear of the tiger)"고 발언했다. 북한 외교관들의 연설문은 한국 속담을 그대로 번역하는 경우가 많았다. 그 후 남북한 대표는 두 차례 반박권(right of reply)을 행사했다. 유엔회의장에서 종종 볼 수 있는 대립 국면이어서 다른 나라 대표들은 별 반응을 보이지 않았다.

이런 과정을 겪으면서 채택된 Rio+5 결의3에서 "방사성폐기물은 원칙적으로 생산지에서 관리되고 저장, 이동, 처리가 국제규범에 맞게 안전하고 책임 있는 방식으로 이루어져야 한다"는 문안이 상세하게 반영됐다. 결국 대만은 대 북한 수출을 포기했다. 당초 계획된 목표는 달성한 셈이었다. 하지만 이러한 비용과 노력을 들여 달성한 목표가 후일 우리의 발목을 잡지는 않을까 하는 물음은 여전히 남았다.

4. 2018 평창동계올림픽 계기 국제올림픽위원회(IOC)와 담판

평창동계올림픽 조직위원장 자문대사로

2016년 10월 초 이희범 평창올림픽 조직위원장이 내가 근무하는 법무법인 광장을 찾아왔다. 위원장의 자문대사로서 국제올림픽위원회

---

3 A/RES/S-19/2, Programme for the Further Implementation of Agenda 21, UNGA, 19 September 1997.

(IOC)와 협상할 외교관을 찾는다며 나에게 비상근 자문역을 부탁했다. 내 고향이 강릉이니 지역사회에 대한 봉사로 생각해 달라고 했다. 나는 부담되지 않는 범위 내에서 돕겠다고 했다.

내가 IOC와 협상할 사항은 재정문제였다. 올림픽 준비에 필요한 수입은 IOC 지원금과 국내외 스폰서 기업의 기여, 그리고 모자라는 금액은 예산, 차입 또는 조세감면 등으로 채운다. 한편 경기장 건설 등 인프라 구축을 위한 지출은 훨씬 이전부터 이루어져야 했는데 현금 흐름이 원활하지 않으면 경기장 건설 공정이 지연될 수밖에 없었다. 문제는 IOC와 한국 정부가 맺은 주최국 협정이 일종의 노예계약이라는 것이다. 동 협약은 "올림픽 행사비용을 위해 IOC는 소정의 지원금을 개최국에 일시불로 지불하고 추가지원은 없으며 적자가 나는 경우 한국 정부가 그 차액 지원을 보장한다"고 규정하고 있다. 이것은 올림픽 유치국이 확정되기 전에 IOC가 유치 희망 국가와 사전에 체결한다. 명백한 불평등 협약이다. 그럼에도 불구하고 유치를 희망하는 국가는 울며 겨자 먹기로 IOC의 조건에 굴복할 수밖에 없는 것이 현실이었다.

이 위원장은 "현재 약 4,000억 원의 적자가 예상되며, 이를 메울 수 있는 특단의 대책이 시급합니다"라고 하면서 IOC 측에 추가 지원을 요청했으나 번번이 묵살당했다고 했다. 당장 경기장 건설 공정을 맞추기 위한 현금 확보를 위해 정부, 국회, 업계를 동분서주하고 있다고 털어났다. 문제는 2016년 11월이 되면서 급속히 악화되는 한국의 국내 정치상황이었다. 세월호 침몰의 원인 규명과 최순실 등의 국정개입과 불법행위 등으로 촛불시위가 대대적으로 확산되면서 대통령 탄핵문제가 수면 위로 올라오던 때였다. 박근혜 전 대통령은 세 차례나 공개 사과를 하고 "국회가 합의하는 방식과 시간 그리고 합법적인 절차에 따라 대통령직을 물러나겠다"고 발표하면서 국회의 탄핵 일정은 잠시 미뤄지는 극도의 혼란 상태였다. 이런 상황에서 정부의 예산지원과 국회의 관련 입법행위 그리고 기업의 지원 활동이 원활하게 이루어질 수 없었다.

이런 상황 속에서 이 위원장이 내게 일방적인 주문을 했다.

"다음 주 IOC 지도부가 2020년 올림픽 협의 차 동경으로 출장을 옵니다. 그 기회에 동경으로 출장을 가서 IOC 측과 추가 예산 지원 문제를 담판짓고 와 주십시오."

"아니 위원장님도 해결하지 못한 일을 제가 간다고 해결이 되겠습니까? 설득할 비장의 카드가 있습니까?"

"그간 여러 차례 압박과 회유를 했지만 소용이 없었어요. 그러나 당장 준비위원회가 가용할 예산이 고갈되어가는 형국이니 무슨 수를 쓰더라도 지원을 받아야 합니다. 안 되면 그냥 '루캔미'라도 해야겠지요. 김수진 재정관계 전문회계사를 수행하도록 했으니 예산관련 기술적인 사항은 자문을 받으면 됩니다"라고 말했다. 나는 금방 이해를 못했으나 이내 '루캔미'가 'Look at me', 즉 '좀 봐줘'라고 떼를 쓰라는 의미로 짐작했다. 그만큼 다급한 상황이었다.

IOC와의 도쿄(東京) 담판

서면 훈령이나 지시도 없었다. 백지위임장(*carte blanche*)이 주어진 것이다. 김포에서 하네다로 향하는 셔틀을 탔다. IOC로서는 적자가 나더라도 모든 책임을 주최국이 떠안는 유리한 계약을 주최국과 맺었기 때문에 제대로 협상에 임할 리가 없었다. 이들에게 추가지원을 애원해도 돌아올 답은 뻔했다. 이희범 위원장이 직접 몇 차례 요청을 했으나 거절당한 것도 무리가 아니었다. 나는 IOC 측이 무시하기 어려운 불확실성의 변수를 던져보기로 했다. 박근혜 정부 후반부에 고조되었던 탄핵정국과 그로 인한 정부의 리더십 부재로 올림픽준비위원회가 봉착한 불가항력적인 사정이기도 했다. IOC가 가진 조직력과 정보력에 비추어 허술한 블러핑은 아예 통하지도 않을 것이기에 절박한 사정을 논리 있고 진정성 있게 전달하는 것이 관건이었다.

그랜드 닛꼬 도쿄 다이와 호텔에 도착하여 IOC 측이 회의실로 사용하는 747호실에 들어섰다. 구닐라 린드버그(Gunilla Lindberg) 의장, 크리스토퍼 두비(Christopher Dubi) 총국장과 라나 하다드(Lana Haddad) 재무관리대표(CFO)를 비롯한 IOC 핵심 인사들이 맞이했다. 가벼운 인사를 마치자 무거운 정적이 흘렀다. 나는 조용히 한국의 탄핵정세와 이와 맞물린 정부와 업계의 소극적인 태도에 대해 엄중하게 설명해 나갔다.

"오늘 한국의 절박한 사정을 말씀드리고자 이희범 조직 위원장의 특사자격으로 왔습니다. 한국 정세는 사면초가입니다. 정부 차입금이 법정 한도에 육박해 있어 문화체육부의 추가 예산지원이 불가능합니다. 박근혜 대통령은 탄핵위기와 각종 형사소송에 처해 있고 평창올림픽 주무부서의 조윤선 장관도 소송에 휘말려 정부의 적극적인 역할을 기대하기 어렵습니다. 게다가 정부가 기업의 기부를 강요했다고 하여 양쪽을 처벌하는 여건입니다. 한국 기업인들이 올림픽에 추가기여를 주저하는 이유입니다. 다시 말해 한국의 현 정치현실은 불가항력의 비상한 상황으로 평창 올림픽 준비는 국정의 우선순위에서 완전히 밀려 있는 형국입니다."

예산을 책임지고 있는 CFO인 라나(Lana)가 끼어들었다. "IOC의

토마스 바흐(Thomas Bach) IOC 위원장과 강릉시 영빈관에서 오찬을 마치고 나오는 모습. 왼쪽부터 최명희 강릉시장, 바흐 위원장, 필자(2017년)

지원금은 당초 한국정부와 계약할 때 확정되어 지불했고 그간 추가기여의 전례가 없습니다. 설사 올림픽 행사의 적자가 나더라도 한국정부와 IOC 간 계약에 따라 한국정부가 손실을 모두 충당해야 합니다."

나는 라나를 물끄러미 바라보면서 단호하게 말했다. "IOC 입장은 잘 알고 있으나 나는 오늘 구걸을 하러 온 것이 아닙니다. 올림픽 준비를 위해서는 인프라 건설 등을 위한 사전 지출과 현금흐름이 원활해야 합니다. 불가항력적 정치 정세로 심각한 차질이 발생되고 있다는 사실을 IOC 지도부에 환기시키러 온 것입니다."

이 대목에서 두비가 매우 심각한 표정을 하면서 라나의 개입을 제지했다. 그리고 내게 계속 설명을 요청했다. 나는 그간 언론 등의 보도와 분석 내용을 기반으로 향후 전개될 시나리오에 대해 설명했다.

"첫째, 탄핵이 결정되는 경우 최장 6개월간 헌법재판소의 결정을 거쳐 2개월 내 대통령 선거를 해야 합니다. 둘째, 국회주도의 특검이 개시되면 90일 내에 그 결과가 나오고 그 후 법원절차가 개시될 수 있습니다. 셋째, 국회의 국정조사는 2017년 2월 중순까지 진행될 가능성이 높습니다. 마지막으로 자발적인 하야의 경우 60일 이내에 대통령 선거를 해야 합니다. 정치권 원로들이 2017년 4월 하야하는 방안을 상부에 건의한 바 있다고 합니다."

나는 이어서 "위 4개 시나리오 중 어떤 방향으로 전개될지는 불투명하지만 어떤 경우가 되더라도 2017년 중반에 새로운 대통령 선거가 치러질 개연성이 높고 당분간 정치적 불확실성이 증가할 것입니다. 현상태가 한 달 이상만 지속되면 현금흐름에 차질이 생겨 올림픽 준비에 필수적인 인프라 건설이 지연되고 올림픽의 성공은커녕 정상적인 개최를 보장하기 어렵습니다. 이것은 주최국인 한국에도 손해지만 IOC로서도 치명적인 상황이 될 수 있습니다"고 말했다.

두비는 "IOC의 추가지원 선례가 없었습니다. 그럼에도 구체적으로 IOC에 원하는 것은 무엇입니까?"라고 물었다. 일정한 요청 금액을 묻는 듯했으나 나는 금액 언급 없이 답변했다. "IOC 지도부는 현재를 비상상황으로 인식하고 대처해야 합니다. IOC의 직접적인 추가지원이 절실한 것은 물론 기업협찬 요건을 완화해서라도 한국 올림픽 준비위원회에 활로를 열어줘야 합니다. 한국 준비위원회에 대해서도 비상한 긴축을 요구해야겠지요."

2시간 반 정도 진행된 협의는 무거운 분위기였다. 라나도 더 이상 끼어들지 않았다. 나는 설명을 모두 마치고 난 뒤 덧붙였다. "제가 오늘 언급한 사실관계에 의심이 있으면 IOC가 언제든지 확인이 가능할 것입니다. 이를 확인하고서도 IOC가 조치를 취하지 않는다면 IOC도 그 책임을 면하기 어려울 것입니다." 두비는 이렇게 말했다. "한국 측

사정은 잘 들었습니다. 토마스 바흐(Thomas Bach) 위원장께도 보고하고 내부협의를 하겠습니다." 이에 나는 한마디 덧붙이고 방을 빠져나왔다. "다음 주 스위스 로잔에서 열리는 IOC 집행위원회에서 결정이 이루어지지 않으면 골든 아워를 놓칠 수도 있습니다."

150억짜리 안동국시

하네다 공항에서 이희범 위원장에게 국제전화로 회의 결과와 내가 받은 인상을 보고했다. "일단 IOC 측에는 사정을 충분히 설명을 해 두었으니 내주 로잔에서 열리는 집행위원회에서 결판을 지으셔야 합니다"라고 당부했다.

다음 주 로잔에서 IOC 집행위원회가 열렸다. 이 위원장은 개회하자마자 발언을 했다. "한국 준비위원회의 재정상황과 향후 현금흐름의 애로와 관련하여 지난주 IOC 지도부에 문제를 제기한바, 집행위원회 안건을 처리하기 전에 이 문제에 대한 IOC의 입장을 듣고 싶습니다." 바흐 위원장은 일단 정회를 선언하고 이 위원장을 별도 회의실로 초치하여 말했다. "두비 총국장에게서 상세한 보고를 받았습니다. IOC 사정이 빠듯합니다만 대체 얼마가 필요합니까?" 이 위원장은 다다익선이지만 당장 3천만 달러 정도가 필요하다고 말했다. 바흐는 내부 협의한 후 알려주겠다고 하고 회의를 속개했다.

집행이사회가 끝나고 이 위원장은 귀국을 서둘렀다. 그날 저녁 여형구 사무총장이 내게 전화를 했다. "대사님, 방금 IOC 본부에서 우선 천만 달러를 추가 지원하겠다는 전화 통지를 받았습니다. 위원장님도 수고하셨지만 대사님께서 동경에서 충분히 설득하신 결과라고 봅니다." 나는 일단은 잘됐지만 금액이 너무 작지 않냐고 물었다. 여 사무총장은 충분하지는 않지만 이를 기반으로 정부와 기업들에게서 협찬을 더 받으면 근근이 꾸려갈 수는 있겠다고 답했다. 나는 좀 더 버텼으면 했는데 준비위원회 측 상황이 워낙 화급하여 그럴 여유가 없었던 것이다. 일단 해갈은 되었으나 평창올림픽 준비위원회는 힘겨운 보릿고개를 넘고 있었다.

스위스 출장을 마치고 귀국한 이 위원장이 점심을 하자고 했다. 나와 이 위원장이 교대로 동경과 로잔을 다녀온 뒤라 복기해야 할 일이 많았다. 이 위원장은 특별히 한턱을 낸다고 하면서 무교동 안동국시집으로 초대했다. 고향이 안동인 이 위원장의 단골집이었다. 엄청나게 비싼 국수를 얻어먹은 셈이었다.

2018 평창동계올림픽은 성공적으로 끝났다. 그것도 흑자를 내면서 성료됐다. 북한에서 김여정이 참석하여 남북 간 화해분위기도 조성되었고 추후 미·북간 접촉의 실마리도 마련되었다. 문재인 정부는 이를 십분 활용했다. 그러나 그뿐이었다. 국가적 대사였음에도 불구하고 행사의 성공을 위해 불철주야 노력했던 수많은 사람들의 헌신과 희생에 대해 정부는 인색했다. 오히려 올림픽 조직위원회 지도부 인사들은 뜻하지 않은 조사도 받고 불편한 상황에 처해졌다는 소식도 들었다. 평창하면 뿌듯함보다 답답함이 엄습한다.

5. 9/11 테러와 유엔총회 의장실 지원활동

유엔총회 의장실 지원요원으로 배속되다

나는 1999년부터 3년간 유엔대표부 참사관으로 경제사회이사회와 개발, 환경 및 경제협력을 다루는 유엔총회 제2위원회를 담당했다. 제네바에 이어 유엔의 본산인 뉴욕에서 근무하게 된 것이다. 두 곳 모두 다자외교의 산실이지만 업무의 성격은 많이 달랐다. 뉴욕은 총회와 안보리 그리고 사무총장이 있어 모든 결정들이 이루어지고 그 이행상황이 보고되는 곳이다. 반면 제네바는 유엔전문기구들이 많아 현안이슈에 대한 기술적이고 법률적인 논의가 많고 총회 결정사항의 이행을 실제 담당하는 경우가 많았다.

2001년 한승수 외교장관이 유엔총회 의장으로 내정되면서 총회의장 비서실이 만들어졌다. 본의 아니게 외교부 차관직을 물러나 쉬고 있던 반기문 전 차관이 비서실장으로 임명됐고 오준 대사가 비서실의 실무를 맡았다. 나는 유엔대표부 참사관직을 유지하면서 유엔총회의장실 경제·사회 담당 보좌관을 겸직하도록 발령을 받았다. 취임 직후 유엔총회 의장 자격으로 행할 각종 성명과 연설이 줄지어 있어 여름 내내 준비 작업에 진력했다.

세계평화를 위한 기도와 9/11 사태

매년 9월 두 번째 화요일은 유엔총회 의장을 선출한다. 2001년 9월 11일은 한승수 외교장관이 총회의장으로 취임하는 날이었다. 새벽부터 국제평화를 위한 조찬기도회가 유엔본부 건물지하에서 열렸다. 기도회 도중 유엔 경비원이 작은 종이쪽지를 급히 반기문 당시 총회의장 비서실장에게 전달했다. 9/11 테러로 세계무역센터(World Trade Center)가 첫 피격을 받았다. 그러나 그 심각한 상황을 인지하지 못하고 조찬기도회는 진행됐다. 기도회가 끝나고 나오는데 세계무역센터 부근에서 하얀 뭉게구름이 피어오르고 있었고 유엔 건물 내 사람들이 황급히 움직이고 있었다. 바로 그때 세계무역센터에 대한 2차 테러 공격이 있었고 다음 목표건물은 세계화의 상징인 유엔건물이 될 것이라는 속보가 전해지면서 상황이 급변했다. 유엔본부에 비상 소개령이 발령됐고 그날 회의 일정은 모두 취소됐다.

맨해튼과 연결하는 모든 교량과 터널이 통제됐고 한동안 전화도 불통이었다. 나는 다른 동료들과 마찬가지로 귀가하지 못하고 사무실에서 잠을 잤다. 다음날도 맨해튼 사정은 엄중했다. 그렇다고 의장취임식을 무작정 미룰 수는 없었다. 오후 유엔총회를 열기 위해 각 대표부에 일일이 전화와 팩스를 돌리면서 회의 참석을 독려했다. 다른 나라들의 대표부는 상당히 많이 문을 닫아서 비상연락망을 통해 어렵게 연결되기도 했다. 우여곡절 끝에 한 장관은 9월 12일 총회의장으로 선출됐다. 전임의장의 임기 종료 후 신임의장이 선출되기까지 12시간 이상 지도부 공백이 발생됐다. 유엔총회 역사상 유례없던 사건이었다.

디지털 격차(Digital Divide) 논의를 위한 유엔 총회 특별회기

새천년에 들어서며 유엔 경제사회이사회에서는 선진·개도국 간 정보통신기술의 격차에 대한 우려와 개도국의 능력형성 필요성이 제기됐다. 디지털경제 및 기술에 관한 다양한 형식의 회의가 기획됐었다. 그러나 2001년 유엔총회는 9/11 사태로 인해 테러와의 전쟁에 방점이 찍히면서 연말까지 거의 모든 일정들이 테러 퇴치를 위한 국제공조로 변경됐다. 자연스럽게 기존에 있던 의제들에 대한 논의는 우선순위에 밀렸다.

나는 정보통신기술 발전과 개도국의 빈곤퇴치에 관한 문제를 심층적으로 논의하기 위한 특별회기 개최를 제안하는 결의안 작성을 준비했다. 대표부 내에서는 과연 이런 결의안이 성사될지에 대해 회의적인 시각도 많았다. 나는 제안 이유 문서와 결의안 초안을 작성하였다. G-77 의장단을 별도로 만나 결의안의 구조를 설명하고 개도국에 꼭 필요한 제안이라고 설득했다. 동시에 OECD 그룹 국가들도 개별적으로 접촉하여 선·후진국 간 협조할 수 있는 공간이 큰 의제라고 강조했다. 시간이 지나면서 상당히 많은 국가들이 결의안에 공동제안국가로 등록을 희망했고 결의안은 컨센서스로 채택됐다. 2002년 6월 정보기술의 양극화에 관한 유엔총회 특별회기를 개최했다.

노벨평화상 수상자를 둘러싼 신경전

2001년은 노벨평화상 제정 100주년이 되는 해였다. 노르웨이에 소재한 노벨평화상 위원회는 2001년 수상자로 더 잘 조직되고 더 나은 세상을 위해 진력한 국제연합(UN)과 코피 아난 사무총장을 선정했다. 선정이 발표되던 날 아침 유엔사무국 본관건물을 지나치는 데 현관 안쪽은 축제 분위기였다. 코피 아난 사무총장의 출근이 임박하면서 사무국 직원들이 운집하여 발 디딜 틈도 없었다.

코피 아난 사무총장이 수상하는 것은 문제가 없는데 누가 유엔을 대표하여 노벨평화상을 수상하는지에 관심이 쏠렸다. 유엔헌장을 보면 유엔총회 의장이 유엔을 대표한다고 규정하는데 유엔사무총장도 대외적으로 유엔을 대표하는 권능이 있다. 당시 사무국에서는 코피 아난 사무총장이 함께 수상하면 된다고 생각했으나 총회 의장실에서는 유엔에 수여되는 노벨평화상은 한승수 의장이 수상해야 한다는 입장이 강했다. 당시 반기문 비서실장이 주요국 대사 및 코피 아난 사무총장과 협의를 거쳐 우리의 입장을 관철했다. 2001년 12월 10일 오슬로 시청에서 행해진 시상식장에서 한승수 총리와 코피 아난 사무총장이 나란히 노벨평화상을 수상하게 되었다. 코피 아난 사무총장은 이듬해 사무총장 재선에 성공했다. 반기문 비서실장이 2007년 유엔사무총장으로 선출된 것은 주지의 사실이다.

쿠바에서 김영남·백남순과 조우

유엔대표부 근무기간 중 금단의 땅 쿠바로 출장을 다녀왔다. 이 출장은 유엔총회 의장실 업무와는 무관했다. 2000년 4월 중순 쿠바 하바나에서 열린 비동맹 정상회의에 한국은 옵서버로 참석초청을 받았고 선준영 주 유엔대사가 한국을 대표하여 회의에 참석했다. 비동맹 이슈는 정무 참사관 소관이었으나 당시 비동맹정상회의는 세계화, 빈곤, 개발 및 환경 등 이슈를 논의하는 관계로 경제참사관인 나도 대표단의 일원으로 포함됐다. 당시 비동맹정상회의에는 북한의 김영남 최고인민회의 상임위원장과 백남순 외상이 참석하게 되어 있어 동행하던 성기준 연합뉴스 특파원은 한껏 긴장된 분위기였다.

뉴욕에서 하바나로 직접 가는 비행기가 없어 일단 뉴욕에서 콜롬비아를 경유하는 경로였다. 하바나 공항에 도착하여 숙소로 향하는 차창 밖은 누추한 건물에 낡은 인프라를 여실히 보여주는 후진국의 모습이었다. 흑갈색 피부를 한 사람들은 매우 건강해 보였고 해안 지역의 자연 경관은 카리브 특유의 아름다움을 선사하고 있었다.

옵서버 대표단은 정상회의장 입장이 제한됐다. 성기준 특파원은 그날 하바나 공항에서 밤샘 뻗치기를 하면서 북한 김영남 상임위원장과 백남순 외상의 도착을 기다렸다. 백남순과는 잠시 조우했지만 쿠바 당국이 김영남을 타막(Tarmac)에서 빼돌리는 바람에 직접 접촉하지 못해 실망한 상태였다. 결국 다음날 김영남이 정상회의 도중 잠시 복도로 나오는 기회를 잡았다. 성 특파원이 우연히 마주친 것처럼 즉석 인터뷰를 요청하자 작은 체구에 검은 뿔테 안경을 쓴 김영남은 순순히 응했다. 당연히 특종이었다. 옵서버 대표단으로 참석하던 나도 번개 인터뷰를 성사시키는 데 일조했다.

회의가 끝나고 하바나 시내를 둘러봤다. 중국 식당에 갔는데 왜소한 체격의 동양인 웨이터가 있어 국적을 물었다. 할아버지 세대 때 선인장 농장 노동자로 멕시코로 이주했다가 쿠바로 흘러 들어왔다고 했다. 굉장히 궁색해 보였다. 기울어진 조국을 떠나 낯선 곳에서 고단한 생을 보냈던 한국인의 후예였다. 역사의 굴곡이 만들어낸 한국인 디아스포라(diaspora)의 한 증인을 만난 것이다.

6. 미국 경찰의 한국외교관 체포·구금과 후속조치

한국 외교관에 수갑을 채운 미국 경찰

2009년 유엔대표부 참사관으로 근무할 때 일이다. 출근했는데 총무과에서 긴급 전화가 왔다. 모 참사관이 경찰에 체포되어 유치장에 구금되어 있다는 것이다. 보고를 받은 선준영 대사는 나를 사건처리 담당으로 지정하고 강경대응을 주문했다. 미국 경찰이 법집행에 엄격하다는 것은 익히 아는 일이지만 백주에 외교관 차량을 운전하는 외교관에 수갑을 채워 구금한다는 것은 납득할 수 없었다.

자초지종은 이랬다. 집이 포트리(Fort Lee)인 피해 참사관은 조지워싱턴 대교를 건너기 위해 정체된 길을 서행하고 있었다. 신호등 앞에서 서행과 정차를 반복하던 중 앞차의 범퍼를 살짝 추돌했다. 그 참사관이 차를 세우고 나와 보니 앞차 범퍼에 추돌자국도 타이어의 스키드 마크도 없었다. 그런데 앞차의 운전자가 경찰에 신고하여 인근에 있던 경찰이 출동했다. 피해 참사관은 문을 열고 나와서 자신이 외교관이라고 하면서 차량번호판을 가리켰다. 그러나 경찰은 다짜고짜 그를 뒤돌아서게 하여 보닛 쪽으로 밀어붙였다.

경찰은 운전면허증과 외교관 신분증을 요구했다. 피해 참사관은 그제야 신분증을 집에 두고 온 것을 깨달았다. 경찰관은 바로 뒷짐자세로 수갑을 채우고 경찰차에 태웠다. 포트리 경찰서로 이동하여 양손에 채운 수갑을 유치장 벽면의 쇠고리에 매달아 걸었다고 했다. 전화를 할 수도 없었다. 겨우 허락을 받아 부인에게 자초지종을 설명했다. 그 후 피해 참사관은 부인이 보석금 500달러를 경찰에 공탁한 뒤에야 석방되었다.

사과, 처벌, 재발방지를 요구하다

나는 사실관계를 확인한 뒤 사건수습 방향을 검토했다. 현직 외교관은 원칙적으로 주재국의 형사 관할권으로부터 면제(immunity)를 받는다. 나는 먼저 주유엔 미국대표부 앞 외교공한을 작성했다. 요지는 "외교관에 대한 부당한 대우로서 심심한 유감표명, 미국 당국의 공식 사과, 책임자의 처벌, 재발방지 대책 강구" 등이었다. 동시에 선준영 대사는 주유엔 미국대사를 면담하고 유감을 표하고 조속한 조치를 요구했다. 나는 유엔의 외교단장을 맡고 있는 몰타 대사를 면담하고 미국대표부로 보낸 공한 사본을 수교했다. 이 사건에 대해 유엔주재 외교단의 관심을 촉구하고 유엔주재 미국대표부에 유감표명을 요청하기 위해서였다. 외교단장의 역할은 제한적이었지만 기록상 제기해 두는 것이

유리하다는 판단에서였다. 또한 포트리에서 발생한 외교관에 대한 위법행위에 유감을 표하고 관련자 처벌과 재발방지를 촉구하는 뉴저지주 지사와 주 법무장관 앞 공한을 작성·발송했다.

한국대표부 바로 건너편에 있는 주유엔 미국대표부도 신속하게 움직였다. 담당 참사관이 나를 찾아와서 "보석금 500달러의 즉시 반환, 포트리 경찰서장의 구두사과, 관련 경찰에 대한 경고" 등 조치계획을 설명하고 우리의 반응을 타진했다. 미국 측은 관련 경찰은 실무수습중인 초임 경찰로 외교관의 특권·면제에 대한 지식이 없었다고 해명하면서 선처를 구했다. 나는 난색을 표하면서 "주유엔 미국대사의 서면 사과와 재발방지 약속, 관련 경찰에 대한 엄중한 처벌과 재발방지 약속이 추가돼야 한다"고 주장했다. 쉽게 해결될 것으로 보였지만 양국 대표부 간에 여러 차례 조정안이 오갔다.

결국 미국은 사건 발생에 유감을 표하는 공한을 보내고 주유엔 미국대표부 차석대사와 포트리 경찰서장이 함께 한국대표부를 방문하여 한국 대사와 피해 참사관 앞에서 사과하고 재발방지를 약속했다. 보석금은 즉시 반환됐고 문제를 일으켰던 경찰은 다른 지역으로 좌천시키는 것으로 정리됐다. 포트리 경찰서장은 경찰관의 외교관에 대한 검문검색은 보다 신중히 하겠다고 하면서 특히 한국 외교관에 대해서는 앞으로 각별히 신경을 쓰겠다고 했다.

에필로그

대한민국 외교관으로 평생을 살아보니

퇴직한 지 벌써 6년이 지났다. 외교부 근무 37년의 성상(星霜)이 주마등처럼 스친다. 국제협상과 외교활동의 경험을 책으로 엮는 것이 의미가 있을까 여러 번 반문도 했다. 당시에는 내게 중요했고 절체절명의 순간들이었지만 뒤돌아보니 작아 보이기 때문이다. 그러나 협상현장의 역동성과 주관적 관찰을 스냅사진 찍듯이 남기는 것도 헛되지 않을 것이란 믿음으로 글쓰기를 마쳤다.

이 책은 외교활동과 협상을 하면서 메모하고 기록해 온 자료를 토대로 집필했다. 복잡하게 얽힌 내용을 체계적으로 정리하고 선명하게 묘사하는 것은 어려웠다. 다양한 시각이 있는 것은 물론 현실적인 제약도 수반되기 때문이다. 부정확한 관찰이나 오해를 살 소지가 있다면 그것은 전적으로 나의 박학비재와 부덕의 소치다.

막연한 기대를 가지고 지원했던 공직생활은 보람 있었다. 국가에 대한 봉사에 긍지를 가지고 부족하나마 최선을 다했다. 법과 양심에 의지하여 칼날 위에 서기도 했다. 생활은 빠듯했고 직무상 상당한 구속도 뒤따랐다. 겉보기에 화려한 외교관 생활이지만 잦은 이동으로 힘들었고 거대한 카르텔 같은 외교부의 조직과 지하수맥처럼 얽힌 인맥이 낯설 때도 있었다.

지나고 보니 운이 좋았다. 고도성장으로 개도국을 탈피하여 선진국 대열에 진입하고 군사독재에서 민주국가로 탈바꿈하는 시기에 국가를 대표하여 외교활동을 할 수 있었던 것이 복이었다. 전후 암울했던 냉전이 종식되고 세계화가 촉진되면서 국제 환경협상과 무역자유화 협상이 본격화되는 시기에 다자협상과 FTA 협상의 일익을 담당했던 것도 행운이었다. 좌절할 때마다 보이지 않는 정의가 있을 것이라 믿었고 실사구시 하는 일부 선배와 동료들의 인간적 배려가 있어 견딜 수 있었다.

지난 70년은 강력한 미국의 힘과 지도력으로 안정되던 시기였다. 이미 세계는 전대미문의 시대사적 전환기에 들어섰다. 미래세대가 살아갈 세계는 과거와는 판이하게 다를 것이다. 4차 산업혁명으로 기술혁신이 가속되고 냉전 이후 유지됐던 국제관계의 기본 틀이 요동치고 있다. 미국은 동맹국과 연대하여 중국의 국가자본주의를 견제하기 위해 전방위 대응을 하고 중국도 날선 반격으로 자국의 영향력을 인접국에 투사하고 있다. 우경화된 일본과 브렉시트 이후 유럽은 상대적으로 쇠락하고 인도, 브라질, 남아공, 아세안 등 신흥 개도국들의 영향력은 확대일로에 있다.

국가안보 개념도 환경, 노동, 인권, 보건 등 분야로 확대되고 전후 규범에 입각해 유지해 왔던 국제질서는 힘에 기반을 둔 일방 조치가 확산되면서 국제관계의 불확실성이 고조되고 있다. 한반도는 중국과 러시아 등 대륙세력과 미국과 일본 등 해양세력이 교차하고 미·중 갈등이 직접 부딪치는 단층선 바로 위에 위치해 있다. 매우 엄중한 상황이다.

한국은 절대빈곤 국가에서 세계 10위의 국력을 가진 중견국가로 성장했다. 우호적인 국제환경과 잘 살아보자는 온 국민의 여망이 뭉쳐서 이룬 기적이다. 외교활동의 양적인 발전도 괄목할 만하다. 특히 다자외교는 1991년 유엔가입과 1996년 OECD 가입을 계기로 한 단계 업그레이드 됐다. 유엔 사무총장도 배출했고 개도국에 대한 원조도 대폭 증가했다.

변화하는 대외환경과 격상된 위상은 우리 외교와 외교관에게 질적인 성장과 보다 능동적인 대응을 요구하고 있다. 국력에 상응하는 외교역량을 갖추기 위해 외교 전략과 인프라에 대한 근본적인 성찰과 재편이 필요한 때다. 한국 외교의 중요성에 대한 정치권의 천박한 인식과 국민적 무관심도 극복해야 할 과제다. 정권의 변화가 국가의 정체성을 위협하고 외교기조의 근본을 변경하거나 포퓰리즘과 '내로남불'에 매몰되어서는 원칙과 신뢰에 기반을 둔 일관성 있는 외교를 할 수 없다.

외교 인프라 강화와 경쟁력 있는 외교관 길러내야

외교는 추상적 국가이익을 정의하면서 대외적으로 헌법적 가치를 지켜내는 총체적 행위다. 대외협상 현장은 지식과 정보, 노련한 경험 그리고 국내갈등과 국제관계의 역학이 직접 교차하는 치열한 공간이다. 또한 물리적 힘의 불균형이 엄연히 존재하는 기울어진 운동장이기도 하다. 외교협상은 복잡한 환경과 한정된 시간 내에 파국을 피하면서 상생할 수 있는 최대공약수를 확보해야 한다. 망원경처럼 조망하면서 현미경처럼 국익을 형량(衡量)하는 피 말리는 작업이다.

한국의 외교 환경은 어느 나라보다도 복잡하다. 외교가 국운을 좌우하는 것은 역사가 대변한다. 그만큼 외교의 중요성을 국정의 우선과제로 반영해야 한다. 외교조직의 재편과 외교관 양성에 체계적인 투자를 해야 한다. 외교부라는 일개 정부부서의 이익을 다투고자 함이 아니다. 외교는 국가와 민족의 생존과 미래를 지키는 핵심요소이기 때문이다.

외교협상은 대상 분야와 긴장의 강도 그리고 국내외 관심의 정도는 다를 수 있으나 그 구조와 역동성은 대동소이할 것이다. 대외협상에는 국내전선과 대외전선이 동시에 형성된다. 국내전선의 구조는 매우 복잡하고 합리성보다는 감정과 정서에 좌우되기 십상이다. 정치권의 이해가 충돌하고 정부 내에서도 상반된 시각이 작용한다. 단기적 이익과 중장기적 이익이 배치되기도 한다. 대외전선에는 상대의 협상조직과 이에 영향을 미치는 유관부처, 의회, 업계, 학계 등 다양한 이해당사자들이 등장한다. 통신과 교류가 활성화된 현실에서는 양국의 국내전선과 대외전선의 이해관계는 살아있는 생명체처럼 상호작용을 한다.

우리의 외교와 외교관 그리고 중요한 협상을 주도하는 정부대표는 주변 4강은 물론 열강의 전략과 전술을 예지하고 이를 이용할 수 있는 자산과 능력을 갖추어야 한다. 외교 조직과 인프라가 5년 임기 정부의 단기적 이익을 쫓는 데 내몰려 중장기적 전략적 이익을 소홀하도록 내버려 둬서는 안 된다. 정치권력이 국가의 외교 자산을 갈아엎는 실험이 반복되지 않도록 법적·제도적 안전장치가 마련되기를 기대한다.

외교관과 협상대표는 깊은 지식과 경험 그리고 국가에 대한 충성심을 가져야 한다. 국가 이익을 조감하고 실행하는 철학을 갖도록 훈련해야 한다. 정직과 신뢰는 협상가의 가장 기본적인 자질이다. 현실적 힘과 권력이 외교 또는 협상의 기본원칙과 가치를 훼손하는 경우 이에 맞설 수 있는 능력과 용기를 행사할 수 있도록 훈련돼야 한다. 필요하면 제도적 뒷받침도 있어야 한다.

문제는 이런 외교관과 인프라가 하루아침에 만들어지는 것이 아니라는 것이다. 그간 경험으로 볼 때 일시적 정치 슬로건이나 미봉책에 그친 경우가 태반이었다. 외교에 대한 총체적 인식부족 때문이다. 국가의 미래에 대하여 확고하고 공감할 수 있는 비전과 철학을 가진 정치지도자가 나오기를 기대한다. 미래를 짊어지고 갈 청년들이 한반도 문제, 동북아 정치·경제, 나아가서는 글로벌 이슈에 더 많은 관심을 가지기를 희망한다. 정권 교체에 흔들리지 않고 일관성 있는 입장으로 국력에 상응하는 외교활동을 추진할 수 있는 여건이 조성되기를 소망한다.

영문약어 편람

ACEA	European Automobile Manufacturers' Association	유럽자동차제조업자협회
AFTA	Andean Free Trade Agreement	안데안 자유무역협정
AIPAC	American Israel Public Affairs Committee	미국·이스라엘공공문제 위원회
AJC	American Jewish Committee	미국·유태인 위원회
AMS	Aggregate Measurement of Support	보조총액 측정치
AOSIS	Alliance of Small Islands States	군소도서연합
APEC	Asia Pacific Economic Cooperation	아·태경제협력체
ASEAN	Association of Southeast Asian Nations	아세안(동남아국가연합)
BGN	U.S. Board on Geographic Names	미국지명위원회
BIT	Bilateral Investment Treaty	양자투자협정
BSE	Bovine Spongiform Encephalopathy	소해면상뇌증(광우병)
BWC	Biological Weapons Convention	생물무기협약
CARICOM	Caribbean Community	카리브공동체
CBD	Convention on Biological Diversity	생물다양성 협약
CBP	U.S. Customs and Border Protection	미 세관 및 국경보호국
CD	Conference of Disarmament	군축회의
CDM	Clean Development Mechanism	청정개발체제
CERF	Central Emergency Response Fund	중앙긴급대응기금
CITA	Committee of the Implementation of Textile Agreements	섬유협정이행위원회
CJD	Creutzfeldt-Jakob Disease	크로이츠펠트-야콥병

CJK FTA	China-Japan-Korea FTA	한·중·일 FTA
COI	Commission of Enquiry on Human Rights	인권조사위원회
CSD	Commission of Sustainable Development	지속가능개발위원회
CSQ	Country Specific Quota	국별 쿼터
CTBT	Comprehensive Test Ban Treaty	포괄적 핵실험금지협약
CWC	Chemical Weapons Convention	화학무기협약
DDA	Doha Development Agenda	도하개발아젠다
DR-CAFTA	Dominican Republic-Central America	FTA 도미니카공화국·중미자유 무역지대
EAFTA	East Asia Free Trade Area	동아시아 자유무역지대
ECOSOC	Economic and Social Council	유엔경제사회이사회
EFTA	European Free Trade Association	유럽자유무역협정
EGA	Environmental Goods Agreement	환경상품협정
EIG	Environmental Integrity Group	환경건전성그룹
ETS	Emission Trading System	배출권거래제도
FARA	Foreign Agents Registration Act	외국인에이전트등록법
FFM	Fact Finding Mission	진상조사위원회
FIFA	Fédération Internationale de Football Association	국제축구연맹
FIPS	Federal Information Processing Standard	연방정보처리표준
FMCT	Fissile Material Cut-off Treaty	핵분열물질생산금지조약
FTAAP	Free Trade Agreement in Asia Pacific	아·태지역자유무역협정
GATS	General Agreement on Trade in Services	서비스 무역에 관한 일반협정
GATT	General Agreement on Tariffs and Trade	관세와 무역에 관한 일반협정
GAVI	Global Alliance for Vaccines and Immunization	세계백신면역연합

GCC	Gulf Cooperation Council	걸프협력이사회
GCF	Green Climate Fund	녹색기후기금
GGGI	Global Green Growth Institute	글로벌녹색성장기구
GIs	Geographic Indications	지리적 표시
GSOMIA	General Security of Military Information Agreement	한일군사정보보호협정
GSP	Generalized System of Preferences	일반특혜제도
HCFC	Hydrochlorofluorocarbons	수소염화불화탄소 (프레온가스)
ICC	International Criminal Court	국제형사재판소
ICFTU	International Confederation of Free Trade Unions	국제자유노동조합연합
ICJ	International Court of Justice	국제사법재판소
ICRC	International Committee of the Red Cross	국제적십자위원회
ICSID	International Centre for Settlement of Investment Disputes	국제투자분쟁조정센터
ILO	International Labor Organization	국제노동기구
INTA	European Parliament Committee on International Trade	유럽의회 국제통상위원회
IOC	International Olympic Committee	국제올림픽위원회
IPCC	Intergovernmental Panel on Climate Change	기후변화에 관한 정부간 패널
ISD	Investor-State Dispute Settlement	투자자·국가소송제도
ITA	Information Technology Agreement	정보기술협정
ITACs	Industry Trade Advisory Committees	산업무역자문위원회
IUU	Illegal, Unreported and Unregulated Fishing	불법·미보고· 미규제 조업행위
JI	Joint Implementation	공동이행
JPO	Junior Professional Officer	국제기구초급전문가
LDA	Lobbying Disclosure Act	로비공개법

LDCs	Least Developed Countries	최빈개도국
LMG	Likeminded Group	유사한 입장을 가진 그룹
MEA	Multilateral Environment Agreement	다자간환경협정
MFN	Most Favoured Nation	최혜국대우
MMA	Minimum Market Access	최소시장접근
NAFTA	North American Free Trade Agreement	북미자유무역협정
NAM	National Association of Manufacturers	전미제조업자연합
NAMA	Non-Agricultural Market Access	비농산물시장접근
NDC	New Democratic Coalition	신민주연합
NDC	Nationally Determined Contribution	국가온실가스감축목표
NEASPEC	North-East Asian Subregional Programme for Environmental Cooperation 동북아지	동북아 역내 환경협력계획
NOWPAP	Northwest Pacific Action Plan	북태평양보전실천계획
NPT	Non-Proliferation Treaty	비확산조약
NSA	Negative Security Assurance	소극적 안전보장
NT	National Treatment	내국민대우
NTBs	Non-Tariff Barriers	비관세장벽
OCHA	Office for the Coordination of Humanitarian Affairs	인도지원조정국
OECD	Organization for Economic Cooperation and Development	경제협력개발기구
OHCHR	Office of High Commissioner for Human Rights	인권최고대표
OIE	World Organization for Animal Health	세계동물보건기구
OPZ	Outward Processing Zone	역외가공지역
PAC	Political Action Committee	정치행동위원회

PAROS	The Prevention of an Arms Race in Outer Space	외기권에서의 군비경쟁방지
PSVI	Preventing Sexual Violence in Conflict Initiative	분쟁시성폭력방지구상
PVQ	Professional Visa Quota	전문직비자쿼터
QMV	Qualified Majority Vote	가중다수결투표
QSA	Quality System Assessment Program	품질시스템평가프로그램
R2P	Responsibility to Protect	보호책임
RCEP	Regional Comprehensive Economic Partnership Agreement in Asia and the Pacific	아·태지역포괄적경제협력 동반자협정
SAA	Statement of Administrative Action	행정조치성명
SDGs	Sustainable Development Goals	지속가능개발목표
SIDs	Small Islands Developing Countries	군소도서개도국
SPS	Sanitary and Phytosanitary	검역 및 위생
SR	Special Rapporteur	특별 보고관
SRM	Specified Risk Materials	특정위험부위
SSM	Special Safeguard Mechanism	개도국긴급세이프가드 메커니즘
SSM	Super Super Market	대형 수퍼마켓
TAA	Trade Assistance Arrangements	무역조정지원
TBT	Technical Barriers to Trade	무역에 대한 기술장벽
TFEU	Treaty on the Functioning of the EU	유럽기능조약
TISA	Trade in Services Agreement	서비스무역협정
TPA	Trade Promotion Authority	무역촉진권한
TPC	Trade Policy Committee	무역정책위원회
TPP	Trans Pacific Partnership Agreement	환태평양경제협력 동반자협정
TRADP	Tumen River Area Development Programme	두만강개발계획

TRIPS	Trade Related Intellectual Properties	무역관련 지식재산권에 관한 협정
TRQ	Tariff Rate Quota	저율할당관세
TTIP	Transatlantic Trade and Investment Partnership Agreement	범대서양무역투자협력 동반자협정
UAW	United Automobile, Aerospace and Agricultural Workers of America	자동차노조
UNCED	United Nations Conference on Environment and Development	유엔환경개발회의
UNCHE	United Nations Conference on the Human Environment UN	인간환경회의
UNCSGN	United Nations Conference on the Standardization of Geographical Names	유엔지명표준화회의
UNFCCC	United Nations Framework Convention on Climate Change	기후변화협약
UNGEGN	United Nations Group of Experts on Geographical Names	유엔지명전문가그룹
UNHCR	Office of the United Nations High Commissioner for Refugees	유엔난민기구
UPR	Universal Periodic Review	보편적 인권정례검토
USITC	U.S. International Trade Commission	미국국제무역위원회
USMCA	United States-Mexico-Canada Agreement	미국-멕시코-캐나다협정
USTR	U.S. Trade Representative	미국통상대표부
vCJD	Variant CJD(Creutzfeldt-Jacob Disease)	변형 CJD(인간광우병)
VWP	Visa Waiver Programme	비자면제협정
WEF	World Economic Forum	세계경제포럼
WHO	World Health Organization	세계보건기구
WIPO	World Intellectual Property Organization	세계지적재산권기구
WTO	World Trade Organization	세계무역기구

최 석 영(崔晳泳)

법무법인(유) 광장 고문(2016-현재)
외교부 경제통상대사(2020-21)
연세대학교 국제대학원 초빙교수(2019-20)
매일경제 객원논설위원(2018)
국가인권위원회 국제관계자문위원(2016-18)
2018평창올림픽조직위원회 위원장 자문대사(2016-18)
서울대학교 국제대학원(GSIS) 객원교수(2016-17)
유엔중앙긴급대응기금(UNCERF) 자문위원회 위원(2015-18)
우즈베키스탄 WTO 가입 작업반 의장(2013-18)
주제네바 대표부 대사(2012-15)
WTO 서비스무역 이사회 의장(2014-15)
유엔난민기구(UNHCR) 집행위원회 의장(2013-14)
유엔배상위원회(UNCC) 부의장(2013-14)
외교통상부 FTA 교섭대표(2010-12)
외교통상부 DDA 협상대사(2009-2010)
주미대사관 경제공사(2006-09)
APEC 사무차장/사무총장(2004-05)
유엔총회 의장실 경제·사회 분야 보좌관(2001-02)
주유엔 대표부 참사관(1999-02)
주제네바 대표부 참사관(1994-97)
주케냐 대사관 참사관(1988-91)
주함부르크 총영사관 영사(1986-88)
외교부 입부(1979: 외무고시 제13회)

KDI 국제정책대학원 석사
서울대 인문대 독문학과 학사

황조근정훈장
근정포장

Revisiting the Open Regionalism of APEC(2006)
최석영의 FTA 협상노트(2016)

최석영의 국제협상 현장노트

초판발행	2022년 1월 15일
지은이	최석영
펴낸이	안종만·안상준
편 집	전채린
기획/마케팅	노 현
표지디자인	박현정
제 작	고철민·조영환
펴낸곳	(주) **박영사**
	서울특별시 금천구 가산디지털2로 53, 210호(가산동, 한라시그마밸리)
	등록 1959. 3. 11. 제300-1959-1호(倫)
전 화	02)733-6771
f a x	02)736-4818
e-mail	pys@pybook.co.kr
homepage	www.pybook.co.kr
ISBN	979-11-303-1440-2 93340

정 가   19,000원